Das Buch

Muslime fühlen sich durch Kritik diskriminiert. Deutsche verstehen nicht, was Muslime bewegt. Warum reden wir aneinander vorbei, wenn wir über den Islam reden? Dieses Buch ist ein Versuch, ein Missverständnis aufzuklären.

Der Islam ist Leitkultur auch von Millionen in Europa lebenden Muslimen. Was man im Islam unter Freiheit, Gleichheit, Gewissen, Ehre, Anstand, Frauenrechten versteht, folgt einer anderen Ethik als der in Europa üblichen. Ist dies eine Bereicherung oder eine Belastung, und was bedeutet es für das Zusammenleben? Die preisgekrönte Soziologin Necla Kelek ist den Differenzen zwischen den Kulturen auf der Spur und erläutert von Aufklärung bis Zwangsheirat den Stand der Islam- und Integrationsdebatte.

Dieser Band enthält ihre besten Artikel, Reden und Beiträge von 2005 bis 2011.

Die Autorin

Necla Kelek wurde in Istanbul geboren und lebt in Berlin. Sie hat Volkswirtschaftslehre und Soziologie studiert und wurde zum Dr. phil. promoviert. Ihre Bücher »Die fremde Braut«, »Die verlorenen Söhne«, »Bittersüße Heimat« und »Himmelsreise« sind Best- und Longseller und haben die Debatte um Integration und den Islam in Deutschland nachhaltig geprägt. Necla Kelek wurde mit zahlreichen Preisen ausgezeichnet, u. a. mit dem Geschwister-Scholl-Preis 2005, dem Hildegard-von-Bingen-Preis 2009 und zuletzt dem Freiheitspreis 2011.

KiWi
PAPERBACK

1270

Necla Kelek

Chaos
der
Kulturen

Die Debatte um Islam und Integration

Ausgewählte Reden und Schriften
2005–2011

Kiepenheuer & Witsch

MIX
Papier aus verantwor-
tungsvollen Quellen
FSC® C083411

www.fsc.org

Verlag Kiepenheuer & Witsch, FSC®-N001512

3. Auflage 2015

Umschlaggestaltung: Barbara Thoben, Köln
Umschlagmotiv: © Jochen Twelker. I'm not there (Ausschnitt). 2008.
200 × 290 cm. Öl auf Leinwand.
© J. Twelker / Thomas Rehbein Galerie, Köln. VG Bild-Kunst, Bonn 2012.
Gesetzt aus der Dante
Satz: Buch-Werkstatt GmbH, Bad Aibling
Druck und Bindung: CPI books GmbH, Leck
ISBN 978-3-462-04428-7

»Wir haben das Recht,
wenn wir Dostojewski gelesen haben,
an Goethe Kritik zu üben.
Aber zunächst müssen wir ihn verteidigen.«

Hans Scholl

Inhalt

Zu diesem Buch

Seit 2005 schreibe ich über die Kultur des Islam, die Türkei, diskutiere über Zwangsheirat, Kopftuch und Kulturdifferenzen, setze mich für die Rechte der Frauen ein, beteilige mich an der Debatte zur Integration der Muslime in Deutschland und verteidige die Demokratie in diesem Land.

Ich war in großen Städten und in kleinen Orten, halte Vorträge vor Unternehmern und Gewerkschaftern, lese in Kulturvereinen, Buchhandlungen, diskutiere mit Professoren, Integrationsbeauftragten und Politikern. Es geht dabei um Deutschland, um die Kultur und Zukunft Europas und wie mit den speziellen Problemen der Einwanderung und Integration umgegangen werden kann. Im Besonderen geht es um die Einwanderung von Muslimen und die Kultur des Islam.

Wenn über Integration gesprochen wird, dann meint man meist nicht die Mehrheit der 15,7 Millionen Einwanderer aus Polen, Russland, Italien, sondern spricht über die türkischstämmigen oder arabischen Menschen und ihre Religion. Den Menschen, die zu meinen Veranstaltungen kommen, interessiert ganz vehement: Wie kann das Zusammenleben mit den Muslimen in der Nachbarschaft besser organisiert, auf das Verhalten der als Machos auftretenden Jungs eingewirkt oder in der Schule die Mitarbeit der Eltern der muslimischen Kinder erreicht werden?

Manche meiner Zuhörer oder deren Eltern sind selbst in

der Türkei geboren worden. Viele haben meine Bücher gelesen und finden darin Antworten auf Fragen, die sie bisher nicht zu stellen gewagt hatten. Vor allem Frauen haben oft als Erste den Mut, neue Wege zu gehen.

Ich begegne auf meinen Veranstaltungen engagierten Bürgern, die sich in ihrer täglichen Arbeit und im Alltag mit Fragen konfrontiert sehen, auf die sie allein keine Antworten mehr finden. Sie sind oft überfordert, manchmal ohnmächtig, und die meisten fühlen sich von den Politikern vor Ort oder auch im Bund nicht verstanden und alleingelassen.

Da steht zum Beispiel in einer Veranstaltung eine Lehrerin auf und erzählt aus ihrer Schule. Einer ihrer türkischen Schüler, berichtet sie, saß blass und fiebrig in der 7. Klasse. Sie fand, dass er dringend ins Bett gehörte, und bat ihn, nach Hause zu gehen. Er antwortete: »Das geht nicht, weil ich meine Schwester nach Schulschluss nach Hause bringen muss. Sie darf nicht alleine gehen.«

Die Lehrerin fragte nach und erfuhr, dass die Schwester bereits 15 Jahre alt ist und in eine höhere Klasse geht. Sie schickte den Jungen trotz seiner Einwände nach Hause. Am nächsten Tag erschien der Vater mit dem Jungen in der Schule und schrie sie an. Er entscheide alleine, wann sein Sohn zur Schule gehe, und ohne den Bruder dürfe seine Tochter das Haus nicht verlassen. Der Junge flehte die Lehrerin an nachzugeben, sonst würde der Vater ihn schlagen. Die Lehrerin wendete sich an ihren Schulleiter. Doch der zuckte nur mit den Schultern: »Wenn das bei denen so ist, kann man nichts machen.«

Und dann fragt sie mich, ob das in Ordnung sei und was sie tun solle.

Da spricht mich bei anderer Gelegenheit eine Ärztin an, die nicht verhindern konnte, dass die kurdische Großfamilie eine junge Wöchnerin nach einer Risikogeburt aus der Klinik holte, obwohl sie dringend Bettruhe gebraucht hätte. Die Begründung: Man erwarte Gäste, die den neugeborenen Sohn sehen wollten, und die junge Mutter habe den Besuch zu bedienen.

Ein Polizist berichtet, dass die Männer oft verhinderten, dass ihre Frauen mit der Polizei sprechen. Die Frauen würden weggeschickt, wenn er den Raum betritt. Es würde gesagt: »Frau versteht nicht«, und damit sei die Sache dann meist erledigt. Der Ärger, den es geben würde, wenn man die Vernehmung durchzusetzen versuchte, stünde seiner Meinung nach in keinem Verhältnis zum Nutzen einer Aussage.

Oft entwickelt sich nach meinen Vorträgen eine lebendige Diskussion über solche praktische Fragen, und wir versuchen gemeinsam, Antworten zu finden. Ich fühle mich herausgefordert, mich gerade mit solchen Fragen auseinanderzusetzen. Damit bin ich – so mein Eindruck – inzwischen fast allein, denn kaum jemand übernimmt eine Vermittlerrolle zwischen unterschiedlichen kulturellen Prägungen, versucht zu analysieren oder zu erklären. Politiker reden lieber über Erfolge als über ungelöste Probleme und Integrationsbeauftragte lieber von gelungener Integration und mangelndem Geld. Türkischstämmige Intellektuelle schreiben über ihren eigenen Bauchnabel, ihre Befindlichkeiten oder beschweren sich über das schlechte Image, das Muslime in Deutschland haben.

Für alles andere – Missstände, Probleme, Versäumnisse – sind »die Gesellschaft«, »die Politik«, »der Staat« oder »die anderen« verantwortlich. Muslime selbst wollen damit oft nicht identifiziert werden.

Immer wieder zeigt sich aber, wenn wir uns die Probleme genauer ansehen, dass die Identität und das Verhalten der Menschen und ihr Alltag von unterschiedlichen kulturellen Prägungen bestimmt werden. Und dass sich das Leben in den Stadtteilen mit vielen muslimischen Einwanderern komplett verändert, nicht ein Mit- und Füreinander, sondern ein Nebeneinander entsteht und keine Verständigung über das Alltagsleben des jeweils anderen stattfindet. Daraus resultieren Fragen. Wie viel Freiheit hält unsere Gesellschaft aus, wenn Menschen andere Werte, andere Traditionen leben, ein anderes Gesellschaftsmodell anstreben? Das sind keine theoretischen, sondern ganz praktische Fragen, die sich stellen, wenn muslimische Mädchen nicht auf der Straße spielen dürfen, wenn die Schulkantine während des Ramadan schließt oder ein sich zum Islam bekennender Verkäufer sich weigert, Bierkästen wegzuräumen. Wie sehr wird das Weltbild des Islam unsere Gesellschaft verändern?

Die Debatte um den Islam ist auch ein Ausdruck der Verunsicherung der Bürger, weil sie auf diese Entwicklungen keine praktikablen Antworten finden und auch niemand sich hinstellt und sagt, was Europa im Kern ausmacht, welche Werte es zusammenhält. Und wohin die gemeinsame Reise geht.

Unterschiedliche Anfangsannahmen haben wir auch in den Gesellschaftswissenschaften inzwischen nicht nur bei der Erhebung statistischer Daten, sondern bereits im Grundsätzlichen. Da ist man sich nicht darüber einig, was europäisch oder deutsch ist, was christlich oder jüdisch, muslimisch oder atheistisch. Nach Auffassung gewisser Postaufklärer gibt es viele Wahrheiten. Diese »Kultur der Beliebigkeit«, dieses selbst geschaffene »Chaos der Kulturen« soll von den Realitäten ablenken. Mich erschreckt der bewusste Versuch von Wissenschaftlern, Lobbyisten und Politikern, die eigene Geschichte und Kultur, die eigene Identität und damit Zukunft zu leugnen.

Ich weise in meinen Büchern, Reden und Artikeln auf die Missstände innerhalb der muslimischen Community hin und versuche nachzuweisen, dass der Islam angesichts seiner Entstehung, seiner Geschichte und seiner Praxis nicht nur ein spiritueller Glaube, sondern auch eine Kultur ist, die immer schon weit über den reinen Glauben hinausgeht und immer auch eine Weltanschauung und eine politische Ideologie darstellt. Der Islam ist gelebte Kultur, und diese Kultur hat nach wie vor ein anderes Menschen- und Weltbild als das einer aufgeklärten Bürgergesellschaft. Ich werde mich auch in diesem Buch damit auseinandersetzen, worin diese »Kulturdifferenz« besteht und worum es im Kern meist geht: dem Umgang mit der Freiheit.

In diesem Buch sind Reden und Schriften versammelt, die in den Jahren 2005 bis 2011 entstanden sind. Sie stellen eine Auswahl aus den über hundert Beiträgen der letzten Jahre dar, hinzu kommt eine Reihe von erstmals hier veröffentlichten Texten.

Beginnen möchte ich mit einer Dankrede, die ich zur Verleihung des Geschwister-Scholl-Preises an der Universität München gehalten habe. Das war im Jahr 2005, und die dargestellten Probleme der muslimischen Migranten sind immer noch aktuell, auch wenn die Debatte sich seitdem weiterentwickelt hat. Es ist zum Beispiel gelungen, ein Tabu zu brechen und offen über das Phänomen der Importbräute zu sprechen; auch konnte eine Debatte über die Themen Kultur des Islam und Integration ausgelöst werden. Und es hat große politische Erfolge gegeben. Das von mir und anderen geforderte Gesetz gegen Zwangsverheiratung ist inzwischen in Kraft getreten, und die Familienzusammenführung zum Zwecke der Heirat ist nur noch möglich, wenn die Braut mindestens 18 Jahre alt ist und

300 Wörter Deutsch gelernt hat. Gleichzeitig, auch darüber werden Sie in diesem Buch lesen, versuchen manche, diese Fortschritte aufzuhalten, das reicht vom türkischen Lobbyisten mit SPD-Mandat bis zum Ministerpräsidenten der Türkei. Und es wird versucht, neue Tabuzonen der Diskussion zu errichten, unter anderem, indem man kritische Geister diffamiert und kritische Auseinandersetzung als Hetze diskreditiert.

Mit einem Beitrag zum 50. Jahrestag des deutschen Gastarbeiter-Anwerbeabkommens mit der Türkei möchte ich auf einen Aspekt der Debatte eingehen, der oft verzerrt dargestellt wird. Ich meine den gerne in Festreden verwendeten Satz, die Türken hätten Nachkriegsdeutschland mit aufgebaut. Doch das ist bestenfalls die halbe Wahrheit, denn die mehreren Hunderttausend türkischen Arbeiterinnen und Arbeiter waren dabei nur ein Teil der Rotation von insgesamt 14 Millionen Gastarbeitern aus den verschiedensten Ländern Europas, die diese Leistung zusammen mit 30 Millionen Deutschen erbrachten. Nach Angaben des Sachverständigenrats deutscher Stiftungen für Integration und Migration sind von den 14 Millionen Angeworbenen elf Millionen Gastarbeiter nach dem Auslaufen ihrer Verträge in ihre Heimatländer zurückgegangen.[1] Viele Türken blieben. Und wenn es nur um die ersten »Gastarbeiter« ginge, die damals allein oder mit ihrer Kernfamilie aus türkischen Städten nach Deutschland gekommen sind, würden wir heute nicht über ein Integrationsproblem reden müssen. Das entstand erst – nach dem Anwerbestopp 1973 – mit der Familienzusammenführung und den Asylsuchenden. Die neuen Einwanderer brachten das anatolische Dorf und die Moschee nach Deutschland, und es waren deren Fragen und Ansprüche, auf die die deutsche Politik keine Antwort fand, weil Integration schon damals nur als soziale und nicht auch als kulturelle Aufgabe begriffen wurde.

Diese nachgezogenen Einwanderer kamen nach Deutschland in einer Zeit, als die Industrie angesichts von Weltwirtschaftskrise und fortschreitender Automatisierung kaum noch Arbeitskräfte für einfache Tätigkeiten benötigte. In den Siebziger- und Achtzigerjahren kamen jährlich Zehntausende durch »Heiratsimport« ins Land. Anfang der Neunzigerjahre entschärfte die Türkei die interne Bürgerkriegsgefahr, indem sie Zehntausende Asylsuchende nach Deutschland ausreisen ließ. Ohne Vorbereitung und Aussicht auf einen Arbeitsplatz wurden sie direkt als Transferempfänger ins Sozialsystem eingegliedert.

Weiter geht es im Kapitel *Islam und Integration* um viel diskutierte Aspekte der heutigen Integrationspolitik und den politischen Islam, wie er sich in der Moscheebaudebatte darstellt. Ich habe Gedanken zu Themen wie Heiratsimport, Kopftuchdebatte, Islamkonferenz, Scharia, Erziehungsprobleme nur dann in dieses Buch aufgenommen, wenn sie nicht bereits in meinen anderen vier Büchern behandelt wurden. Über den Fall Sürücü, den Mord an der jungen kurdischstämmigen Mutter, habe ich mehrere Artikel geschrieben, die hier erstmals im Zusammenhang von *Ehre und Gesetz* dokumentiert werden.

Ich befinde mich von Beginn meiner Arbeit an im Streit mit der institutionellen Migrationsforschung, der ich vorwerfe, ihrer Verantwortung nicht gerecht zu werden. Ich dokumentiere den Streit nur kurz, möchte aber in diesem Buch beispielhaft ein neues Kapitel dieser Auseinandersetzung aufschlagen. Ich berichte über Probleme, die sich für die Migranten durch kulturell bedingte Einstellungen ergeben. Ich schreibe über den – von der Migrationsforschung, nicht von der Medizin – vernachlässigten Zusammenhang von Migration und Gesundheit und stelle einige Studien vor, die Fragen untersucht haben wie: Macht das Kopftuch krank? Worin bestehen die besonderen Probleme bei der Gesundheitsversorgung von muslimischen Einwanderern?

Ich hatte die Ehre, in der Frankfurter Paulskirche zum 9. November, dem Jahrestag der Reichspogromnacht, zu sprechen; dabei versuchte ich, die Dialektik von *Geschichte und Verantwortung* auch für die türkischen und muslimischen Einwanderer zu formulieren. Das Verhältnis der Osmanen und Türken zu Europa erörtere ich anhand der Literatur, zum Beispiel eines Romans von Orhan Pamuk.

Mit meiner Arbeit und der einer Handvoll anderer Autoren ist in den Augen einiger Kritiker ein ganz eigenes Genre entstanden, das der »Islamkritik«. Artikel und Bücher beschäftigen sich damit, ob Kritik, wie ich sie am Islam übe, statthaft und begründet sei. Ich habe mich bisher zu den persönlichen Vorwürfen nicht öffentlich geäußert, weil es mir immer um die Sache und nicht um persönliche Befindlichkeiten ging. Da einige Streiter meine Zurückhaltung offenbar für das Eingeständnis von Fehlern halten und oft wider besseres Wissen Unwahrheiten wiederholen, möchte ich meinen Leserinnen und Lesern jetzt einige Briefe und Antworten auf die *Kritik der Islamkritik* nicht mehr vorenthalten.

Im abschließenden Kapitel *Islam und Freiheit* bemühe ich mich, aus der Geschichte Europas und in Abwägung mit islamischen Vorstellungen die Idee der Freiheit herauszuarbeiten und zu bestimmen, was Europa für mich im Kern ausmacht.

Islam
und
Integration

Wir haben das Recht,
an Goethe Kritik zu üben.[2]

Rede zur Verleihung des
Geschwister-Scholl-Preises 2005 in München

Als ich davon hörte, dass Sie mir hier in München den Geschwister-Scholl-Preis verleihen wollen, musste ich an die
erste Tafel Schokolade denken, die ich in München bekam.
Es war im August 1967, als ich, damals zehn Jahre alt, mit
meiner großen Schwester und meinem kleinen Bruder
nach einer dreitägigen Zugreise von Istanbul durch den
Balkan auf dem Münchener Hauptbahnhof ankam. Wir
waren hungrig und orientierungslos. Unsere Mutter hatte
uns am Bosporus in die Bahn gesetzt, mit Fahrkarten, der
Adresse unseres Vaters in Niedersachsen, einem Essenskorb
und der strikten Anweisung, mit niemandem zu sprechen,
höchstens mit einem Menschen, der eine Uniform trüge.
Unsere Verpflegung hatten wir bereits kurz hinter der bul-
garischen Grenze aufgezehrt.

Wir hatten gehört, dass es in Deutschland fahrende Trep-
pen und drehende Fenster gab, vor allem aber war es für uns
das Land von Hänsel und Gretel und Rotkäppchen und dem
bösen Wolf. Außerdem hatte uns mein Vater bei seinem letzten Besuch in der Türkei die deutsche Nationalhymne vorge-
sungen: »Wenn ihr die könnt, dann seid ihr drin in Deutschland.« Nun standen wir mit leeren Magen und dem »Lied
der Deutschen« in der Tasche auf dem Bahnsteig in der gro-

ßen schwarzen Halle, als hätten wir uns im Wald verlaufen. Mein kleiner Bruder heulte, denn noch schlimmer als Heimweh war sein Hunger. Ein Bahnschaffner kümmerte sich um uns, setzte uns in den richtigen Zug und schenkte uns, kurz bevor der Zug losfuhr, eine Tafel Schokolade. Unsere erste. Wir waren gerettet und konnten es gar nicht fassen, dass man uns zur Begrüßung so etwas Köstliches schenkte.

2.

Nachdem sich die große Rührung, die diese Auszeichnung in meiner türkischen Seele ausgelöst hat, ein bisschen gelegt hatte, dachte ich nach, worüber ich hier sprechen möchte. Ich habe mir die eindrucksvolle Reihe der Reden der vor mir Geehrten angesehen, aber als Erstes die Briefe und Aufzeichnungen von Hans und Sophie Scholl gelesen. Und Hans Scholl hat mich auch auf das Thema gebracht, über das ich mit Ihnen sprechen möchte. In seinem Russlandtagebuch findet sich am 22. August 1942 folgender Eintrag:

> »O ja, Sie verteidigen die europäische Kultur, mein Lieber, obgleich Sie selbst unter Kultur Ihre Nagelfeile und Ihr Wasserklosett verstehen, vielleicht auch Ihre kleine Vormachtstellung vor anderen und Ihre Briefmarkensammlung. Und Goethe, Schiller, was ist mit diesen beiden Fixsternen am deutschen Nachthimmel (…)?«

Und dann, ein paar Zeilen weiter:

> »Wir haben das Recht, wenn wir Dostojewski gelesen haben, an Goethe Kritik zu üben. Aber zunächst müssen wir

ihn verteidigen. Wir müssen ihn schützen, indem wir uns
selber schützen.«

Ich möchte mit Ihnen über Deutschland sprechen.

3.

Ich lebe jetzt seit 37 Jahren in diesem Land, bin hier zur
Schule gegangen, habe hier einen Beruf erlernt, habe studiert, gearbeitet, unterrichtet, geforscht, geschrieben, habe
geheiratet, wurde geschieden, bin Mutter eines zehnjäh-
rigen Jungen, habe inzwischen die deutsche Staatsbürgerschaft, ich liebe meine kleine und meine große Familie …
und ich liebe Deutschland.

Ja, Sie haben richtig gehört: Ich liebe dieses Land.

Ich kann Ihnen auch sagen, warum. Dass ich heute hier
stehe und alles, was ich im Laufe meines Lebens an persönlicher Freiheit gewinnen konnte, habe ich der deutschen
Gesellschaft zu verdanken. Sicher, ich habe mir Freiheit er-
kämpfen müssen gegen meinen Vater, der dies nicht ertragen konnte, und ich hatte einen großen Bruder, der mir die
Freiheit ließ, aber dass ich mir die Freiheit nehmen und wie
mein kleiner Bruder leben konnte, habe ich der Verfassung
dieses Landes zu verdanken.

Und den Menschen, die diese Kultur leben und verantworten.

Es war meine Lehrerin, die dafür sorgte, dass ich wieder
zur Schule ging; es war der Personalchef, der sich weigerte,
mich mit 14 in seiner Werkstatt zu beschäftigen; es war die
Gewerkschaftssekretärin Gilbert Lebien, die meine Mutter
überredete, mich an Seminaren teilnehmen zu lassen; es
waren die Kollegen, die mich zur Jugendvertreterin wähl-

ten; es war meine Wohngemeinschaft, die mir abverlangte, für mich und andere verantwortlich zu sein.

Aber es waren auch die Literatur und das Studium, die mich zu diesen Schritten ermutigten, die mich kritisches Denken lehrten. Die Frage »Warum?« war in meiner Erziehung wie auch in der muslimischen Gemeinde, in der ich groß wurde, nicht vorgekommen. Und so war mein Weg in die Freiheit auch ein Prozess, der von einer sehr grundsätzlichen inneren und äußeren Auseinandersetzung begleitet war. Ich habe mir meine Freiheit erkämpft, aber um mit ihr etwas anfangen zu können, musste ich lernen. Meine Freiheit entstand aus Zweifel, Neugier und Kleinmut.

Ich war oft verzweifelt und nur manchmal mutig.

Heute muss ich nicht mehr mutig sein, denn ich bin nicht allein. Es ist die deutsche Gesellschaft, die dem kleinen Mädchen aus Istanbul den Zweifel, das Vertrauen, den Mut und die Freiheit schenkte.

4.

Ich war 19 Jahre alt, Auszubildende zur technischen Zeichnerin in einer Lkw-Fabrik und Jugendvertreterin der IG Metall, als ich 1977 eingeladen wurde, an der Preisverleihung der Carl-von-Ossietzky-Medaille teilzunehmen. Preisträger war der Widerstandskämpfer und legendäre Gewerkschafter Willi Bleicher. Als er zu Ehren Ossietzkys, des Journalisten, der den Friedensnobelpreis verliehen bekam und ihn nicht entgegennehmen konnte, weil er im Konzentrationslager saß, einen Kranz niederlegen wollte, stand ich einige Schritte von ihm entfernt. Er blickte sich kurz um, bat mich, ihm zu helfen. Danach drückte er mir die Hand und sagte: »Danke.«

Diese persönliche Begegnung und die ständige Präsenz der Auseinandersetzung um Verantwortung und Schuld der Deutschen haben mich überzeugt: Es gibt in der Geschichte wohl kein Volk, das sich so offen seiner Geschichte gestellt hat, wie in den letzten dreißig Jahren das deutsche. Die Verantwortung für das, was während des Faschismus geschah, ist in der deutschen Gesellschaft tief verwurzelt. Von Forschungsprojekten bis hin zu Schülerwettbewerben, von Mahnmalen bis zu öffentlichen Debatten ist die Auseinandersetzung mit der Geschichte ständig präsent. Das geht manchmal so weit, dass diese Gesellschaft sich selbst nicht traut, stolz auf das zu sein, was sie sich an zivilen Werten in den vergangenen sechzig Jahren erarbeitet hat. Stolz auf dieses Land zu sein ist den meisten Deutschen immer noch verdächtig. Manchmal fehlt ihnen ein wenig von dem Selbstwertgefühl, das andere im Übermaß vor sich hertragen.

Und zuweilen hindert dieser Mangel an Stolz die Deutschen auch, Missstände anzuprangern, die sie wahrnehmen, besonders wenn es um Menschen aus anderen Kulturen geht. Die Deutschen hätten kein Recht dazu, diese Meinung ist unter den Deutschen selbst weitverbreitet. Die Angst, an andere Maßstäbe anzulegen, die man für sich selbst für selbstverständlich hält, führt dazu, dass Freiheitsverletzungen akzeptiert werden, die nicht akzeptabel sind.

5.

So wird es als fester Bestandteil einer anderen Kultur akzeptiert, wenn Eltern ihre Kinder von der deutschen Gesellschaft fernhalten, beim Schwimmunterricht und bei Klassenreisen fehlen lassen, wenn Jungen und Mädchen getrennt aufwachsen sollen, wenn Jungen zu Wächtern der Familie erzogen werden, wenn die Eltern bestimmen, wann und wen die Kinder zu heiraten haben. Es wird eine archaische, oft religiös begründete Kollektivkultur akzeptiert, die elementare Rechte der Verfassung verletzt.

Für eine Untersuchung des Bundesministeriums für Familie wurden 150 türkische Frauen befragt. Jede zweite Frau gab an, dass ihr Ehepartner von den Eltern ausgesucht wurde, jede vierte kannte den Partner vor der Ehe nicht, und zwölf von den 150 Frauen fühlten sich zur Ehe gezwungen. Auch heute – und ich betone, dies sind keine Ausnahmefälle – sind in diesen Kreisen Mädchen faktisch im Besitz der Väter und Brüder, man nennt sie die »Ehre der Familie« und passt auf sie auf.

Ältere bestimmen über ihr Leben, entscheiden, ob sie zur Schule gehen und wen sie heiraten. Ich selbst habe als junges Mädchen in Deutschland miterlebt, wie eine Freundin in der Nachbarschaft über zehn Jahre lang im Haus festgehalten wurde. Dieses Mädchen durfte nicht zur Schule, weil ihre Eltern arbeiteten und sie auf den jüngeren Bruder aufpassen musste. Und mit 16 Jahren wurde sie in die Türkei geschickt und dort verheiratet. Was für ein Leben hat dieses Mädchen gehabt? Ihm wurde jedes Recht auf ein eigenes Leben bestritten, ihm wurden Bildung und Selbstbestimmung verweigert.

Die Ehe ist im Islam kein Sakrament, sondern ein zivilrechtlicher Vertrag zwischen zwei Familien. Und dass geheiratet werden muss, ist in der türkisch-muslimischen Gesellschaft keine Frage. »Verheiratet die Ledigen!« steht im Koran, und die Familienoberhäupter nehmen diese Aufforderung wörtlich. Den jungen Menschen wird das elementare Recht vorenthalten, selbst zu entscheiden, ob, wen und wann sie heiraten. Und es mag in diesem Zusammenhang unwichtig sein, aber ich glaube, es ist keine verklärte Romantik: Damit wird ihnen auch die Liebe vorenthalten. Sie dürfen sich nicht verlieben. Ein Kontakt, ja selbst ein harmloser Flirt zwischen jungen Männern und Frauen ohne die Ehe ist nach traditioneller Auffassung undenkbar, ein Verstoß gegen den Sittenkodex, der geahndet wird.

6.

Diese Mentalität, das Festhalten am türkisch-muslimischen Common Sense in der Fremde, führt zu der Situation, die wir heute in Deutschland bei mindestens der Hälfte der hier lebenden Türken beobachten. Sie leben in der Moderne, sind dort aber nie angekommen. Sie leben in Deutschland nach den Regeln ihres anatolischen Dorfes. Sie haben sich in ihren Glauben, in ihre Umma (die Gemeinschaft der Gläubigen), in eine Parallelwelt zurückgezogen und reproduzieren sie, indem sie ihre Kinder so erziehen, wie sie selbst erzogen worden sind, und sie mit Mädchen und Jungen aus ihrer alten Heimat verheiraten.

Die Folgen sind dramatisch. Mangelnde Individualisierung und Selbstverantwortung ziehen mangelnden Bildungswillen nach sich. Wenn Eltern davon ausgehen, dass sie ihre Tochter mit 16 Jahren verheiraten, warum sollten sie dann in die Bildung dieses Kindes investieren, es Abitur machen oder studieren lassen? Es lohnt sich schlicht nicht. Mangelnde Verantwortung für die Zukunft, mangelnde Investition in die Bildung ihrer Kinder führen dazu, dass immer wieder der eigene soziale Status reproduziert wird – den man dann auch noch dem »Gastland« vorwerfen kann.

Und so relativiert sich auch die Mär von der türkischen Familie, in der sich alle so nahe sind, die Geborgenheit bietet. Diese Gemeinschaft ist in vielen Fällen ein Kontrollsystem, in dem die älteren Männer bestimmen und kontrollieren, was die Familienmitglieder zu tun und zu lassen haben. Dort herrscht das Prinzip des Respekts und der Ehre, ein Jüngerer hat dem Älteren nicht zu widersprechen, und die Frauen sind die »Ehre«, sprich: der Besitz der Männer, und haben in der Öffentlichkeit nichts zu suchen. Es ist kein System der Fürsorge, sondern eine Besitzanzeige. Im Zweifelsfall entscheidet wie im Dorf die Großmutter, ob es angemessen ist, dass die Enkelin zur Schule geht. Keine guten Voraussetzungen für eine Demokratie, denn die braucht mündige Bürger.

Und so ist letztlich an der Frage der Gleichberechtigung der Frau die Integration einer großen Zahl von Türken in Deutschland gescheitert. Diese Erkenntnis ist um so bitterer, als in Deutschland in den letzten Jahrzehnten vielfältige politische und soziale Initiativen darauf gerichtet waren, die Stellung der Frau zu verbessern. Diese Chance wird immer noch von zu wenigen genutzt. Die Männer befürchten, dass ihnen die Macht über die Frauen verloren geht. Sie folgen – in Deutschland wie in der Türkei – einem anderen Weltbild.

7.

Lassen Sie mich deshalb ein wenig auf die türkische Seite der Medaille eingehen. Obwohl die türkische Verfassung die Schweizer Verfassung zum Vorbild hatte und im Zuge der Reformen vom Mai 2004 der Artikel 10 geändert wurde – es heißt jetzt »Frauen und Männer sind gleichberechtigt. Der Staat ist verpflichtet, die Gleichheit zu verwirklichen« –, klafft eine große Lücke zwischen Verfassungstext und Verfassungswirklichkeit. Ich möchte aus soziologischer Sicht dafür eine Erklärung versuchen.

Ein Grund liegt in der grundsätzlich anderen Auffassung über die Aufgaben und die Funktion des Staates und der Familie im traditionellen islamisch-türkischen Gesellschaftsmodell. Der Islam kennt keine Trennung von Staat und Religion. Die Gesellschaft ist vertikal, in Männer und Frauen, getrennt. Die Männer sind die Öffentlichkeit, die Politik, die Frauen die Privatheit, das Haus. Die Trennung von Öffentlichkeit und Privatheit ist Teil des traditionellen islamischen Weltbildes. Die Gesellschaft ist kein Ganzes mit Männern und Frauen, sondern es sind zwei Gesellschaften, die der Frauen und die der Männer. Wenn die Frau die Domäne der Männer, d. h. die Öffentlichkeit betreten will, muss sie sich nach dieser Auffassung verschleiern, um die Öffentlichkeit, sprich die Männer, nicht zu stören. Frauen stören, weil sie eine ständige Verführung für den Mann darstellen, vor der er geschützt werden muss, weil er sich so schwer beherrschen kann, heißt es.

Der Staat ist dieser Auffassung nach der Mann, er trägt Verantwortung für das Land und regelt den politischen und wirtschaftlichen Rahmen für seine Bürger. Das Haus ist die Frau, sie soll *im* Haus Entscheidungen treffen, aber *für* das Haus trägt der Mann wiederum die Verantwortung. Er kann seine Kinder so erziehen, wie er möchte, und verheiraten, mit wem er will, der Staat mischt sich nicht ein. Wer in der Öffentlichkeit über die Angelegenheiten der Familie spricht, verletzt das Gesetz der Umma. Dieses – vereinfacht dargestellte – Weltbild wird ungebrochen gelebt, ganz gleich, welche Rechte in der Verfassung garantiert werden. Deshalb auch regen sich die Nationalisten und Islamisten und ihre Presse so darüber auf, dass »Fremde« über die Armenienfrage und Zwangsheirat, über Ehrenmord und Gewalt in der Familie sprechen. Sie sind der Auffassung, das gehe keinen Fremden etwas an. Es ist eine Auffassung, die der von Max Frisch gegebenen Definition diametral entgegensteht: »Demokratie heißt, sich in seine eigenen Angelegenheiten einzumischen.«

8.

In den modernen Gesellschaften trägt jeder Verantwortung für sich selbst. Dem Individuum wird zugestanden und von ihm wird verlangt, sich zu beherrschen und für sein eigenes Handeln verantwortlich zu sein. Es besteht eine horizontale Trennung von Einzelnem und der Gesellschaft.

In der türkisch-islamischen Welt dagegen ist der Mensch ein Sozialwesen, das sich nicht selbst, sondern der Gemeinschaft gehört. Er trägt Verantwortung für die anderen – der Ältere für den Jüngeren, die Männer für die Frauen, das Familienoberhaupt für die ganze Familie.

Wenn ich von »dem« Islam spreche, begegne ich natürlich sofort einer Reihe von Einwänden. Es gebe nicht »den« Islam, sagt man. Es gebe Schiiten, Sunniten, Aleviten, Wahabiten, unterschiedliche Rechtsschulen etc., es gebe den »Euro-Islam« wie den in Indonesien. Der Islam sei von seiner Anlage her keine Kirche, und es gebe die Herrschaft der islamistischen Fundamentalisten ebenso wie die Auffassungen der Modernisierer wie beispielsweise Fatima Mernissi oder Youssef Seddik, der den Koran als zutiefst individualistische Metapher deute.

Ich bin Soziologin, und mir geht es nicht um eine theologische Diskussion. Halten wir uns deshalb an das, was im Namen des Islam gelebt wird. Ich deute Religion als eine kulturelle Dimension. So wie es eine christliche Lebenseinstellung, ein Grundverständnis von Ethik, einen Wertekanon im Christentum gibt, gibt es auch diese kulturelle Di-

28

mension im Islam. Religion ist ein kulturelles System, das unserem Leben die Dimension des Transzendenten gibt. Religion vermittelt eine allgemeine Seinsordnung über die soziale Wirklichkeit hinaus.

In der türkisch-islamischen Gesellschaft existieren spezifische Menschen- und Weltbilder, die eng mit der Religion verbunden sind und von ihr legitimiert werden: Aus der Vorstellung der Umma, der Glaubensgemeinschaft, leitet sich ein soziales Konzept von Gemeinschaftlichkeit ab, das der Gemeinschaft den Vorrang vor dem Individuum gibt. Damit steht es im Gegensatz zum Bild von der Einzigartigkeit des Individuums in Gesellschaften christlicher Prägung, das deren Transformation zu demokratischen Gesellschaften erleichtert hat. Der Christenmensch wurde durch die Entdeckung des Gewissens zum verantwortlichen Einzelnen. Wer Verantwortung trägt, kann auch schuldig werden. Umgekehrt gilt auch: Ohne Gewissen keine Verantwortung. Die Frage der Individuierung ist von Gewissen, Moral und Werten nicht zu trennen – auch wenn wir das zuweilen zu vergessen drohen. Ohne diese Instanzen hätten wir uns keine Gesetze, keine Verfassung, keine Grundrechte geben können.

9.

Zwar versuchten seit Anfang der Zwanzigerjahre des letzten Jahrhunderts die rechten wie linken politischen Kräfte der türkischen Republik, den Islam konsequent zurückzudrängen, aber sie setzten dem Kollektivgedanken dieser Religion kein Konzept der Stärkung individueller Rechte und individueller Emanzipation entgegen, sondern füllten ihn – ganz nach Gusto – mit neuen kollektivistischen Konzepten wie dem der kommunistischen Revolution, des kurdischen Separatismus und des türkischen Nationalismus. Die türkische Verfassung betont zwar im Artikel 1 den »Frieden der Gemeinschaft« und »den Nationalismus Atatürks« und gewährt in Artikel 12 Grundrechte, verpflichtet gleichzeitig jeden aber auf die Verantwortung der Gemeinschaft und der Familie gegenüber.

Dies mag auch ein Grund dafür sein, warum es bürgerliche oder liberale Parteien in der Türkei so schwer haben und nie eine wirkliche Bürgerbewegung entstand. Es gelang den Kemalisten nicht, den Staat auch und zuallererst als Schutzorganisation für die Rechte des Einzelnen zu definieren. Obwohl Atatürk den Islam verdrängte, leidet seine Idee der aufgeklärten Republik daran, dass er zwar den Staat säkularisierte, aber nicht als eine Gemeinschaft von Individuen, sondern weiterhin als Kollektiv organisierte. Das Prinzip der Umma, der in sich und nach außen geschlossenen Gemeinschaft, wurde nicht infrage, sondern auf den Kopf gestellt und zum Prinzip des Türkentums erhoben.

Und dieses Prinzip – ich nenne es den türkisch-muslimischen Common Sense, oder nennen Sie es Leitkultur – wird mehr oder weniger »fraglos« gelebt. Von strenggläubigen Muslimen, aber auch von türkischen Familien, die sich auf Nachfrage als republikanisch bezeichnen würden. In der Türkei und in der Migration.

10.

Ich habe vor zehn Jahren begonnen, mich mit den Themen Migration und Integration zu beschäftigen. Ich ging davon aus, dass die säkularisierte, demokratische und soziale Zivilgesellschaft eine Chance für die Migranten und vor allem für deren Kinder darstellt. Mein Studium habe ich mit einem Stipendium der Hans-Böckler-Stiftung finanzieren können, wofür ich sehr dankbar bin. Meine Forschungen habe ich ohne öffentliche Unterstützung betrieben. Denn ich habe gegen die stillschweigende Übereinkunft der Migrationsforscher verstoßen, die darauf ausgerichtet ist »zu erklären, um zu verstehen und um zu helfen«.

Für sie sind die Migranten die Opfer dieser Gesellschaft. Wer sich mit einer solchen Position bescheidet, hat sich für eine Einbahnstraße entschieden: der Migrant, das abhängige Mündel der deutschen Gesellschaft. Praktisch bedeutete die Umsetzung dieser These in die Praxis: Den Migranten wurde die Eigenverantwortung abgesprochen, das deutsche Sozial- und Schulsystem hatte für die Integration zu sorgen. Die Folgen sind nicht mehr wegzudiskutieren: Die Integration eines großen Teils der Migranten ist auch wegen dieses falschen Politikansatzes gescheitert.

Ich halte aber die Verantwortung des Einzelnen, die des Wissenschaftlers ebenso wie die des Migranten, für das Gelingen der Integration für unverzichtbar. Ohne Zweifel, wir müssen fördern, aber wir müssen auch den Willen zur Integration einfordern.

Wir müssen mehr wissen über diese muslimische Parallelgesellschaft mitten in Deutschland. Wir müssen wissen, was in den Koranschulen gelehrt wird, wir müssen wissen, was die Hodschas in den Moscheen predigen, wir müssen wissen, warum sie so wenig mit den Deutschen zu tun haben wollen, warum sie so oft ihre Kinder nicht zur Schule schicken, ihren Töchtern die Teilnahme am Sportunterricht und den Klassenfahrten verweigern, warum sich Mädchen das Kopftuch anlegen – wir müssen mehr wissen über ihre Werte, Einstellungen und Motive. Wir müssen hingucken und uns eine ganze Menge einfallen lassen, wie wir die Muslime aus dem

Getto der Parallelgesellschaft herausholen und ihnen eine aktive Integration abverlangen können.

11.

(...) Lassen Sie mich noch einmal an Hans Scholl erinnern: »Wir haben das Recht, wenn wir Dostojewski gelesen haben, an Goethe Kritik zu üben. Aber zunächst müssen wir ihn verteidigen. Wir müssen ihn schützen, indem wir uns selber schützen.«

Die Auseinandersetzung mit dem, was uns fremd ist, ist wichtig – um den kritischen Blick für das Eigene zu schärfen und uns erkennen zu lassen, was an dem Eigenen schützenswert ist. Und dieses müssen wir bereit sein, auch zu verteidigen – andernfalls gäben wir uns selbst preis. Erst dann, und nur dann, kann ein Dialog entstehen, in dem sich zwei, ich und der andere, respektvoll begegnen, in dem *beide* aufgehoben und in ihren Rechten respektiert sind. Und darum geht es – »Menschen zu schützen, nicht ihre Ideen«, wie Salman Rushdie sagt, der wegen seines Buches »Satanische Verse« von Khomeini mit einer Fatwa überzogen wurde. Und er sagt weiter: »Es ist völlig in Ordnung, dass Muslime – dass alle Menschen – in einer freien Gesellschaft Glaubensfreiheit genießen sollten. Es ist völlig in Ordnung, dass sie gegen Diskriminierung protestieren, wann und wo immer sie ihr ausgesetzt sind. Absolut nicht in Ordnung ist dagegen ihre Forderung, ihr Glaubenssystem müsse vor Kritik, Respektlosigkeit, Spott und auch Verunglimpfung geschützt werden. Die Trennung zwischen dem Individuum und seiner Überzeugung gehört zu den Grundlagen der Demokratie, und eine Gemeinschaft, die sie zu verwässern sucht, tut sich damit keinen Gefallen.«[3]

(…) Wenn allein in Berlin 6000 Mädchen und Frauen in den ersten zehn Monaten dieses Jahres den Mut hatten, Hilfe gegen Gewalt und Verheiratung bei Noteinrichtungen zu suchen, dann ist es diese Öffentlichkeit, die ihnen Mut gemacht hat, ihr Schicksal nicht mehr nur zu erdulden, sondern sich zu wehren.

50 Jahre Anwerbeabkommen
mit der Türkei[4]

Vortrag bei der Konrad-Adenauer-Stiftung 2011 in Bremen

Wir stehen heute vor der Tatsache, dass sich unsere Gesellschaft schwertut, bestimmte Gruppen von Migranten so in die wirtschaftlichen Prozesse zu integrieren, dass sich – wie man unter Betriebswirten sagt – eine Win-win-Situation, ein Ergebnis zu beiderseitigem Nutzen, einstellt. Die Mehrheitsgesellschaft klagt u. a. über die hohen sozialen Kosten der Zuwanderung und mangelnde Integrationsbereitschaft. Immigranten fühlen sich ausgegrenzt, benachteiligt, unverstanden. Die Ursachen werden – je nach politischer Verortung – in politischen, sozialen, ökonomischen oder kulturell-religiösen Faktoren gesehen. Fast jede Stadt und jedes Land, so auch Bremen, hat inzwischen ein Integrationskonzept erarbeitet. Und die Bundesregierung mobilisiert jährlich über 750 Millionen Euro für einen Integrationsplan.

Aber bevor wir darüber sprechen, ob Geld die Lösung sein kann, sollten wir die Geschichte der Migration und Lage der Migranten analysieren, die Ursachen für die

Misere herausarbeiten. Ich möchte mich dabei auf die Zuwanderung aus der Türkei beschränken. Zum einen ist dies die größte Gruppe der Zuwanderer, zum anderen sind dort aus verschiedenen Gründen die Probleme am größten.

»Jeder unserer Brüder und [jede unserer] Schwestern hat hier Tag und Nacht gearbeitet, um Herzen zu gewinnen. Sie haben jede Bitterkeit zu Honig gemacht, jedweder Schwierigkeit getrotzt.« Das sagte der türkische Ministerpräsident Tayyip Erdogan 2008 bei einer Rede vor türkischen Immigranten in Köln. Das war Balsam für die Seele seiner Anhänger, sie hörten es nur zu gern. Und auch deutsche Politiker neigen dazu, die Geschichte der Arbeitsmigration als eine von türkischen Opfern und deutscher Schuld durch Ausbeutung zu erzählen. Aber diese Version der Geschichte ist ein Märchen.

1961 wurde auf Initiative und Druck der türkischen Regierung das Anwerbeabkommen zwischen der Bundesrepublik und der Türkei – ähnlich wie bereits 1955 mit Italien und anderen Ländern – geschlossen. Es gab »geopolitische« Gründe. Die USA drängten die Deutschen, die Türkei wirtschaftlich zu stützen. In Kuba hatte Fidel Castro 1959 den Diktator Batista und die Amerikaner verjagt, und auch in der Türkei revoltierten die Studenten und Gewerkschaften. Das globale Gleichgewicht im Kalten Krieg schien aus der Balance zu geraten.

Als 1960 dem türkischen Militär die innenpolitische Lage zu brenzlig wurde, ergriff es per Handstreich die Macht und inhaftierte den Ministerpräsidenten Adnan Menderes, der demokratische Reformen angestoßen, die Türkei in die Nato geführt hatte und mit einer Reislamisierung liebäugelte. Kein westlicher Staat protestierte ernsthaft gegen den Putsch. Die Nato brauchte an der »Südflanke« des sozialistischen Blocks Verbündete, und die militärisch schlagkräftige Türkei war der historisch bewährte Partner. Das zeigte wenig später die Kubakrise, als die Türkei die Stationierung von US-Mittelstreckenraketen zuließ. Die Nato-treuen türkischen Generäle forderten dafür einen Preis: Teilhabe am wirtschaftlichen Aufschwung Europas. Die Hebel waren u. a. das Anwerbeabkommen und zwei Jahre später das Ankara-Abkommen, das der Türkei den Weg in die Zollunion und später in die Europäische Gemeinschaft ebnen sollte.

Am 31. Oktober 1961, sechs Wochen nachdem Menderes auf der Insel Imrali im Marmara-Meer wegen »Verfassungsbruchs« hingerichtet worden war, vereinbarte man in Bad Godesberg das Anwerbeabkommen.

Die innertürkische Politik war 1960 an den Problemen einer rasch wachsenden Bevölkerung und an der Ignoranz gegenüber den Bedürfnissen der eigenen Gesellschaft gescheitert. Die Regierenden folgten einer Doktrin, die der Staatsgründer Atatürk vorgegeben hatte. Man versuchte die Wirtschaft und auch die Nahrungsmittelproduktion planwirtschaftlich zu kontrollieren, man hielt die Brotpreise künstlich niedrig, schlug auf Weizenfeldern »Ernteschlachten«, als ginge es um einen Frontverlauf. Man setzte die Preise und Abnahmemengen z. B. für Zucker und Weizen zentral fest und verhinderte eine marktwirtschaftliche Entwicklung von Angebot und Nachfrage. Und obwohl damals 80 Prozent der Bevölkerung auf dem Land lebten, wurden dort nur drei Prozent des Staatshaushalts investiert. Die Folgen waren eine nachhaltige Landflucht und die Verarmung der anatolischen Bevölkerung. Millionen Menschen zogen in die Städte, über Nacht entstanden »Gecekondus«, Slumviertel am Rand der großen Städte. Wer konnte, folgte dem Angebot aus Almanya. Ein deutscher Arbeitsvertrag galt wie ein Lottogewinn. Es gab vier Mal so viele Bewerber, wie Stellen vermittelt werden konnten.

Denn so stark und verlässlich die türkische Armee war, so schwach war die Türkei wirtschaftlich. Es drohten Massenarbeitslosigkeit und Massenarmut und in der Folge nicht nur ein Aufstand der Jugend und unter den Militärkadetten, sondern auch der Staatsbankrott. Die türkische Regierung unter Ministerpräsident Ismet Inönü versuchte mit einer Verfassungsreform der Unruhe Herr zu werden und erhoffte sich vom Arbeitskräfteexport eine Entlastung des türkischen Arbeitsmarktes und – durch Geldüberweisungen der Migranten an ihre Familien in der Türkei – die Senkung des Handelsbilanzdefizits. Außerdem, so die Spekulation, würden die Arbeitskräfte im Westen Know-how erwerben und ihr neues Wissen in die Türkei bringen, was wiederum helfen könnte, die türkische Wirtschaft zu modernisieren.

Das bundesdeutsche Arbeitsministerium hatte Bedenken gegen das Engagement von ungelernten türkischen Arbeitskräften, glaubte man doch, die kulturell-religiöse Distanz zwischen den Menschen sei dem gesellschaftlichen Frieden nicht förderlich. Aber die Einwände der Sozialpolitiker wurden beiseitegeschoben, und das Außenministerium übernahm die Vertragsverhandlungen. Die Türkei musste, mit welchen Mitteln auch immer, wirtschaftlich gestärkt werden, und der westdeutschen Wirtschaft erschien es profitabel, für ein, zwei Jahre billige Arbeitskräfte aus Anatolien zu beschäftigen.

Die Bedingungen für die Anwerbung waren rigide. Die Arbeitsverträge wurden auf zwei Jahre begrenzt (das wurde 1964 auf Wunsch der Industrie wieder aufgehoben), und man setzte zunächst auf ein Rotationsprinzip – nach zwei Jahren sollte ein Arbeiter durch einen anderen aus der Türkei ersetzt werden –, was sich als nicht durchführbar herausstellte, weil so immer wieder Anlern- und Eingewöhnungszeiten anfielen. Explizit war in den Verträgen auch vereinbart, dass nur Unverheiratete angeworben werden durften.

Politik und Wirtschaft in Deutschland setzten darauf, dass die Gastarbeiter möglichst wenig kosteten und dabei ihre »kulturelle Identität« bewahrten, damit die Rückkehrfähigkeit erhalten blieb.

Bis 1973, im Laufe von zwölf Jahren, wurde so der türkische Arbeitsmarkt von 857 000 Erwerbsuchenden entlastet. Das Anwerbeabkommen war das Ventil, mit dem Druck vom sozial und politisch unter Druck stehenden Kessel der Türkei entwich. Die Gastarbeiter, die in der Türkei bald »Almancis«, Deutschländer, genannt wurden, schickten jeden Monat einen Teil ihres Lohns aus dem kalten Norden nach Hause. Das war für Anatolien und jede einzelne Familie ökonomisch ein Segen. Geschätzt lebten um 1970 bis zu zehn Prozent der 30 Millionen Menschen in der Türkei teilweise oder ganz von Überweisungen aus Deutschland, die Geburtenrate lag damals in der Türkei zwischen 4,7 Kindern je Frau in der Westtürkei und 7,4 im Osten. Vom damals in Deutschland ersparten Lohn – er war im Durchschnitt vier Mal so hoch wie in der Türkei – und dem Kindergeld für die vielen Kinder konnte in der Türkei eine ganze Familie einschließlich der Großeltern leben. Die erste Generation der Gastarbeiter ernährte so nicht nur sich und ihre Kleinfamilien, sondern auch ihre Großfamilien in Anatolien und rettete ihr Land vor dem Bankrott. Die Entbehrungen und Leistungen dieser Menschen der ersten Generation wurden weder in der Türkei noch in Deutschland offiziell wahrgenommen. Erst Günter Wallraff machte mit seinen Reportagen von »Ganz unten« die Lage vieler Türken in Deutschland publik.

Aber gleichzeitig muss erwähnt werden, dass der Satz »Wir Türken haben Deutschland mit aufgebaut« nur einen

Teil der Realität beschreibt, denn die Türken waren nicht allein, sondern Teil des Millionenheers der Arbeitsmigranten auch aus anderen europäischen Ländern, die seit 1955 in Deutschland arbeiteten. Wenn heute so getan wird, als seien Türken damals unter die Räuber gefallen, ausgebeutet und diskriminiert worden, ist das bestenfalls die halbe Wahrheit – und das Märchen vom Honig ist so süß wie falsch. Der Honig, von dem Erdogan spricht, wurde zwar von fleißigen türkischen Arbeitsbienen in Almanya gesammelt, verzehrt aber wurde er zum größten Teil in der Türkei. Für viele war dies die einzige Nahrung, denn die Türkei konnte ihre eigenen Leute nicht ernähren. »Die Almancis haben damals die Türkei gerettet«, müsste daher eigentlich auch ein ehrlicher Dank an diese Menschen lauten.

Willy Brandt mahnte 1973 in der Regierungserklärung zu seiner zweiten Amtszeit die Wirtschaft in Bezug auf die Anwerbepolitik ausländischer Arbeiter: »Es ist aber ... notwendig geworden, dass wir sehr sorgsam überlegen, wo die Aufnahmefähigkeit unserer Gesellschaft erschöpft ist und wo soziale Vernunft und Verantwortung Halt gebieten. Wir dürfen das Problem nicht dem Gesetz des augenblicklichen Vorteils allein überlassen ...« Mit der weltweiten Ölkrise 1973 war der dynamische wirtschaftliche Aufschwung der Wirtschaftswunderjahre endgültig zum Erliegen gekommen. Die Gastarbeiter hatten ihre Schuldigkeit getan. 1974 wurden die Anwerbeabkommen mit den Ländern des europäischen Südens und der Türkei gekündigt. In den Jahren 1962 bis 1974 waren, wie Welf Selke in einer Studie über Ausländerwanderung feststellt, 8,8 Millionen Ausländer in die Bundesrepublik gekommen, 5,2 Millionen verließen das Land wieder.[5] Italiener, Spanier, Griechen kehrten mehrheitlich in ihre Länder zurück, weil sich dort die Verhältnisse stabilisiert hatten. Die meisten Türken aber blieben. Die wirtschaftliche Situation in der Türkei hatte sich nämlich nicht entscheidend verbessert. Ende 1973 gab es 1,027 Millionen Türken in der Bundesrepublik Deutschland,[6] davon waren 528 000 sozialversicherungspflichtig beschäftigt.[7] Nach Auskunft der Deutschen Bundesbank überwies diese Gruppe 1973 rund 2,4 Milliarden DM in die Türkei.[8] Das war pro Kopf ein durchschnittlicher Betrag von etwa 2300 DM im Jahr. Der Monatslohn eines Gastarbeiters z. B. bei den Hella-Werken in Lippstadt betrug 1973 nur 760 DM brutto.[9] Von 1961 bis Ende 1973 überwiesen türkische Mitbürger knapp 10 Milliarden DM in die Türkei. Und die Kühlschränke, Waschmaschinen und Fernseher, die sie sich in Deutschland anschafften, wurden, wenn möglich, im Sommerurlaub auf dem Dach des neuen Autos in die Türkei transportiert. So kurbelte man die deutsche Wirtschaft an und brachte ein wenig Wohlstand in die Türkei. Sich selbst und ihren Kindern gönnten die Arbeiter der ersten Generation wenig, alles wurde für »das nächste Leben« aufgespart.

Ein von der Bundesregierung aufgelegtes Programm mit Qualifizierungsmaßnahmen und Investitionshilfen für Rückkehrer stieß auf wenig Nachfrage und Unterstützung von türkischer Seite. Der spätere Leiter des Zentrums für Türkeistudien, Faruk Sen, stellte 1980 in seiner Dissertation fest: »Wegen der hervorragenden Bedeutung der Gastarbeiterüberweisungen für die türkische Wirtschaft ist auch die Regierung an einer Rückkehr der Türken aus dem Ausland nicht interessiert.«[10] Die Türken wollten die Almancis nicht zurück, und für die türkischen Arbeiter war es finanziell allemal vorteilhafter, in Deutschland arbeitslos zu sein als in der Türkei. 1973 standen noch 1,2 Millionen Bewerber auf den Wartelisten, um in Deutschland einen Arbeitsplatz zu bekommen.[11] Vielleicht war und ist es auch weniger Patriotismus, sondern kühles ökonomisches Kalkül, wenn die türkischen Regierungen bis heute die Auslandstürken an ihr Land binden und die »Almancis« nicht in die Identität ihrer neuen Heimat entlassen. Wer in Mainz ein Haus baut, braucht vielleicht keins mehr in Malatya. Insgesamt überwiesen türkische Arbeitnehmer – die Zahlungsbilanzdaten der Deutschen Bundesbank zugrunde gelegt – in den letzten 50 Jahren umgerechnet etwa 60 Milliarden Euro in die Türkei. Seit 2004 sind die Zahlungen vor allem von Renten in die Türkei rückläufig, da durch das neue Aufenthaltsgesetz das Pendeln zwischen den Ländern wesentlich erleichtert wurde.

Nicht nur die wirtschaftliche, auch die politische Situation in der Türkei war in den Siebzigerjahren unsicher. Die Regierung der Republikanischen Volkspartei CHP unter Bülent Ecevit setzte weiter auf staatlichen Dirigismus, sie gab den Opiumanbau »für Arzneimittelzwecke« frei, dessen illegaler Ertrag zu einer finanziellen Stärkung der Arbeiterpartei Kurdistans PKK und zur Verschärfung des Drogenproblems in Europa führte. Die CHP beförderte die Intervention auf Zypern, verstärkte so den aufkommenden »Antiamerikanismus« in der Türkei und verbündete sich in der Regierung mit Necmettin Erbakan, dem Gründer der islamischen Bewegung Milli Görüs. Ab 1975 regierte die nationale Rechte mit Süleyman Demirel; mit der neuen Partei des ehemaligen Oberst Alparslan Türkes, der MHP, hatte sie die »nationale Front« gebildet. Das Land steuerte auf eine neuerliche innenpolitische Zuspitzung zwischen Rechten und Linken und den Kampf um die Rechte der Kurden zu.

1980 kam es wieder zu einem Militärputsch. Und nicht nur deshalb suchten vor allem viele Kurden ihr Heil in der Migration, während die Almancis lieber im Norden blieben. Es gab nach 1973 nur zwei Wege, nach Deutschland zu kommen: entweder als politischer Flüchtling oder als Braut

oder Bräutigam im Rahmen der Familienzusammenführung. Die Zahl der Türken in der Bundesrepublik erhöhte
sich so trotz des Anwerbestopps bis 1980 um 42,4 Prozent
auf über 1,4 Millionen.[12] Die wesentliche Ursache dafür war
u. a. einer der großen Irrtümer der deutschen Politik: Eine
im »Ausländergesetz« zunächst wenig beachtete Regelung,
die im Rahmen der Familienzusammenführung Ehepart-
nern und Kindern den Nachzug erlaubte, entwickelte eine
Eigendynamik, die niemand vorausgesehen hatte.

Ende 1973 zahlte die Bundesrepublik an knapp 900 000 im
Ausland lebende Kinder von Gastarbeitern Kindergeld. Das
neue Kindergeldgesetz erhöhte die Beiträge 1975 um etwa
50 D-Mark pro Kind und Monat – allerdings nur für Kinder,
die im Inland lebten. Außerdem sollte allen Kindern und Jugendlichen, die im Rahmen der Familienzusammenführung
vor Ende 1976 nach Deutschland kamen, später eine Arbeits-
erlaubnis erteilt werden. Wer rechnen konnte, holte seine
Familie nun nach Deutschland, denn auch wenn man keine
Arbeit bekam, zahlte der deutsche Staat Schulbildung, Kran-
kenversicherung, Sozialhilfe, Wohngeld und/oder Arbeits-
losengeld. Insgesamt kamen so jährlich bis zu 100 000 Menschen nach Westdeutschland. Allein 1979 waren von den
ausländischen Jugendlichen zwischen 15 und 20, die durch
diese Maßnahmen auf eine Zahl von 350 000 angewachsen
waren, rund 100 000 arbeitslos.[13] Aber es kamen nicht nur
die Frauen und Kinder, sondern auch eine andere Kultur,
eine andere Art zu leben, andere Traditionen und Sitten und
eine Religion, der Islam. Das anatolische Dorf und die Moschee kamen nach Deutschland. Die türkischen Migranten
begannen sich in Deutschland einzurichten, wie sie es aus
ihrem Heimatdorf kannten. Und die deutsche Politik ver-
schloss die Augen vor den Problemen. Deutschland wollte
kein Einwanderungsland sein.

Während die erste und auch die zweite Generation der Migranten meist als Einzelpersonen oder als Kleinfamilien kamen und selbstständig Anpassungsleistungen erbrachten, deutsche Freunde und Bekannte hatten, änderte sich dies auch für diese Familien mit der massenhaften Zuwanderung grundlegend. Großfamilienstrukturen und ganze Clans entstanden, vor allem in den Großstädten und Ballungsräumen. Und man organisierte sich – durch die türkische Regierung unterstützt – zuerst in Kultur-, dann in Moscheevereinen, entwickelte eigene Infrastrukturen vom Lebensmittelhändler über eigene Banken bis zum Beerdigungsverein. Man lebte in Deutschland, aber brauchte – außer dem sozialen Netz – die Deutschen nicht.

Zur Tradition gehörte, dass man die Söhne und Töchter mit Verwandten aus der Türkei verheiratete. Über die Familienzusammenführung umging man das Zuzugsverbot. Dabei handelte es sich nicht, wie der türkische Ministerpräsident Erdogan in der *Bild-Zeitung* am 2. November 2011 behauptete, um »die Sprache der Liebe«; mit diesem Heiratsexport verband sich vielmehr handfestes wirtschaftliches und politisches Kalkül. Über eine halbe Million Menschen – meist Frauen – kamen im Laufe der Jahre so nach Deutschland. 53 Prozent der türkischstämmigen Einwohner wanderten über die Familienzusammenführung ein, stellt Stefan Luft in seinem Buch »Abschied von Multikulti« fest. Diese Einwanderer kannten meist weder die Sprache, noch mussten sie Deutsch lernen, denn in den Familien wurde vom Essen bis zur Kindererziehung alles auf Türkisch oder Kurdisch geregelt. Gefördert wurde diese Entwicklung durch die Weigerung der Politik anzuerkennen, dass aus Gastarbeitern Einwanderer geworden waren und man Regeln für ihre Integration brauchte. Dabei hatte der Sozialdemokrat und erste Ausländerbeauftragte Heinz Kühn bereits 1979 ein Memorandum zur Lage der Migranten verfasst und war darin zu dem Schluss gekommen, dass Deutschland faktisch ein Einwanderungsland sei. Und dass für Integrationserfolge Bildungs- und Sprachförderung erste Priorität haben mussten. Aber diese lapidare Erkenntnis brauchte noch fast dreißig Jahre, bis sie auch in der Bundespolitik ankam.

Durch den Zustrom vornehmlich kurdischstämmiger Flüchtlinge, der nach dem Militärputsch von 1980 in der Türkei und erneut nach dem Fall der Mauer 1989, als die Grenzen zeitweilig offen waren, einsetzte und zunächst eher politisch und später auch wirtschaftlich motiviert war, verschärfte sich die Situation nochmals. Es entwickelten sich parallele Kollektivstrukturen in Deutschland, die sich gesellschaftlich, kulturell und religiös abgrenzten. Es entstanden wirtschaftlich wie kulturell homogene ethnische Kieze, einige werden bis heute auch von kriminellen Strukturen (Drogenkartelle, PKK) beherrscht.

Durch die technologische Entwicklung und Automatisierung in der Industrie nahm die Zahl der einfachen Arbeitsstellen immer weiter ab. Man benötigte weniger und dafür besser qualifizierte Arbeitskräfte. Viele Migranten fanden bald keinen auskömmlichen Job mehr, da sie nicht über die nachgefragte Ausbildung verfügten. Sie wurden arbeitslos und zu Empfängern von Sozialleistungen. Knapp 42 Prozent etwa aller in Berlin lebenden Türken im erwerbsfähigen Alter sind heute erwerbslos, und sie und ihre Familien leben von Transferleistungen. Das scheint auch kurzfristig nicht korrigierbar, denn 30 Prozent der türkischstämmigen Jugendlichen in Berlin haben keinen Schulabschluss und 70 Prozent erreichen nur einen Hauptschulabschluss; nur jeder Fünfte hat einen Ausbildungsplatz. Jeder Fünfte beherrscht zudem die deutsche Sprache nur mangelhaft oder gar nicht. Das ist nicht nur für jeden einzelnen Jugendlichen dramatisch, sondern auch für die Gesellschaft. Denn sollte sich diese Entwicklung so fortsetzen, droht, wie der Demograf Herwig Birg konstatiert, so etwas wie ein »Kulturabbruch«. Das soll bedeuten: Die Gesellschaft beherrscht die eigenen Kulturtechniken und Technologien nicht mehr, weil es nicht mehr genügend Ingenieure, Techniker, Lehrer etc. für die vorhandene Infrastruktur gibt.

Nun hat sich innerhalb der türkischen Community auch so etwas wie eine »Nischenökonomie« herausgebildet. Es gibt inzwischen über 80 000 türkischstämmige Selbstständige, die nach Angaben des Verbandes der türkischen Unternehmer in Deutschland etwa 380 000 Jobs geschaffen haben. Darunter sind neben großen Unternehmen wie dem Reiseveranstalter Öger Tours oder dem Lebensmittelproduzenten Gazi vor allem Unternehmen, die wir der »Nischenökonomie« zurechnen müssen, also der türkische Gemüse- und Lebensmittelhändler, der vornehmlich seine türkische Kundschaft bedient, der Dönerladen oder die sich immer weiter ausbreitenden Hochzeitsläden.

Diese Unternehmen sind vor allem im niederschwelligen Bereich des Handels und der Dienstleistungen erfolgreich, d. h., meist ist dafür keine qualifizierende Ausbildung erforderlich, und man zahlt nur Niedriglöhne. So erfolgreich dieses Modell im Einzelnen zu sein scheint, so prekär sind meist die Arbeitsbedingungen der darin Beschäftigten. Oft sind es Familienunternehmen, die mit wenig Eigenkapital gegründet wurden und sich darauf verlassen, dass Familienangehörige oft auch ohne Lohn mitarbeiten. Der Sohn oder die Tochter sitzen an der Kasse oder füllen Ware auf, wohnen in der Familienwohnung, erhalten vielleicht ein Taschengeld und heiraten dann – der Vater zahlt die große Hochzeit – einen Cousin, eine Cousine aus der Türkei, der oder die dann auch im Geschäft zur Hand geht. Dies führt für diese »mithelfenden Familienmitglieder« oft zu vollständiger Abhängigkeit und Unselbstständigkeit. Sozialversicherungspflichtige Arbeitsverhältnisse entstehen auf diese Weise meist nicht.

Nicht zu unterschätzen ist im wirtschaftlichen Sektor auch der Einfluss der Islamverbände und Moscheevereine. Denn Moscheen sind nicht nur Orte spiritueller Erbauung und religiöser Riten, sondern oft auch die Zentren parallelgesellschaftlicher Wirtschaftsstrukturen. Im Umfeld der Moscheen wird von Lebensmittel- und Hochzeitsläden bis zum Beerdigungsverein, von der Versicherung über Bankgeschäfte bis zum Mekka-Reisebüro oft eine Rundumversorgung angeboten. Dass es hierbei nicht nur um Kleinhandel geht, wurde am Betrugsskandal um die islamistische Organisation Milli Görüs deutlich, bei dem Deutschtürken, die in sogenannte Islam-Holdings und wohltätige Stiftungen investiert hatten, durch Veruntreuung Millionenbeträge verloren.

Die »Hartz-IV-Türken«, der Gemüsehändler an der Ecke, der Moscheegänger mit seiner Gebetskette bestimmen in der oberflächlichen Wahrnehmung das Bild der Türken in Deutschland. Aber es gibt auch andere Kreise und Schichten, bei denen es mit der Integration geklappt hat und die sich heute umso heftiger von den eigenen rückständigen Landsleuten distanzieren. Über diese assimilierten Türken möchte ich noch reden. Aber zuvor noch ein Wort zur deutschen Politik und zur Migrationsforschung, einem Teilgebiet der Soziologie.

Die Migrationswissenschaft, wenn sie denn eine wissenschaftliche Aufgabe erfüllt, sollte doch gesellschaftliche Prozesse untersuchen und begleiten sowie der Politik wie den Beteiligten Handlungsvorschläge unterbreiten. Die herrschende Migrationsforschung allerdings setzte, um es salopp zu formulieren, nicht auf Integration, sondern verfolgte lange die Konzepte des Verstehens, der kulturellen Vielfalt und Akzeptanz. Heute nennt man das Multikulturalismus oder Diversität. Man ging davon aus, dass alle Kulturen gleichwertig seien, die moderne Gesellschaft durch ihre Verlockungen die Migranten aber einbeziehen, Integration also ein Prozess sei, der die Zuwanderer wie die Mehrheitsgesellschaft verändern werde. Das Problem war und ist nur, dass das Welt- und Menschenbild wie die Leitkultur der orientalisch-patriarchalisch-traditionellen Kollektivgesellschaft mit dem, was in der westlichen offenen Zivilgesellschaft gelebt wird, nicht kompatibel ist. Ein Modernitätskonzept funktioniert nur, wenn sich die Zuwanderer aus dem Gruppenzwang der eigenen Community lösen und sich der persönlichen Verantwortung für das eigene Leben stellen. Dies ist aber nachweislich oft nicht der Fall, und man verlässt sich auf die Familie, den Clan und bleibt abhängig von dieser Gruppe. Der Zwang zur Heirat, Fragen der Ehre, der Vorrang der Familie vor der individuellen Zukunft, all das kollidiert nicht nur gelegentlich mit Gesetzen und Grundrechten, sondern spaltet die Gesellschaft auch im Alltag, führt zur Selbstausgrenzung.

Lange Jahre ließ man auf Rat der Wissenschaftler die Migranten in Ruhe, betrachtete sie, die inzwischen von »Gastarbeitern« zu »Muslimen« geworden waren, als Mündel, denen man wie einem armen Verwandten die Segnungen des Sozialstaates zukommen ließ. Die verantwortungsbewusste deutsche Bürgerschaft nahm Integrationsverweigerung und -probleme als persönliches Versagen. Und so sieht Integrationspolitik auch heute noch aus. Das Bremer Konzept zur Integration listet auf zwanzig Seiten als Leitbilder der Politik Fördermaßnahmen auf. Das Individuum und sein Verhalten im Prozess der Integration, seine Verantwortung für die Gesellschaft kommen gar nicht vor. Um es an einem Beispiel zu benennen: Im Leitbild 4, »Integration durch Sprache und Bildung«, werden »Kinder und Jugendliche« als die »Zukunft unserer Gesellschaft« beschrieben. Die Eltern dieser Kinder scheinen aber als Verantwortliche bei den über dreißig Förderpunkten überhaupt keine Rolle zu spielen. Sie sind keine Partner, sondern ebenfalls Empfänger von Förderung. Während Moscheevereine die Religionsfreiheit als »Recht auf Kopftuch« bei Kindern interpretieren und darauf pochen, dass den Eltern ihr Recht auf Erziehung zugestanden wird, werden dieselben Eltern bei den entscheidenden Bildungs- und Integrationsfragen als Bedürftige und nicht als Partner angesehen. Ich halte ein solches Integrationskonzept für diskriminierend, weil es Migranteneltern die Verantwortung abspricht und sie nicht in die Pflicht nimmt.

Auch bei den Leitbildern »Ausbildung, Beschäftigung und Selbstständigkeit« finden sich keine Hinweise, die auf die besondere Situation von Migranten eingehen.

Die Politik nimmt das besondere Potenzial der Einwanderer immer noch nicht wahr, verkennt ihre Sorgen und Probleme und scheitert deshalb »nachhaltig« seit Jahrzehnten, auch wenn Millionen für Integrationsmaßnahmen ausgegeben werden. Mit diesem Geld wird auch eine Sozialindustrie unterhalten, die ihre Berechtigung daraus bezieht, dass die Probleme der Integration nachhaltig bleiben.

Aber ich wollte noch auf Integrationserfolge eingehen. Von den inzwischen über 2,5 Millionen türkischstämmigen Bürgern haben viele in Deutschland inzwischen eine neue Heimat gefunden. Sie sind ein wichtiger Teil der deutschen Gesellschaft geworden. Es gibt Schriftsteller, Filmemacher, Ärzte, Kaufleute, Handwerker etc.

Was sind die Voraussetzungen für solche positiven Entwicklungen?

Für mich scheinen folgende Bedingungen Erfolge zu befördern:

- Wer persönlich und beruflich in dieser Gesellschaft erfolgreich sein Leben gestalten will, muss vor allem eins sein: frei.
- Er muss gelernt haben, für sich selbst zu entscheiden und für das verantwortlich zu sein, was er tut.
- Diese Freiheit muss und kann man lernen. Die Schule hat die Prinzipien Freiheit und Verantwortung zu ihrem Leitbild zu machen.
- Im Mittelpunkt der Erziehung und aller Maßnahmen steht das Individuum, der einzelne Mensch. Nicht »die Migranten« oder »die Türken« müssen unterstützt, sondern Ayse und Ali als Persönlichkeiten gefordert und gefördert werden. Das bedeutet zum Beispiel, dass man nicht ganz allgemein Spracherziehung oder Nachhilfeangebote anbietet, sondern Patenschaften organisiert, bei denen sich einzelne Bürger bereit erklären, Kindern zum Beispiel bei den Schulaufgaben zu helfen. Das fördert die soziale Empathie auf beiden Seiten.
- Zum Lernen von Verantwortung könnte zum Beispiel auch gehören, dass jugendliche Migranten im Gegenzug selbst Paten von älteren Leuten werden und ihnen beim Einkaufen helfen oder aus der Zeitung vorlesen. Oder während eines geförderten sozialen Jahrs soziale Kompetenz erlernen.

Uns muss es um die Integration jedes einzelnen Bürgers gehen, ob der nun Türke, Kurde oder Chinese ist. Jede Integration, jeder Schritt aufeinander zu muss persönlich gemacht werden, vom Individuum ausgehen und auf den Einzelnen zielen. Wir dürfen Migranten nicht als Mündel und Sozialhilfeempfänger behandeln, wir brauchen in unserer Gesellschaft vielmehr den verantwortlichen Bürger. Und verantwortlich für andere kann nur der sein, der auch für sich selbst verantwortlich ist. Das ist anstrengend, nicht nur für die Migranten. Aber für die auch, denn sie müssen etwas leisten und bekommen es nicht geschenkt.

Bremer Kaufleuten wird nachgesagt, sie würden auf ihren Pfeffer- und Kaffeesäcken sitzen und geizig über jede Ausgabe wachen. Wenn ich mir das Integrationskonzept der Stadt ansehe, scheint der Senat aber in Berlin geschneiderte Spendierhosen anzuhaben.

Bremer Kaufleute waren aber weder wegen ihres Geizes noch wegen ihrer Großzügigkeit so erfolgreich. Ihr Erfolgsrezept war die Zuverlässigkeit. Wer mit ihnen Verträge machte, konnte sicher sein, dass er seinen Kakao bekam. Das sollte auch jetzt das Prinzip sein. Machen Sie Verträge mit den Einwanderern – bieten Sie Ausbildung, Förderung, Unterstützung, Mitsprache, verlangen Sie Verantwortung, Leistung und Loyalität. Ich bin sicher, auf diesen Handschlag warten viele.

Supereinfalt[14]

Vortrag im Römer 2001 in Frankfurt am Main

Sprechen wir über die Integration von Ausländern, Gastarbeitern, Migranten, Menschen mit Migrationshintergrund – oder Türken, Muslimen, Hindus usw. –, ach sagen wir doch politisch korrekt: Bürgerinnen und Bürgern, die ursprünglich woanders herkommen oder noch nicht so lange da sind. So würde es wohl die Frankfurter Dezernentin für Integration, Frau Nargess Eskandari-Grünberg, formulieren, sie ist eine Immigrantin wie auch ich.

Das Thema Integration bewegt aber nicht erst, seit Thilo Sarrazin in seinem Buch[15] das Thema auf pointierte Weise angesprochen hat. Die soziale Realität – Stichwörter: Importbräute, Schulverweigerung, schlechte Bildungsergebnisse, hohe Kriminalitätsraten, Gettoisierung, Parallelgesellschaft, Zuwanderung in die Sozialsysteme – alarmiert die Menschen und die Politik schon länger. Ein nationaler Integrationsplan mobilisiert seit 2006 über 750 Millionen Euro jährlich, um die Probleme in den Griff zu bekommen.

Die Bundesrepublik hat eine erfolgreiche Geschichte der Integration hinter sich. Nehmen wir nur die Polen, die Anfang des 20. Jahrhunderts ins Ruhrgebiet kamen, die Vertriebenen, die in den Fünfzigerjahren im Westen eine neue Heimat fanden, die »Gastarbeiter« aus Südeuropa oder Asien, die seit den Sechzigerjahren hier arbeiteten, dann zurückgingen oder hierblieben und sesshaft wurden. Zu dieser Erfolgsgeschichte gehört auch eine große Zahl von Migranten aus der Türkei, vom Orient oder aus Afrika. Aber genauso richtig ist: Die Integration ist bei bestimmten Bevölkerungsgruppen gescheitert, und dies belastet und verändert das Gemeinwesen in besonderer Weise.

Um hier umsteuern zu können, müssen wir zunächst die Gründe für dieses Scheitern analysieren und die Probleme benennen. Nichts leichter als das, könnte man meinen. Man hätte die Bürger fragen und eine Problemliste aufstellen können. Aber weit gefehlt. Bereits bei der Darstellung und dann der Beurteilung der sozialen Wirklichkeit gibt es ganz unterschiedliche Methoden.

Ich möchte Ihnen die Vorgehensweise und unterschiedlichen Lösungsansätze am Beispiel des Integrations- und Diversitätskonzepts »Vielfalt bewegt Frankfurt« erläutern, das die Stadtverordnetenversammlung im September 2010 mit großer Mehrheit (auch mit den Stimmen der FDP) beschlossen hat.

Zunächst sollten wir uns über die Begriffe verständigen. Was ist Integration? Ich möchte jetzt keine Debatte über soziologische Grundbegriffe führen, sondern mich hilfsweise auf die Formulierung des Aufenthaltsgesetzes berufen, die das Ziel Integration knapp umreißt. Dort heißt es in § 43: »Ziel des Integrationskurses ist, den Ausländern die Sprache, die Rechtsordnung, die Kultur und die Geschichte in Deutschland erfolgreich zu vermitteln. Ausländer sollen dadurch mit den Lebensverhältnissen im Bundesgebiet so weit vertraut werden, dass sie ohne die Hilfe oder Vermittlung Dritter in allen Angelegenheiten des täglichen Lebens selbstständig handeln können.«

Integriert ist derjenige, der die Gesetze kennt und danach handelt, der sich auf Deutsch verständigen kann, der weiß, in welchem Land er lebt und welche Gepflogenheiten hier gelten. Er muss dafür nicht die Staatsbürgerschaft besitzen.

Es geht also in Sachen Integration um den Prozess der Vermittlung und Aneignung nicht nur von Rechten und Pflichten – der Rechtsordnung –, sondern auch von Sprache, Kultur und Geschichte, also um die Vermittlung und Aneignung von gesellschaftlichen Werten. Dies festzuhalten scheint mir wichtig, hört man doch oft in der Integrationsdebatte, dass alles, was über die Einhaltung von Gesetzen hinausgehe, unzumutbar sei und eine Einschränkung von Freiheitsrechten bedeute. Ja, die historische und ethische Dimension, die Kultur, der Zivilisationsgrad einer Gesellschaft drückt sich in der Rechtsordnung aus, beschränkt sich aber nicht auf sie. Montesquieu nannte dies auch den »Geist der Gesetze«, den es zu respektieren gelte. Ihm liegen Erfahrungen aus der Geschichte und ethische Grundsätze zugrunde, die den Charakter, das »ungefragt Gegebene« einer Gesellschaft ausmachen.

Die Grundrechte gehören in Deutschland ebenso dazu wie der kategorische Imperativ Kants oder die christlichen Grundsätze der Nächstenliebe und des Vergebens. Freiheitsrechte, der Schutz des Individuums, Meinungsfreiheit, Rechtssicherheit, das Recht auf körperliche Unversehrtheit, das Gesundheitswesen, die soziale Sicherheit, kostenlose Bildung sind – bei aller Verbesserungswürdigkeit (zum Beispiel der Pünktlichkeit der Bahn) – Leistungen, auf die sich diese Gesellschaft verständigt und auch den Zugewanderten zugänglich macht. Das unsere Gesellschaft dies leistet, ist nicht selbstverständlich. Denn all das ist nicht umsonst zu haben, sondern beruht auf einer Gemeinschaftsanstrengung und macht u. a. auch die »Kultur« dieses Landes aus. Der soziale Staat ist die rechtliche Verfasstheit des christlichen Prinzips der Nächstenliebe oder der humanistischen Solidarität.

Für die übergroße Mehrheit der Zugewanderten ist diese Kulturleistung eine einmalige Chance und bietet ihnen Rechte und Möglichkeiten, die sie in den Herkunftsländern niemals gehabt hätten. So gelten die universalen Menschenrechte in muslimischen Ländern nur für Muslime, können Nichtmuslime in der säkularen Türkei z. B. bestimmte Berufe nicht ausüben.

Ich bin für diese Chancen und Rechte jedenfalls dankbar und glaube, dass wir auf unseren demokratischen Rechtsstaat als Wertegemeinschaft stolz sein dürfen, und auch, dass wir die Verantwortung haben, diese Freiheiten und Erfolge zu bewahren.

Die Stadt Frankfurt hat über ein Jahr lang über Integration diskutiert. Das scheint besonders angeraten, gehört die Stadt doch zu den Gemeinden in Deutschland, die einen besonders hohen Anteil von Bürgern mit Migrationshintergrund hat. Von den über 670 000 Einwohnern haben mehr als ein Drittel (genau 37,9 Prozent) einen Migrationshintergrund, bei den 14- bis 18-Jährigen bereits jeder Zweite (49,7 Prozent). Zudem wurden mehr als 74 000 Muslime gezählt, von denen wiederum mehr als die Hälfte ursprünglich aus der Türkei kommen. Zwei Drittel der Zugewanderten haben eine ausländische Staatsangehörigkeit, sind also an den politischen Willensbildungsprozessen nicht direkt beteiligt. In einigen Stadtteilen Frankfurts ist absehbar, dass die autochthone deutsche Bevölkerung zukünftig in der Minderheit sein wird. All dies war wohl Ausgangspunkt für die vom »Amt für multikulturelle Angelegenheiten« initiierte Diskussion um ein »Integrations-« und, wie später ergänzt wurde, »Diversitätskonzept«. Eine von verschiedenen wissenschaftlichen Fakultäten und Fachleuten erstellte umfangreiche Sammlung von Problemen und Erkenntnissen wurde zunächst als Entwurf in Bürgerversammlungen, im Internet und bei Anhörungen vorgestellt und erörtert, in ein Maßnahmenkonzept gefasst und schließlich am 30. September 2010 in der Frankfurter Stadtverordnetenversammlung verabschiedet. So weit ein Ablauf, wie man ihn sich bei einem demokratischen Willensbildungsprozess unter Einbeziehung von Bürgern und direkt Betroffenen vorstellt.

Betrachten wir das Ergebnis. Das 62-seitige Konzept macht den Eindruck einer auch sprachlich in sich geschlossenen Argumentation, von der zuvor so gelobten Bürgerbeteiligung ist allerdings nichts zu spüren. Hier haben nicht die Bürgerinnen und Bürger einer Stadt ihre Sorgen und

Vorschläge zusammengetragen, sondern ein akademischer Überbau und eine Verwaltung ihre politischen Vorstellungen und Lektüreergebnisse zu Papier gebracht. Der Unterschied zwischen Entwurf und Endfassung entspricht dem Unterschied zwischen ungehobelten Brettern und einer polierten Kommode.

Schon die theoretische Grundlage des Konzepts scheint mir äußerst fragwürdig. Zwei Grundthesen liegen der Argumentation zugrunde. Die eine ist die Schilderung der Realität als »Supervielfalt« oder »Diversität«, die andere die von der »Modernitätsdifferenz«.

Diversität und »Supervielfalt«, diese Begriffe folgen der theoretischen Grundannahme von der »Kultur als Differenz«. Kultur wird gemeinhin, der Definition des Anthropologen Clifford Geertz[16] folgend, als Orientierungssystem von Bedeutungen, auch symbolischer Art, begriffen, mit dessen Hilfe Menschen ihr Wissen vom Leben und der Einstellung zum Leben mitteilen, erhalten und weiterentwickeln, und gleichzeitig als ein Feld gesellschaftlicher Auseinandersetzungen verstanden[17]. Der klassische Kulturbegriff geht von Gemeinsamkeiten, geteilten Normen und Werten – also von einer Wertegemeinschaft, einer »Kultur des Konsens« – aus. Der im Frankfurter Konzept gemeinte und im Wesentlichen von Werner Schiffauer begründete Kulturbegriff geht hingegen von Differenzen, dem gleichberechtigten Nebeneinander verschiedener Kulturen und damit Identitäten, Welt- und Menschenbilder aus. Es kann danach keine Leitkultur geben, sondern nur die »Vielfalt« verschiedener Kulturen, Identitäten, Weltbilder, die gleichberechtigt nebeneinander existieren. Und im Frankfurter Konzept wird diese Gleichwertigkeit noch weitergedacht. Kulturelle Identitäten sollen als Merkmal gar nicht mehr vorkommen, sich im Prozess der Modernisierung und Urbanisierung in der

Global City auflösen. Weil man – Zitat aus dem Konzept, Seite 20 – keine »sogenannte westliche Wertegemeinschaft« will, wird alles in einen kulturrelativistischen Nebel aufgelöst und die Zukunft als »Supervielfalt« projiziert.

Der Staat selbst ist, denkt man in diesem Modell, nur das Gefäß, die Salatschüssel und nicht der *melting pot,* der Schmelztiegel. Das mutet zunächst harmlos an, hat aber fatale Folgen, wenn man sich die jeweiligen Kulturen genauer ansieht und sich klarmacht, was damit gemeint ist. Es geht hier eben nicht darum, ob jemand Äppelwoi mag oder Hasen für heilig hält. Es geht auch nicht um religiöse Überzeugungen, sondern um das jeweilige Welt- und Menschenbild, das diese »gleichwertigen« Kulturen ausmacht. Wenn eine Kultur Freiheit oder Menschenrechte anders definiert, z. B. Frauen diskriminiert, wenn nicht das Individuum und seine Würde als Maßstab gilt, sondern die Gemeinschaft, zu dessen Wohl der Einzelne als Sozialwesen beizutragen hat, dann wird klar, dass dies nicht auf gesellschaftliche Akzeptanz stoßen kann.

Kulturen sind keine Folklore, sondern bestimmen entscheidend das Verhalten des Einzelnen. Nehmen wir nur als kleines Beispiel den Begriff »Respekt«, der in dem Konzept mehrfach verwendet wird. Wenn es denn mehrere gleichberechtigte Kulturen gibt, gibt es dann auch mehrere gültige Definitionen für »Respekt«?

Der amerikanische Soziologe Richard Sennett beschreibt für die westliche Kultur den Begriff »Respekt« als soziales Instrument gegenseitiger Rücksichtnahme, das sich im Verhalten, in Ritualen und nicht zuletzt in Gesetzen manifestiert, und als Achtung der Bedürfnisse von Menschen, die einem nicht gleichgestellt sind. Jürgen Habermas beschreibt Respekt als Achtung abweichender Meinungen, die anderen Interessen entspringen.

In der muslimisch-orientalischen Kultur – in Frankfurt sind über 70 000 Bewohner mehr oder weniger in diesem Wertekontext sozialisiert worden – hat der Begriff Respekt eine andere Bedeutung. Und die lautet: Man hat der gottgegebenen Ordnung »Respekt zu erweisen«. Respekt hat man dem Älteren, dem Stärkeren, der Religion, der Türkei, Vater, Onkel zu erweisen. »Respekt« bedeutet in dieser Kultur nichts anderes als Unterwerfung – wie auch das Wort »Islam« im Wortsinn Unterwerfung oder Hingabe bedeutet. Der ältere Bruder beruft sich auf Gott, wenn er der Schwester Vorschriften macht, die Mutter auf die höhere Ordnung, wenn sie die Tochter verheiratet. Wo ist also die Grenze, hinter der aus der »Supervielfalt« die Einschränkung von Grundrechten, die Supereinfalt des Relativismus wird?

Ich bezeichne diese Unterschiede in der Bedeutung eines Begriffs als »Kulturdifferenz«, die aus den unterschiedlichen Welt- und Menschenbildern herrührt und zur Identität der Mitglieder der jeweiligen Community beiträgt. Wir können über »Respekt« sprechen, aber auch über »Ehre« oder »Freiheit«. Jedes Mal werden wir einen unterschiedlichen Kontext feststellen, aus dem sich unterschiedliches Verhalten ergibt. Wer diese Differenz ignoriert, sie pauschal als gleichwertig definiert, vergibt die Möglichkeit, darüber ins Gespräch zu kommen.

Eine zweite theoretische Grundlage des Konzepts ist die »Modernitätsdifferenz«-Hypothese, die verkürzt gesagt davon ausgeht, dass eine Akkulturation der Migranten, ihr Hineinwachsen in ihre kulturelle Umwelt, also z. B. der Weg aus den traditionellen patriarchalischen und kollektiven Strukturen der anatolisch-muslimischen Herkunftskultur in die Moderne über kurz oder lang unvermeidlich und zwangsläufig ist. Im Konzept, unter »Ziel 3«, liest sich das so: Die urbane Differenzierung der Milieus »könne für den Alltag der Menschen und ihre tatsächliche Orientierung relevanter sein als eine ehemalige Herkunft ihrer Familie«. Will sagen, wer lange genug in der Mainmetropole wohnt, wird schon irgendwann Frankfurter Würstchen lieben lernen.

Das diese Überzeugung einer der fatalen Fehlannahmen der Migrationsforschung der letzten Jahre gewesen ist, scheint an den Verfassern vorbeigegangen zu sein. Gerade in muslimischen Milieus auch der dritten und vierten Generation haben sich durch Heiratsimport, Familienzusammenführung in großem Stil, zunehmende religiöse Missionierung und kulturelle Selbstausgrenzung die dörflichen Milieus und patriarchalischen Strukturen konserviert, und sie reproduzieren sich ständig. Die türkische oder arabische Kleinfamilie, die nicht im Großfamilienzusammenhang lebt, die Tochter, die unverheiratet zum Studieren in eine andere Stadt gehen darf, sind immer noch die Ausnahme. Die Parallel- oder Gegengesellschaften um die Moscheevereine und in den mehrheitlich von Migranten bewohnten Kiezen haben zu eigenen Strukturen geführt. Die Integrationsbeauftragte der Stadt bestreitet dies allerdings, wie überhaupt viele Probleme, die Migranten in der Bundesrepublik nachgewiesenermaßen haben, in Frankfurt keine Rolle zu spielen scheinen.

Die beiden erwähnten theoretischen Annahmen zusammen bilden das Amalgam des Kulturrelativismus. Da soll der anatolische Patriarch respektiert werden, er selbstverständlich seinen Sohn mit der Cousine aus Mardin verheiraten und die ihre Kinder in Frankfurt nach kurdischer Art erziehen können. Trotzdem ist sie per se integriert, zumindest in ihren Clan. Und – so die Theorie – die Verlockungen der Zeil sind mit der Zeit so groß, dass sich die junge

Mutter emanzipiert und ihre Sorgen im Bürgerverein bespricht.

Dass die Geschichte der Integration in den letzten 40 Jahren einer anderen Dramaturgie gefolgt ist, wird nicht wahrgenommen.

Und deshalb kommt in dem ganzen Konzept auch die soziale Realität nicht vor. Zwar wird ständig von zu lösenden Problemen gesprochen, aber das erscheint als eine rein rhetorische Figur. Die Wahrheit ist konkret, auch in Frankfurt, doch in diesem Konzept finden Fakten keinen Niederschlag. Probleme mit »Traditionen« oder »Defizite« gibt es, aber das bleibt alles so allgemein, dass daraus nichts folgen kann. Ja, man scheint sogar anzustreben, zukünftig bestimmte Daten gar nicht mehr zu erheben. In Zukunft soll es, wie in »Ziel 7« beschrieben, keine »Kulturen« und Gruppen mehr geben, sondern nur noch Individuen. Zitat: »Die Frankfurter Stadtpolitik will nicht ›kulturalisieren‹, weder in Datensammlungen noch in Begründungen von Entscheidungen.« Bedeutet das, dass es keine Statistiken über ethnische, religiöse oder sonstige Merkmale der Frankfurter Bürger mehr geben soll? Die Studie über Muslime in Frankfurt, wie sie die Frankfurter Statistischen Berichte für 2007 vorlegten, wäre dann die letzte Untersuchung dieser Art. Frei nach dem Motto von Kaiser Wilhelm II.: ›Ich kenne keine Parteien mehr, ich kenne nur noch Deutsche.‹ Allerdings scheinen sich die Autoren der »Grundsätze« da nicht ganz mit denen der Abteilung »Handlungsfelder« abgesprochen zu haben, denn im hinteren Teil des Konzepts werden dann Mittel für Erhebungen, Evaluation und Monitoring eingefordert.

Offenbar steht hinter dem Konzept das Bemühen, »positiv zu denken«, getreu dem Motto »gemeinsam verstehen und helfen«. Ich habe über die Suchfunktion der Textverarbeitung einmal nach den gängigsten Begriffen gesucht: »Gemeinsam / Gemeinschaft« tauchen 160 Mal auf, »Verstehen / Verständnis« 60 Mal, »Hilfe / helfen« 42 Mal. »Verantwortung« kommt hingegen nur 18 Mal vor, davon 13 Mal in der Wortverbindung »gemeinsame Verantwortung«. Wörter wie »Integrationsverweigerer«, »Kopftuch«, »Schulverweigerer«, »Zwangsehe«, »Kriminalität«, »Ausländer-« oder »Deutschfeindlichkeit«, »arrangierte Ehe« oder auch »Islam« kommen gar nicht vor. Das Wort »Drogen« nur in Zusammenhang mit »Drogenberatung« und, da hat die Redaktion wohl etwas übersehen, »Moschee« kommt ein Mal vor, dabei hat Frankfurt 28 Moscheen. Zitat:

> »Dieses Konzept nimmt Probleme ernst, aber es vollzieht eine Abkehr davon, die Situation von Migrantinnen und Migranten oder sozial Schwächeren in erster Linie nach ihren angeblich kollektiven Eigenschaften, insbesondere nach ihren Defiziten (…) zu beurteilen.«

Stattdessen werden, wenn man die Ziele durchsieht, die Menschen als »gleichwertig« und »unterschiedlich« wahrgenommen, ihnen soll »mit Respekt« begegnet, sie sollen »einbezogen« werden, und alles soll »vor Ort« stattfinden. Man will die Verwaltung entsprechend anpassen und keine Unterschiede machen, d. h. keine Identitäten erfassen. In Ziel 8 heißt es, es soll sichergestellt werden, dass die Migranten »ihren Lebensentwurf frei wählen« können und niemand durch Anpassungsleistungen »überfordert« wird. Da ist – Zitat – »Fingerspitzengefühl« gefragt. Es fehlt nur noch, dass die »kultursensible« Sprache, die im Konzept gepflegt wird, für alle Pflicht wird.

Zwar wird im Konzept immer wieder auf die freiheitliche Grundordnung verwiesen, sie wird aber als selbstverständlich akzeptiert und gelebt vorausgesetzt – und nicht als verteidigungswürdig oder gar gefährdet beschrieben –, sodass sich der Eindruck aufdrängt, wir befänden uns in einem rund um die Uhr geöffneten Supermarkt, in dem die Kassiererinnen die Arbeit eingestellt haben und die Kunden auf Staatskosten durchwinken.

Die Aufgabe des Staates scheint stets darin zu bestehen, dass er zu leisten und der Migrant das Recht habe, Hilfe in Anspruch zu nehmen. Die Verwaltung hat »die Pflege unterschiedlicher Kulturen und Religiosität ... als Ausdruck selbstbestimmter Lebensführung anzusehen und anzuerkennen« und im Übrigen »Neutralität« zu wahren. Der Staat als Dienstleister und Zahlmeister.

Neutralität des Staates bedeutet, dass es keine Mitsprache in Glaubensfragen gibt. Ausdrücklich wird herausgestellt: »Bis zur Religionsmündigkeit mit Vollendung des 12. bzw. 14. Lebensjahres entscheiden die Eltern über die religiöse Erziehung.« So weit richtig, weil ein Grundrecht. Dumm nur, dass konservative Islamverbände ein anderes Verständnis von »Religionsfreiheit« haben und darunter auch Fragen der Erziehung wie die Beteiligung am Unterricht und das Kopftuch bei Kindern subsumieren. Wenn Kinder schon im Grundschulalter von ihren Eltern oder Imamen in der Koranschule genötigt werden, die Haare mit einem Kopftuch zu bedecken, dann ist das meines Erachtens eine nicht zu tolerierende Sexualisierung von Kindern. Kinder haben ein »Recht auf Kindheit« und darauf, Freiheit zu lernen; dazu gehört auch die freie Bewegung. Dieses Thema wird europaweit kontrovers diskutiert. Wenn dies von einer grünen Amtsleiterin, die selbst die Zwänge einer islamischen Gesellschaft kennt, nicht problematisiert wird und sie sich auf die »Neutralität« des Staates zurückzieht, ist dies eine politische Position, die Tendenzen der Frauen-Apartheit unterstützt, die wir in islamischen Communities feststellen müssen.

Auch in der Frage der Imame bleibt das Konzept selbst hinter den Diskussionen um eine Integration der Muslime weit zurück, wie sie z. B. auf der Islamkonferenz und vom Deutschen Wissenschaftsrat geführt wurden. Anstatt – Frankfurt bietet durch einen Lehrstuhl für islamische Theologie gute Voraussetzungen – darauf zu drängen, Imame nach den Maßstäben universitärer Standards im eigenen Land auszubilden und damit z. B. den Einfluss arabischer und türkischer Institute und Regierungen zurückzudrängen, beschließt man: »Spirituelle Begleiter ihrer Gemeinden [man meint wohl Vorbeter], die aus anderen Ländern kommen, sind in geeigneter Weise bei der Wahrnehmung ihrer öffentlichen Mittlerrolle zu unterstützen und die Öffentlichkeit über ihre Funktion genauer zu unterrichten.« Wir wissen nicht, was in den 28 Moscheen und Koranschulen Frankfurts gepredigt und welches Weltbild dort verbreitet wird. Das soll uns offenbar auch nichts angehen – aber dass sie dort predigen, sollen wir fördern. (…)

Ich befürchte, wenn dieses Konzept in Frankfurt langfristig Politik wird, wenn inhaltlich umgesetzt wird, was die Stadtverordnetenversammlung beschlossen hat, wird die Gemeinde Schaden nehmen. Diese von vielen Köchen angerührte »grüne Soße« wird der Stadt nicht bekommen. Es wird eine *Laissez-faire*-Politik Einzug halten, die die sozialen Verwerfungen in der Stadt nicht in den Griff bekommen wird.

Das Konzept »Vielfalt bewegt Frankfurt« beinhaltet mehrere Konstruktionsfehler. Zum einen liegt der ganzen Angelegenheit keine komplexe Analyse des Ist-Zustands zugrunde. Die Bürgerbefragung hat mehr oder weniger

Befindlichkeiten und Meinungen gesammelt. Fakten, Zahlen, qualitative Untersuchungen fehlen.

Das führt dazu, dass zwar von »Problemen« gesprochen wird, jedoch – da nichts konkretisiert wird, keine Fakten vorliegen – auch keine sinnvollen Maßnahmen eingeleitet werden können. Außer dass sich die Stadt als »Querschnittsaufgabe« diesem Thema stellt, wird wenig konkret benannt. Und so liest sich dieses Papier spätestens ab Seite 28 wie der Leitantrag für eine Verwaltungsreform, so als wolle das Amt für multikulturelle Angelegenheiten von der Lange Straße in den Römer umziehen und die Richtlinien der Frankfurter Politik bestimmen. Und es wird – erlauben Sie mir diese kleine Spitze – einige neue, von der Stadt unterstützte und von Sozialarbeitern betreute Männercafés mit dem Namen »Supervielfalt« geben.

Integration wird von dieser Studie nicht gewollt, weil es für die Autoren des Konzepts gar kein anzustrebendes Ganzes geben kann und soll. (…) Wer Vielfalt als gegeben ansieht und daraus keine Gemeinschaft entstehen lassen will, deutet schlicht das Staatsziel um.

Ich meine, dass eine sinnvolle und tragfähige Integrationspolitik eine andere Basis und andere Ziele braucht. Der Nationale Integrationsplan der Bundesregierung ist da – bei allen Mängeln – einen großen Schritt weiter, weil viel konkreter.

Ich plädiere dafür, auf die Chance der Freiheit und die Verantwortung des Einzelnen zu setzen. Unsere Gesellschaft macht allen – auch den Migranten – ein gutes Angebot. Es ist an den Bürgern, diese Chancen zu ergreifen und etwas für diese Gesellschaft zu tun. Migranten sind keine Mündel, wir müssen sie fordern. Sie sind auch keine Kinder, die vor Überforderung geschützt werden sollten. Und wir müssen uns darüber klar werden, dass wir etwas Wert-

volles zu verteidigen haben, ein funktionierendes Gemeinwesen, einen Sozialstaat, Rechtssicherheit und den Schutz
der persönlichen Freiheit.

Der Abi wird's schon richten[18]

Wie türkischstämmige Politiker die Integration hintertreiben (2009)

Wer in diesen Tagen die türkische Presse in Deutschland
liest, der erfährt, was die Türken hierzulande vermeintlich
bedrückt. Unter der Überschrift »Eure Sorgen, unsere Sorgen« wird in der *Hürriyet* vom 27. Januar 2009 eine Weh-
klage über eine Maßnahme des Auswärtigen Amts geführt.
Empört wird berichtet, dass in der Botschaft Paare, die einen Antrag auf Familienzusammenführung stellen, danach
befragt werden, wie lange sie sich denn kennen. Wenn das
Amt den Eindruck habe, die Ehe wurde arrangiert, Braut
und Bräutigam sich gar nicht oder nur flüchtig kennen,
werde angeblich das Visum verweigert. Die türkische Gemeinde und andere Lobbyisten versuchen seit der Reform
des Zuwanderungsgesetzes die Regelung, nach der »Importbräute« achtzehn Jahre alt sein und dreihundert Worte
Deutsch lernen müssen, zu kippen. Für sie sei das diskriminierend und eine der wichtigsten Sorgen unter »tausend«,
die Türken in Deutschland hätten.

Laut *Hürriyet* klagten türkische Eltern: »Damit die Kinder in die Krippe aufgenommen werden, sprechen wir mit ihnen Deutsch. Aber dann können sie kein Türkisch und vergessen die Kultur. Wir halten uns daran, was Erdogan gesagt hat, Integration ja, Assimilation nein. Aber wie soll das gehen?« Sie beklagen sich darüber, nicht mehr in Ruhe Mädchen aus ihren Heimatdörfern mit ihren Söhnen hier verheiraten zu können. Folgt man dieser Berichterstattung, geht es den Türken in Deutschland miserabel. Und es überrascht auch nicht, wie das Gutachten des Berliner Instituts für Bevölkerung und Entwicklung »Ungenutzte Potenziale. Zur Lage der Integration in Deutschland« aufgenommen wurde.

Der Report stellt ja nicht nur fest, dass die türkischen Migranten die am schlechtesten integrierte Gruppe sind, sondern auch, dass 93 Prozent der Türken Ehepartner aus ihrer Gruppe suchen, sie also unter sich heiraten und unter sich bleiben. Insgesamt beschreibt die Studie ein differenziertes Bild vom Stand der Integrationsbemühungen in Deutschland, zeigt Erfolge, Defizite und Ziele. Eines davon wäre: »Sinn und Zweck von Integration ist es allerdings, dass die familiäre Zuwanderungsgeschichte irgendwann keine Rolle mehr für ein erfolgreiches Leben in der Gesellschaft spielt.« Insgesamt ist die Studie auch eine Bankrotterklärung der türkischen Lobbypolitik der letzten Jahrzehnte, wird hier doch deutlich, dass es eben nicht die sozialen oder ökonomischen Verhältnisse sind, die über Erfolg oder Misserfolg der Einwanderer bestimmen, sondern in großem Maße die soziokulturellen und religiösen Bedingungen und auch patriarchale Familienstrukturen. Das gefällt naturgemäß weder der türkischen Presse noch denjenigen, die in der Öffentlichkeit spezifisch türkische Interessen vertreten.

Als Kronzeugen ihrer These – »Die Türken werden abgestempelt« – zitiert *Hürriyet* den emeritierten Migrationsforscher Klaus Bade, der die Ergebnisse der Studie nicht akzeptieren kann und stattdessen relativiert. Sinngemäß, weil aus dem Türkischen rückübersetzt, sagt Bade: Wie müsste man dann [wenn eine kulturelle Disposition der Grund wäre] über die ständig steigende Zahl der Analphabeten in Deutschland sprechen? Und er gibt gleich die Interpretation der Studie vor: »Es ist ein soziales Problem, kein türkisches.« Liest und hört man die Kommentare der türkischstämmigen Politiker, scheint tatsächlich das Integrationsproblem mit den Türken wenig, mit der deutschen Politik aber viel zu tun zu haben. »Es geht vor allem um eine soziale Frage und nicht um eine kulturelle«, so der Grünen-Chef Cem Özdemir. »Es ist falsch, Integration nach ethnischen Kriterien zu beurteilen«, erklärt Hakki Keskin von der PDS, und sein Parteigenosse Ali al Dailami möchte gleich alle Türken einbürgern. Emine Demirbüken-Wegner aus dem Bundesvorstand der CDU sagte Tage zuvor zum Problem der Gewalt unter Jugendlichen Ähnliches: »Ethnisierung des Problems hilft uns nicht weiter.« Und die Kölner SPD-Abgeordnete Lale Akgün erklärt, dass die schlechten Ergebnisse an der Bildungspolitik und an mangelnden Perspektiven für die Migranten lägen.

Keiner der türkischstämmigen Politiker stellt sich hin und sagt: Ja, es gibt spezifische Probleme, die nicht relativiert werden dürfen. Warum reden sie nicht über arrangierte Ehen, Ferienbräute, Ehrenmorde, Gewalt in Familien, Diskriminierung der Frau? Warum redet Cem Özdemir in der *tageszeitung* am liebsten nur von der türkischen Mittelschicht, warum klangen manche seiner Äußerungen in der Vergangenheit so, als sei er Pressesprecher in Ankara? Warum fordert der Türken-Lobbyist und SPD-Genosse Kenan Kolat gebetsmühlenartig mehr Geld für Türken, warum möchte Lale Akgün am liebsten die Islamkonferenz und den Integrationsgipfel abschaffen, und warum hält die Berliner SPD-Abgeordnete Ülker Radziwill es für unangemessen, dass türkische Eltern ihren Kindern bei den Schularbeiten helfen, nach dem Motto: »Das können migrantische Eltern nicht leisten«? Die Antwort ist einfach und bitter. Diese türkischstämmigen Politiker arbeiten seit Jahrzehnten daran, sich und ihre Klientel als Opfer zu stilisieren und selbst als Opferanwälte aufzutreten.

Özdemir, Demirbüken und Co. behandeln die türkische Community mehr oder weniger als Mündel, reden, sprechen und entscheiden für sie. Der deutschen Politik war das lange ganz recht. Das Integrationsproblem wurde von den türkischstämmigen Stellvertretern erledigt. In der türkischen Gesellschaft ist man das gewohnt, dass nur die Abis, die älteren Brüder, das Wort führen und die anderen ihrer Entscheidung zu folgen haben. »Der Abi wird es schon richten«, heißt es im Alltag, und man nimmt es hin.

Türkischstämmige Politiker treten seit Jahren quer durch alle Parteien und Organisationen als Abis, als Vormünder ihrer Landsleute, auf. Unterstützt werden sie dabei von den Ablas, den großen Schwestern, und sie verhindern vor und hinter den Kulissen, dass andere Auffassungen zur Integrationspolitik sich durchsetzen könnten. Sie fühlen sich mächtig, weil sie sich untereinander als Türken einig sind und alles blockieren. Sie versuchen zu verhindern, dass Probleme an die Öffentlichkeit kommen. Dass selbstbewusste und kritische Stimmen ihnen ihr politisches Geschäft verderben, macht sie wütend. Deshalb denunzieren sie, über alle Parteien hinweg, kritische Stimmen oder Frauenrechtlerinnen, die eine andere Politik verlangen.

Auch Cem Özdemir hat sich, auch wenn er den anatolisch-schwäbischen Weltmann gibt, gedanklich noch nicht aus dem »Wir« des Herkunftskollektivs gelöst. Er nimmt die türkischen Migranten als Gruppe, die er als gelernter Sozialarbeiter gegenüber der deutschen Gesellschaft zu beschützen hat. Diese Haltung, die Migranten zu Mündeln der Politik macht, hat der Integration nachweislich sehr geschadet.

Wenn trotzdem so heftig über Integration, den Islam, die Kulturdifferenz und Verantwortung und Lösungen diskutiert wird, ist es nicht das Verdienst dieser Lobbyisten. Sie haben Zwangsheiraten, Gewalt, Ehrenmorde, Parallelgesellschaften nicht thematisiert, versuchen vielmehr – und das ist auffällig –, die Diskussion, wo sie nur können, zu relativieren. Wie gerade jetzt in der Debatte über die neue Integrationsstudie. Sie ahnen, je mehr die Menschen mitdiskutieren, je genauer hingeschaut wird, desto offensichtlicher werden die Enge ihrer Wahrnehmung und ihr schmaler Horizont. Sie sehen ihre Geschäftsidee gefährdet.

Ich bin deshalb froh, dass es unter den Türkinnen und Türken selbst und in fast allen Parteien mittlerweile auch Menschen gibt, die die soziale Realität genau wahrnehmen und die Verschleierung der Probleme nicht mehr mitmachen, die sich zu Wort melden und sich einmischen. Wir Türken haben ein Problem mit der Integration. Das ist offensichtlich. Dieses Problem ist auch ein soziales, vor allem hat es aber mit Haltungen, Einstellungen, Werten, Lebensentwürfen, Traditionen und Gebräuchen zu tun. Und wenn Lale Akgün sagt: »Die Schulen müssen den türkischen Migranten nicht nur Bildung und Sprachkenntnisse vermitteln, sondern auch ein Bewusstsein für die Werte der Gesellschaft. Nicht der tumbe Macho mit Goldkette ist erfolgreich, sondern derjenige, der gute Leistungen bringt«, dann ist das als Schritt zur Erkenntnis zu begrüßen. Sie wird hoffentlich Wirkung in ihrer Partei zeigen.

Nur wenn die türkischen Migranten bereit sind, darüber ehrlich zu reflektieren, können sie sich klar werden, was so viele am Erfolg hindert. Und es gibt viele, die sie dabei unterstützen werden.

Der menschliche Makel

Muslimverbände und
Gewerkschafter gemeinsam
gegen Rassismus –
oder was sie dafür halten (2009)[19]

Der Mensch wird als Muslim geboren, wenn nicht, macht ihm der Islam das Angebot, diesen menschlichen Makel durch Übertritt zu tilgen. Jedes Kind mit einem muslimischen Vater ist nach islamischem Brauch per Geburt Muslim, denn Muslimsein ist in den Augen der Gläubigen die natürliche Form des Menschseins. Austreten kann man aus dieser Religion nicht, es sei denn, man nimmt den Tod mit anschließender Höllenfahrt in Kauf.

Der Einzelne ist per Geburt Muslim, wie ein anderer große Ohren oder blonde Haare hat. Eine Entscheidung über diesen Zustand steht ihm nicht zu, er ist sozusagen von Gott gegeben. Ihn wegen dieser Besonderheit oder dieses Stigmas zu kritisieren ist deshalb diskriminierend, weil Muslimsein das eigentliche menschliche Privileg ist und ein Muslim nichts dafür kann, dass er Muslim ist.

So jedenfalls scheint das schlichte Argumentationsmuster des Koordinierungsrats der Muslime (KRM), der Dachorganisation der Islamverbände in Deutschland, und des Interkulturellen Rats, eines Zusammenschlusses von Gewerkschaftern und anderen »Antirassisten«, zu sein. Sie rufen ab heute zu »Internationalen Wochen gegen Rassismus« auf: »Islamfeindlichkeit ist die gegenwärtig am meisten verbreitete Form von Rassismus in Deutschland«, lassen sie verlauten.

Nun könnte man sich über die Schlichtheit der Argumentation lustig machen (es würde wohl wiederum den Vorwurf des Rassismus nach sich ziehen), wenn die Sache nicht so politisch irre wäre. Irre, weil hier die Spitzenorganisation des Islam in Deutschland die Muslime zu Opfern von Rassismus stilisiert, ohne auch nur einen Gedanken daran zu verschwenden, wie gefährlich es ist, Begriffe auf diese Weise zu bagatellisieren. »Unter Islamfeindlichkeit verstehen wir«, so im Aufruf der Organisatoren, »wenn Muslime herabwürdigend beurteilt und Diskriminierungen befürwortet werden.«

Das Kopftuchverbot für Lehrerinnen zum Beispiel wird in diesem Sinne als Diskriminierung gewertet und ist somit rassistisch. Der Versuch, den Diskurs über Wesen und Alltag des Islam, seiner Sitten und Auswüchse zu verhindern, indem man Kritik oder Ablehnung als »rassistisch« diskriminiert, zeigt, wie weit die Islamverbände und die sogenannten Antirassisten ideologisch argumentieren. Das Schreckenswort »Rassismus« wird zum Knüppel gegen Kritik.

In den türkischen Zeitungen und dem inzwischen inhaltlich von der AKP dominierten staatlichen Rundfunk TRT gibt es täglich ausführliche Berichte über die angebliche Diskriminierung der Muslime, besonders in Europa. Der Ton gegenüber Deutschland und Europa wird zunehmend anklagender, es scheint ein gezieltes Interesse daran zu bestehen, die Muslime aus der europäischen Gemeinschaft auszugrenzen. Täglich führt man den Landsleuten vor: Seht her, man will euch nicht.

Es gibt im Türkischen ein Sprichwort, das lautet: »Die Katze, die nicht ans Futter kommt, sagt, es sei verdorben.« So kann man sich auch einem Dialog entziehen, indem man Kritik zu Beleidigungen umdeutet und der Bevölkerung ein Feindbild suggeriert, weil die eigenen Konzepte scheitern.

Da solche Kampagnen aus der Türkei über den regierungstreuen türkischen Islamverband Ditib (Türkisch-Islamische Union der Anstalt für Religion) nach Deutschland transportiert werden, erscheint es folgerichtig, dass sich der KRM, in dem die Ditib großen Einfluss hat, sich an solchen »Antirassismus«-Kampagnen beteiligt.

Irre ist es auch, weil KRM und Interkultureller Rat dann wiederum aus »rassistischer« Diskriminierung (öffentliches) Kapital zu schlagen versuchen. Rassismus ist wie Nazismus und Antisemitismus das Schlüsselwort, um zum Beispiel öffentliche Gelder zu akquirieren. Wer es schafft, Rassismus, Antisemitismus und Islamkritik und -feindlichkeit in einem Atemzug zu nennen, der steht kurz davor, seine Koranschulen und Moscheeführungen mit Mitteln aus den Fonds gegen Rechtsradikalismus zu finanzieren.

Es gibt einige Projekte, die gegründet wurden, um Aufklärungsarbeit gegen Rassismus zu leisten, die werden auf diese Weise »umgewidmet«. Veranstalter, die Fortbildung in Sachen Antifaschismus anbieten, erweitern ihr Geschäftsfeld auf den Bereich »Islamophobie«. Gern betonen die Muslime in diesem Zusammenhang (in anderen weniger) die Nähe zu den Juden. Man empfiehlt in dem Aufruf, »abrahamische Teams aus Juden, Muslimen und Christen« in die Universitäten und Schulen zu schicken, damit sie verkünden können: »Islam bedeutet Frieden und freiwillige Hingabe an Gott.«

Es wird mit Schlagworten wie »Völkerverständigung und Toleranz« versucht, einen »Schulterschluss der Opfer gegen Rassismus und Diskriminierung« herzustellen, wo es gar keine ursächliche Übereinstimmung gibt, weil die Ausgangslage grundverschieden ist. Nach dem Motto »Wir glauben alle an den einen Gott und werden von den Deutschen diskriminiert« wird eine Pseudosolidarität postuliert.

Natürlich müssen wir über Rassismus in Deutschland sprechen und gegen Diskriminierung vorgehen. Aber die Islamverbände sollten dabei zunächst vor der eigenen Tür kehren und kritisch hinterfragen, wie manche, angeblich so tolerante und friedliebende Muslime über die Deutschen denken. Wer mitbekommt, wie eine Gruppe muslimischer Jungen und Mädchen, Männer und Frauen unter sich über deutsche Mädchen, die Deutschen oder die Juden reden, dem wird es schlicht die Sprache verschlagen über die Ablehnung und die Verachtung, die ihm entgegenschlägt.

Eine Kampagne gegen Rassismus und Nationalismus in den Reihen der Islamverbände, eine Aufarbeitung des Verhältnisses zu Christen, Juden und »Ungläubigen«, die Klärung der Verhältnisse zu den Deutschen, den Minderheiten in den Herkunftsländern, all das wäre ein Thema nicht nur für Wochen, sondern für Generationen.

Islam in Beton

Zum Streit um
den Bau der Freitagsmoschee
in Köln-Ehrenfeld (2007)[20]

Ralph Giordano hat einen Fehler gemacht. Er hat sich beklagt, dass Islamorganisationen in Köln eine Großmoschee bauen wollen, obwohl es seiner Meinung nach ein falsches Zeichen für die Integration ist. Und er hat sich darüber mokiert, dass in Köln Frauen im Tschador herumlaufen. Prompt wurde er bedroht und beschimpft, weil er religiöse Gefühle beleidigt habe. Sein Fehler war, dass er es gewagt hat, die religiösen Motive der Moscheebauer in Zweifel zu ziehen. Dafür glaubt man, ihn abstrafen zu dürfen.

Aber Ralph Giordano hat recht. Der Islam ist und macht Politik. Die Kopftücher, die die Gesichter der Frauen einschnüren, und die farblosen Mäntel, die die Körper der Frauen verbergen sollen, sind das modisch Unvorteilhafteste, was Schneider je zusammengenäht haben, nur noch übertroffen vom schwarzen Zelt, dem Tschador: Er macht die Frauen zu einem entpersönlichten Nichts. Als Muslimin verwahre ich mich dagegen, dass diese Frauen solch eine Verkleidung im Namen des Islam tragen. Es gibt dafür keine religiösen, sondern nur politische Begründungen.

Wenn man in Ankara die größte Moschee, die *Kocatepe Camii,* besichtigen will, steht man zunächst vor einem Ein-

kaufszentrum. Man geht durch die Hosen- und Hemden-
abteilung des Kaufhauses, bevor man den Aufgang zur
Moschee findet. Die riesige Moschee ruht in ihrer ganzen
Breite auf einem Geschäft. Das hat Tradition im Islam, war
der Prophet doch selbst Kaufmann; auch beruhen viele
Praktiken dieses Glaubens auf einem Handel mit Gott.

Moscheen, *masjids,* sind Orte, an denen man sich nieder-
wirft, und sie sind in der islamischen Tradition keine heiligen Stätten, sondern Plätze, an denen sich die Männer
der Gemeinde zum Gebet und Geschäft versammeln. Die
Moschee ist in der islamischen Tradition ein sozialer und
kein sakraler Ort. Mohammed traf sich dort mit seinen Getreuen. Der Koran erwähnt Moscheen nur in einem Vers:
»in Häusern, hinsichtlich derer Gott die Erlaubnis gegeben
hat, dass man sie errichtet und dass sein Name darin erwähnt wird« (Koran Sure 24, Vers 36).

Moscheen erfüllten, wie der Islamwissenschaftler Pe-
ter Heine in seinem Islam-Lexikon schreibt, administrative
Funktionen: »Hier fanden die Sitzungen des Stammesra-
tes statt, und sie waren Versammlungsorte, wenn sich die
Männer zu einem Kriegszug aufmachten.« Im Laufe der
Geschichte haben sich zwei Arten von Gebetshäusern herausgebildet. Einmal als Gebetsraum für das tägliche Gebet
der Gläubigen und zum anderen die »Freitagsmoschee«, in
der am Freitag gebetet und die Predigt gehalten wird. Freitagsmoscheen hatten seit jeher einen politischen Charakter,
dort verkündete der Kalif seine Doktrin. Die Kölner Moschee ist von Größe und Ausstattung her kein Gebetshaus,
sondern eine »Freitagsmoschee«.

Es ist im Prinzip nichts dagegen zu sagen, dass in
Deutschland solche Gebäude errichtet werden. Es gilt die
Religions- und Versammlungsfreiheit. Aber die islamischen
Vereine sind keine anerkannten Religionsgemeinschaften.

Sie haben diese Anerkennung bisher nicht angestrebt, dabei könnten sie den entsprechenden Antrag jederzeit in den Bundesländern stellen. So wie es die Aleviten – eine Glaubensrichtung, die von anderen Islamvereinen nicht als muslimisch anerkannt wird – erfolgreich getan haben. Dachverbände wie Milli Görüs und die von der Türkei gesteuerte Ditib haben das bisher versäumt. Sie bauen erst ihre Moscheen und setzen auf eine politische Anerkennung auf Bundesebene, etwa als Ergebnis der Islamkonferenz. Bis dahin verstecken sie sich in Kulturvereinen und hinter anderen rechtlichen Hilfskonstruktionen. Das erspart kritische Fragen nach Mitgliedern, Finanzierung und dem Einfluss fremder Regierungen auf ihre Statuten.

Moscheen sind selbst nach muslimischer Lesart keine Sakralbauten wie Kirchen oder Synagogen, sondern »Multifunktionshäuser«. Das wird gern verschwiegen. So wie der Islam eben keine Kirche ist. Der Islam begreift sich nicht nur als spirituelle Weltsicht, sondern als Weltanschauung, die das alltägliche Leben, die Politik und den Glauben als eine untrennbare Einheit sieht. Eine verbindliche theologische Lehre gibt es nicht.

In diesem Sinne haben viele Islamvereine in Deutschland die Funktion einer Glaubenspartei, einer politischen Interessenvertretung. Deshalb ist die Frage des Moscheebaus auch keine Frage der Glaubensfreiheit, sondern eine politische Frage. Bau- und Vereinsrecht sind da überfordert. Ein Kriterium für die Erteilung der Baugenehmigung für ein Gebäude eines politischen Islamvereins müsste deshalb die positive Beantwortung der Frage sein: Werden dort die Gesetze eingehalten? Wird, zum Beispiel, dafür gesorgt, dass Frauen nicht diskriminiert werden? Und eine zweite Frage darf und muss gestellt werden: Dienen sie der Integration? Hier sind Zweifel angebracht. So wie in vielen Moscheen in Deutschland der Islam praktiziert wird, erweist er sich als ein Hindernis für die Integration. Diese Moscheen sind Keimzellen einer Gegengesellschaft.

Vor allem die größeren Moscheen in Deutschland entwickeln sich zu »Medinas«. Dort praktizieren die Muslime, was sie das Gesetz Gottes nennen. Dort wird eben nicht nur die Spiritualität gepflegt und sich um das Seelenheil der Gläubigen gesorgt, sondern dort wird das Weltbild einer anderen Gesellschaft gelehrt und ein Leben im Sinne der Scharia praktiziert. Dort üben schon Kinder die Abgrenzung von der deutschen Gesellschaft, dort lernen sie die Gesellschaft in Gläubige und Ungläubige zu unterscheiden, dass Frauen den Männern zu dienen haben, dass Deutsche unrein sind, weil sie Schweinefleisch essen und nicht beschnitten sind.

Diese Moscheen entwickeln sich zu Zentren, in denen wie in einer kleinen Stadt alle Bedürfnisse abgedeckt werden. So finden sich meist in unmittelbarer Nähe, oft in örtlicher Einheit, die Koranschule, koschere Lebensmittelläden, Reisebüros, der Friseur, das Beerdigungsinstitut, Restaurants, Teestuben und anderes mehr – eben alles, was ein Muslim außerhalb seiner Wohnung braucht, wenn er nicht nur beten, sondern auch nichts mit der deutschen Gesellschaft zu tun haben will.

Frauen werden – es soll eine Ausnahme geben – nur in separaten Räumen geduldet. Eine Demokratie lebt aber davon, dass Männer und Frauen gemeinsam in der Öffentlichkeit Verantwortung tragen, sie haben gleiche Rechte, und sie müssen gleich behandelt werden. Die Trennung der muslimischen Gemeinde in die der Männer, die in der Moschee sitzen, beten und ihre Geschäfte machen, und die der Frauen, die in ihre Wohnungen verbannt sind, kann kein Integrationsmodell sein. Wenn über Moscheebau diskutiert wird, muss darum die Frage gestellt werden, welche Möglichkeiten der gleichberechtigten Teilhabe die Frauen haben. Solange aber Moscheen archaische und patriarchalische Strukturen befördern, sind solche Häuser für mich nicht akzeptabel. Und ich verstehe auch die Repräsentanten und Vertreter der meisten Parteien nicht, die Toleranz für die Muslime einfordern und gleichzeitig zulassen, dass Frauen auf diese Art diskriminiert werden.

Muslime beklagen oft, dass sie ihre Gebetsräume in Wohnungen oder stillgelegten Fabriketagen einrichten mussten. Dabei ist dies durchaus nicht unmuslimisch oder diskriminierend. Die Ur-Moschee war Mohammeds Wohnhaus in Medina: ein Hof mit offener Säulenhalle. Erst als der Islam christliche Kirchen eroberte, änderte sich auch die Architektur der Moscheen. Die Kuppel, wie sie jetzt auch den Kölner Entwurf ziert, verdankt ihre Idee dem Rundzelt, aber ihre Durchsetzung der Eroberung Konstantinopels durch die Osmanen. Durch Umwidmung des Kuppelbaus der byzantinischen Hagia Sophia zur Moschee wurde eine christliche Kirche zum Vorbild für die türkische Moschee. Minarett und Kuppel wurden Zeichen osmanischer Herrschaft – auch in Mekka.

Der Entwurf für die Kölner Moschee nimmt diese Tradition des Gestus der Eroberung auf. Eine offene Kuppel mit stilisierter Weltkugel zeigt noch keine Weltoffenheit. Es ist entscheidend, was darunter passiert. Man könnte diese Kuppel und das Minarett auch als Hegemonieanspruch deuten, ganz so wie der Islam sich als »Siegel«, als Vollendung der Religionen begreift und den Anspruch auf Weltherrschaft reklamiert. Jedenfalls steht auch dieser Entwurf in osmanischer Tradition und zielt weder von der äußeren Form noch von der inneren Funktion her auf Erneuerung oder Integration. Die Architekten haben geliefert, was ihre

konservativen Auftraggeber wollten: ein politisches State-
ment des Islam in Beton. Damit steht der Streit um den
Bau der Kölner Moschee in einer Linie mit dem Streit um
das Kopftuch. Freitagsmoscheen im Stadtbild sind wie die
Kopftücher auf der Straße ein sichtbares politisches State-
ment. Es soll sagen: Wir sind hier, wird sind anders, und wir
haben das Recht dazu. Das haben sie tatsächlich. Nur müssen sie sich dann auch gefallen lassen, dass gefragt wird, was
sie mit diesem Recht anfangen und für diese Gesellschaft
tun. Oder geht es nur um Abgrenzung?

Die politische Absicht, eine solch repräsentative Moschee in Köln durchzusetzen, ist allzu deutlich. Es sollen
und werden in anderen Städten weitere Moscheenbauten
folgen. Das wird den Initiatoren mit dem Kölner Beispiel
im Rücken leichter fallen. In Duisburg entsteht gerade eine
ähnliche Freitagsmoschee.

Die islamischen Organisationen drängen auf öffentliche Anerkennung. Sie wollen mit den christlichen Kirchen
gleichgestellt werden. Wie kann man diesen Anspruch besser deutlich machen als mit Steinen, die sagen: Seht her, wir
haben auch solche Gebäude wie Christen und Juden? Dass
sich gegen eine solche Politik Widerstand erhebt, ist ver-
ständlich. Denn die Muslime in Deutschland haben ein großes Problem: das der Glaubwürdigkeit. Wort und Tat liegen zu oft und zu weit auseinander. Öffentlich gibt man
sich verfassungstreu, doch was in den Gemeinden gedacht
und gemacht wird, das wird verschleiert, dort gibt es keine
wirkliche Transparenz.

Mich beschämt, wie sich viele Vertreter der Muslime in
Deutschland präsentieren. Es gibt eine Reihe großer sozialer Probleme: mit der deutschen Sprache, in den Familien, mit der Erziehung, in Fragen der Gleichberechtigung.
Es gibt das Problem der Jungenkriminalität, der Gewalt in

der Familie und mit der Integration. Das sind drängende Fragen, deren Lösung das Engagement und die millionenteuren Spenden der Muslime eher bräuchten als die Demonstration von Stärke durch Repräsentativbauten. Doch immer, wenn diese sozialen Probleme angesprochen werden, wird sofort behauptet, das habe nichts mit dem Islam zu tun. Doch eine Religion, die den Anspruch erhebt, alle Aspekte des öffentlichen und privaten Lebens eines Gläubigen in Vorschriften und Gebote zu fassen – und dies über 24 Stunden eines jeden Tages –, kann sich nicht bei erstbester Gelegenheit vor den Folgen dieses Anspruchs drücken.

Wo ist die Spendenkampagne islamischer Organisationen, die es allen Muslimen ermöglicht, Deutsch zu lernen? Wo sind die Initiativen für frühkindliche Bildung, wo die Aktion für die Gleichberechtigung der Frau? Fehlanzeige. Man hat Geld für Architekten und Anwälte und Beton, man gründet Koordinierungsräte und fordert Anerkennung, ohne auch nur einen Gedanken darauf zu verschwenden, was Muslime für diese Gesellschaft tun könnten und was sie ihr verdanken. Religionsfreiheit zum Beispiel, die den Christen, Aleviten, Aramäern in der Türkei und anderen islamischen Ländern verwehrt wird.

Die Zahl der Sekten und konkurrierender Glaubensrichtungen des Islam ist kaum zu überschauen, doch wird vorgegeben, man trete gemeinsam auf, und es wird die *taqiyya,* die Kunst der Verstellung und des Verschweigens der wahren Haltung gegenüber »Ungläubigen« praktiziert. Die Initiatoren der Kölner Moschee sind Vertreter der türkischen Religionsbehörde Diyanet. Was die Ditib in Deutschland vorführt, ist Politik im Auftrag der türkischen Regierung, nicht aber im Interesse der Muslime, die mehrheitlich zu vertreten sie jedoch vorgibt.

Die Organisationen sollten sich deshalb nicht wundern, wenn die Sorge und das Misstrauen wachsen, zumal sie auf Kritik immer wieder beleidigt reagieren. Für unsere westliche Gesellschaft gilt der Satz von Max Frisch: »Demokratie bedeutet, sich in die eigenen Angelegenheiten einzumischen.« Der Islam ist eine Realität in Deutschland. Und er ist deshalb eine Angelegenheit der ganzen deutschen Gesellschaft. Muslime müssen es sich gefallen lassen, wenn andere sie fragen, wie sie leben wollen und wie sie es mit den Grundwerten dieser Gesellschaft halten. So wie es Ralph Giordano in Köln getan hat.

Wir basteln
uns eine Moschee[21]

»Moscheen in Deutschland« oder:
Was ist mit dem Islam? (2009)

Der Direktor des Kulturwissenschaftlichen Instituts in Essen, Claus Leggewie, hat mit der Religionswissenschaftlerin Bärbel Beinhauer-Köhler ein Buch über »Moscheen in Deutschland« geschrieben, das, wenn es nicht so symptomatisch für einen bestimmten Teil der politischen Debatte in Deutschland wäre, als Fleißarbeit von Belegesammlern beiseitegelegt werden könnte.

In den Nach-68er-Jahren waren Fibeln für Bürgerinitiativen, Anleitungen, wie eine Bewegung gegen das Baumsterben o. ä. organisiert werden kann, in Mode. In deren Retro-Stil sind auch diese »Handlungsempfehlungen« für den

»besseren Weg zur Moschee« verfasst. Dem *Kursbuch* lag in der guten alten Zeit stets ein »Kursbogen« bei, der z. B. Kapitalverflechtungen illustrierte. Diesem Buch hätte der Verlag einen Ausschneidebogen mit dem Bauplan einer Moschee beilegen sollen, damit die Moscheevereinsinitiative sich ihre Fatih-Moschee schon mal selbst basteln kann. Rührend, wie der Autor versucht, den Moscheebauern basisdemokratische Tipps zu vermitteln. Die Finanziers der Moscheeprojekte werden sich ins Fäustchen lachen über so viel Naivität. Denn was Leggewie als Versachlichung der Debatte um den Islam ausgibt, ist die Aufbereitung kulturrelativistischer alter Feze unter Auslassung der sozialen Realität und gleichzeitiger Denunziation der Gegner.

Während im ersten Teil die Geschichte des Moscheebaus in Deutschland verdienstvoll referiert wird, wobei die Autorin sich bemüht, auf Wertungen zu verzichten, versucht Leggewie die Moscheebaubewegung politisch einzuordnen und die Vorbehalte dagegen aufzubrechen. Leggewie sieht den Islam nicht als Weltanschauung mit einem differenten Menschen-, Welt- und Gesellschaftsbild, ja, er vermeidet geradezu eine Auseinandersetzung darum, was der Islam ist, was er will. Er verneint damit die politische Dimension dieser Religion und reduziert sie auf ein Identitäts- und Verhaltensmuster. Nur unter Ausklammerung der politischen Dimension, der Differenzen und Zerstrittenheit kann er die These von der allmählichen Integration des Islam durch Teilhabe als einzige Möglichkeit propagieren und den Moscheebau auf ein Vermittlungsproblem reduzieren.

Gegen andere Auffassungen fährt er dann konsequenterweise Totschlagargumente auf. Er meint, ich fällte »publizistische Todesurteile für liberale Muslime« und triebe die säkularen Muslime in die Hände der Fundamentalisten, wenn ich schreibe: »Der Islam ist nicht integrierbar.«

Dass ich im nächsten Satz geschrieben habe: »Der einzelne Muslim aber sehr wohl«, verschweigt Leggewie. Ich betone stets den Unterschied zwischen dem Recht des Einzelnen auf positive wie negative Religionsfreiheit und der Religion des Islam als Glaubenspartei. Der Islam als System – und das sage ich als Soziologin, die sich wie Leggewie mit Max Weber auseinandergesetzt hat – betrachtet den Menschen als Sozialwesen, als Teil der Gemeinschaft, des Kollektivs und nicht als Individuum. Der Islam hat eine eigene normierende Kraft, die sich u. a. in den Rechtsnormen der Scharia ausdrückt.

Wir müssen, um unsere Gesellschaft zu schützen, darauf bestehen, dass der Staat nötigenfalls den Einzelnen auch gegen den Staat in Schutz nimmt. Der Islam als System – von Spiritualität sprechen wir ja gar nicht mehr – will eine andere als die offene »westliche« Gesellschaft. Wer die Debatten mit den Islamverbänden verfolgt, wird feststellen, dass sich hier Welten gegenüberstehen.

Und es ist auch nicht richtig, dass Kritik am Islam, wie Leggewie behauptet, die Fundamentalisten stärkt. Das Gegenteil ist der Fall. Seit es die Islamkonferenz und einige wenige Kritiker gibt, haben die konservativen Verbände die Deutungsmacht über das, was der Islam sein kann oder soll, abgeben müssen. Sie werden immer wieder aufgefordert, sich mit den Anforderungen unserer Demokratie und Werteordnung auseinanderzusetzen. Sie stehen unter Legitimationsdruck. Ließe man sie in ihren Koranschulen und Männerhäusern gewähren, würde die Segregation der muslimischen Migranten noch rascher voranschreiten. Nur dadurch, dass ihr Handeln im Licht der Öffentlichkeit steht, haben sich einige wenige Dinge zum Besseren gewendet oder ernten Widerspruch – dafür sind der Moscheebau oder die Kopftuchdebatte Beispiele.

Leggewie verkürzt die Diskussion um den Islam auf ein Vermittlungsproblem. Das ist falsch und setzt die Akzente schief. Von den geschätzt über drei Millionen als Muslime Bezeichneten besuchen etwa 150 000 Gläubige – vornehmlich Männer – die Moscheen. Gehen wir davon aus, dass diese Männer Familien haben, können wir von 500 000 bis 800 000 Gläubigen sprechen, die im Einflussbereich der Islamverbände stehen und für die Moscheen gebaut werden. Es gibt heute etwa 2500 kleinere und größere Moscheen. Geht man weiter davon aus, dass in jede Gebetsstätte mindestens 100 Betende passen, wäre bereits jetzt für 250 000 Betende Platz. Im Moment sind fast 200 repräsentative Moscheen in Planung. Wenn eine Moschee etwa drei Millionen Euro kostet, besteht ein Kapitalbedarf von ca. 600 Millionen Euro. Eine Summe, die schwer durch Spenden aufzubringen ist. Warum fragt Leggewie nicht nach der Finanzierung der Moscheen?

Die organisierten Muslime sind eine Gruppe, die weniger als ein Prozent der Gesamtbevölkerung ausmacht. Diese Gruppe ist gut organisiert, wird zum größten Teil aus der Türkei und arabischen Ländern angeleitet und finanziert. Sie bestimmt das Bild des Islam in Deutschland. Und dieses Bild ist das einer Community, die einem konservativen bis archaischen Islambild anhängt, wie der Islamwissenschaftler Ralph Ghadban in einer Internetstudie festgestellt hat. Säkulare Muslime haben bis auf ganz wenige Ausnahmen keine Stimme. Es gibt sie in organisierter Form einfach nicht, weil sie Teil der deutschen Gesellschaft geworden sind und sich auch als deren Bürger verstehen.

Würde Claus Leggewie seinem emanzipatorischen Anspruch folgen, müsste er sich gerade für die Teilhabe der schweigenden Mehrheit der nichtorganisierten Muslime starkmachen, ihre Freiheitsrechte stärken, die rationale

Auseinandersetzung mit dem Islam fördern, den politischen Diskurs suchen, anstatt den Männerhäusern der Konservativen das Wort zu reden. Die Muslime sind Teil unserer Gesellschaft, sie haben Anspruch auf Moscheen, aber wir müssen gleichzeitig konsequent dem politischen Islam entgegentreten.

Er hielt seine Wange hin

Über die Regensburger Vorlesung
von Benedikt XVI.
im September 2006 und die Folgen[22]

Die Wahl Joseph Ratzingers zum Papst begeisterte nicht nur das Volk, sondern auch die Intellektuellen. Selbst ich hoffte, dass nach dem charismatischen Polen Wojtyla mit seinem Glauben, das Licht Gottes falle auf ein Prisma und die verschiedenen Religionen seien wie die Farben des Regenbogens nur verschiedene Farben der Offenbarung,[23] nun der deutsche Theologieprofessor die Frage der Weltreligionen etwas tief greifender angehen würde. Bestätigt wurde meine Erwartung durch den ersten Besuch von Benedikt XVI. in Deutschland und die Vorlesung, die er am 12. September 2006 in der Universität zu Regensburg über »Glaube, Vernunft und Universität« hielt. Die Rede handelte vom Verhältnis zu Vernunft und Aufklärung, zur Gewalt, von der Enthellenisierung des Glaubens, der Stellung der Naturwissenschaften und gipfelte in der Kernaussage: »Nicht vernunftgemäß handeln ist dem Wesen Gottes zuwider.« Eine intellektuelle Steilvorlage für den Diskurs über Glauben und Moderne.

Dass man mit Gewalt nicht zum Glauben finden könne, illustrierte er mit der Wiedergabe eines Gesprächs, das der byzantinische Kaiser Manuel II. Palaiologos 1391 im Winterlager zu Ankara mit einem Perser über Christentum und Islam geführt hatte. Zitat: »Zeig mir doch, was Mohammed Neues gebracht hat, und da wirst du nur Schlechtes und Inhumanes finden wie dies, dass er vorgeschrieben hat, den Glauben, den er predigte, durch das Schwert zu verbreiten.« Der Papst hat nicht weiter aus dem Dialog der beiden zitiert. Er hätte es tun sollen, die Antwort des Muslims macht Grundsätzliches deutlich: »Ist es wirklich möglich und recht, seine Feinde zu lieben und für sie zu beten? … Soll man wirklich dem, der einem den Mantel gestohlen hat, auch noch das Hemd schenken? … Dem Bösen keinerlei Widerstand leisten? Die linke Wange dem hinhalten, der die rechte schlägt? Sich nicht um den morgigen Tag sorgen? Zeig mir den Menschen, der das tut. Wo ist der Mann, eisenhart, gefühllos wie ein Stein, der das tatsächlich mitmacht? Der beleidigt wird und den Beleidiger liebt. Der den Bösen alles schenkt und sie ermuntert, sich auf ihn zu stürzen wie die Geier.«[24]

Benedikt XVI. beließ es bei dem kurzen Schlaglicht auf die vorhandene Differenz und war offenbar von der Reaktion auf seine Rede aus der muslimischen Welt total überrascht. Der Chef der türkischen Religionsbehörde Diyanet unterstellte dem Papst Hass auf den Islam, ein Regierungsvertreter der in der Türkei regierenden AKP verglich ihn mit Hitler und Mussolini, in Gaza wurden Sprengsätze in eine Kirche geworfen. Der Heilige Stuhl versuchte die Wogen zu glätten und lud über hundert Würdenträger des Islam zum Dialog nach Rom. Jetzt hätte etwas beginnen können, was zum Segen der muslimischen Welt und auch zur Klärung des Verhältnisses von Christentum und Islam hätte beitragen können: eine Auseinandersetzung um Glaube und Vernunft, ein Nachdenken über das in der Vorlesung angesprochene Verhältnis von Individuum und Glaubensgemeinschaft.

Aber was geschah? Nichts Derartiges. Die Muslime waren offenbar nicht an einer geistigen Auseinandersetzung interessiert, fühlten sich beleidigt und wollten ihre Ehre retten. Die Gespräche fanden vor dem Hintergrund statt, dass, sollte der Papst nicht einlenken, man die Gewalt der Straße nicht im Zaum halten könne. Christian Geyer fragte in der *FAZ* zu Recht: »Was ist das für eine Kultur, in der das Recht auf Information in jedem Augenblick Gewaltexzesse nach sich ziehen kann?«

Der Papst entschuldigte sich persönlich, die Äußerungen des Kaisers entsprächen nicht seiner eigenen Meinung. Seine Rede erschien dann mit dieser Fußnote: »Ich hoffe, dass der Leser meines Textes sofort erkennen kann, dass dieser Satz nicht meine eigene Haltung dem Koran gegenüber ausdrückt, dem gegenüber ich die Ehrfurcht empfinde, die dem heiligen Buch einer großen Religion gebührt. Bei der Zitation des Texts von Kaiser Manuel II. ging es mir einzig darum, auf den wesentlichen Zusammenhang zwischen Glaube und Vernunft hinzuführen. In diesem Punkt stimme ich Manuel zu, ohne mir deshalb seine Polemik zuzueignen.«

Bald darauf reiste er nach Istanbul. Dort besuchte er unter anderem die Blaue Moschee, wo er, wie die türkische Zeitung *Hürriyet* jubelte, fast »wie ein Muslim« schweigend Andacht hielt. Der Vatikan hielt dies wohl für Diplomatie im Sinne des Weltfriedens. Für mich war es die triviale Variante des Satzes: »Nicht vernunftgemäß handeln ist dem

Wesen Gottes zuwider.« Es war die schlichte Angst vor einem noch gar nicht begonnenen Dialog. Joseph Ratzinger hat die Wange hingehalten und die muslimische Welt wieder einmal eine Chance verpasst.

Ehre
und
Gesetz

Der Fall Hatun Sürücü

Am 7. Februar 2005 wurde die 23-jährige Deutsche kurdischer Abstammung Hatun Sürücü an der Bushaltestelle vor ihrer Wohnung in der Oberlandstraße in Berlin-Tempelhof mit drei Kopfschüssen getötet. Eine Woche später nahm die Polizei drei ihrer Brüder fest. Im Juli 2005 wurde gegen Ayhan (*1986), Alpaslan (*1981) und Mutlu Sürücü (*1980) Anklage wegen gemeinschaftlichen Mordes erhoben.

Der Vorwurf lautete, Ayhan habe seine Schwester erschossen, sein Bruder Mutlu habe die Waffe besorgt, und auch Alpaslan habe von der Sache gewusst und in Tatortnähe Schmiere gestanden. Das von der Staatsanwaltschaft vermutete Motiv war der Versuch von Hatun, ein selbstständiges Leben zu führen. Das nahm der Familie die »Ehre«, die nach Ansicht der Täter nur durch die Bestrafung der Schwester wiederhergestellt werden konnte. Hatun, in Berlin geboren, war mit 16 Jahren mit einem Vetter nach Istanbul zwangsverheiratet worden, hatte sich aus dieser Verbindung gelöst und war mit ihrem Sohn Can nach Berlin zurückgekehrt. Sie hatte eine eigene Wohnung und stand als alleinerziehende Mutter kurz vor dem Abschluss einer Ausbildung zur Elektroinstallateurin.

Es war innerhalb von zwei Jahren bereits der sechste bekannt gewordene »Ehrenmord« in Berlin, aber erst dieser Fall löste eine bundesweite Debatte aus, auch weil zeitgleich in der Öffentlichkeit über Zwangsheirat und Gewalt gegen Frauen im türkischen Milieu diskutiert wurde und auch weil die Reaktionen auf den Mord aus dem türkischen Milieu die Menschen empörte. Türkische Schüler verteidigten bei einer Diskussion in ihrer Schule den Täter: »Die hat doch selbst Schuld. Die Hure lief rum wie eine Deutsche.« Schlagartig wurde deutlich, dass die Integration eines Teils der türkischen Gesellschaft gescheitert war, und man begann, die Gründe für diese Entwicklung zu untersuchen.

Am 14. September 2005 wurde der Prozess gegen die Brüder vor dem Berliner Landgericht eröffnet. Ich war während der acht Monate dauernden Verhandlungen so oft wie möglich im Gericht, habe den Verlauf protokolliert und darüber geschrieben.

Die Anwälte

Eindrücke zum Prozessauftakt
im Fall Hatun Sürücü (2005)[25]

Die drei Männer sitzen lässig auf ihren Stühlen, die Füße des einen ragen weit unter dem Tisch hervor, ein anderer fischt ein Getränk aus der Aktentasche, der Höfliche rückt seinen Stuhl zurecht, sodass er den Richter ansehen kann. Die Männer strahlen Selbstzufriedenheit aus, als wüssten sie, dass alles gut gehen werde. Rein optisch sind sie die ideale Besetzung: der Draufgänger mit dem Stoppelschnitt, der Schwiegermutter-Typ mit lockigem Haar und Brille und der Fuchs, der die Fäden zieht. Es sind die Anwälte der drei Brüder Sürücü, die angeklagt sind, gemeinsam ihre Schwester Hatun ermordet zu haben.

Die drei Angeklagten im hochgesicherten Saal B 129 des Oberlandesgerichts Berlin-Moabit sitzen hinter Panzerglas. Sie verschwinden dahinter fast. Das ist den Anwälten sicherlich recht, denn die Angeklagten sind das einzige Sicherheitsrisiko in diesem Prozess. Ein falsches Wort von ihnen könnte die ausgeklügelte Verteidigungsstrategie durcheinanderbringen. Die Angeklagten reden deshalb auch nicht selbst. Sie lassen reden und ankündigen, selbst fortan zu schweigen. Der Anwalt des jüngsten Bruders liest dessen Geständnis vor: »Ich habe meine Schwester getötet. Ich habe die Tat allein begangen.« Er habe den Lebenswandel der Schwester missbilligt, bereue die Tat jetzt aber. Damals sei er zu unreif gewesen, um zu begreifen, was er tat. Die Familie sei empört über ihren Lebenswandel und in Sorge gewesen, der fünfjährige Sohn der Ermordeten könne auf die schiefe Bahn geraten, und als die Schwester auch noch gesagt habe, dass sie selbst entscheide, mit wem sie ins Bett ginge (»Ich ficke, mit wem ich will«, soll Hatun gesagt haben), da sei es zu viel gewesen: »Ich zog die Pistole und schoss«, gesteht der Anwalt für den Angeklagten.

Der Richter fragt bei dem Jüngsten der Brüder nach, ob dieses Geständnis von ihm sei, denn zu offensichtlich stammen weder Diktion noch Inhalt vom inzwischen 20-jährigen Täter. Die Antwort gibt auch diesmal der Anwalt, nicht sein Mandant – lächelnd verteilt er das schriftlich vorliegende Mordgeständnis. Es enthält alles, was nicht mehr zu bestreiten ist (den Mord) und was strafmildernd wirken kann (Unreife, Reue, Einsicht). Die Anwälte der beiden anderen Brüder verlesen Erklärungen, wonach sie eine Tatbeteiligung bestreiten, ja, sie versuchen das Bild einer Familie zu zeichnen, die sich auseinandergelebt hat. Und doch scheint das Vorgehen aufs Genaueste untereinander abgestimmt. Von Arzu, einer Schwester der Ermordeten, wird die (sicher durch Prozesskostenbeihilfe finanzierte) Nebenklage vertreten. Die aber scheint den vorrangigen Zweck zu haben, der Familie den ständigen Zugang zum Prozess zu ermöglichen. Wenigstens machen die aufmunternden Blicke der verschleierten Schwester zu den Brüdern nicht den Eindruck, dass sie noch eine Rechnung mit ihnen offen hätte.

Die Anwälte werden vermutlich beantragen, für den geständigen Täter das Jugendstrafrecht anzuwenden und seine Brüder freizusprechen. Ihre Verteidigungsstrategie ist ganz darauf ausgerichtet, einen (jugendlich unreifen) Einzeltäter zu präsentieren. Deutschen Staatsanwälten und Richtern dürfte das entgegenkommen, sie sind meist Spezialisten im Individualstrafrecht, für sie ist das selbstverantwortliche Handeln des Einzelnen die Grundlage. Aber Menschen wie die Familie Sürücü leben in einer muslimisch-archaischen Parallelwelt, in der die Gesetze der Scharia gelten. Und für strenggläubige Muslime – wie sich auch diese Familie darstellt – gibt es kein vom Familienverband losgelöstes »Ich«. Der Sohn ist dem Vater, dem älteren Bruder, Onkel oder Gott zu »Respekt«, sprich Gehorsam, verpflichtet. Die Männer sind für die Töchter und Schwestern, für die »Ehre der Familie« verantwortlich, im Namen der Familie haben sie die Frauen zu kontrollieren und – wenn nötig – zu bestrafen. Nach dem Koran ist das, was die Brüder Sürücü getan haben, nicht verwerflich. Nach der Scharia gehört die Tötung eines Menschen – auch der vorsätzliche Mord – nicht zu den Kapitalverbrechen, weil hier nicht Gottes Recht, sondern »nur« menschliches Recht verletzt wurde.

Hatun hingegen verstieß, so wie sie gelebt hatte, gegen

den Koran. Sexualität ist nach muslimischer Auffassung nur innerhalb der Ehe zulässig. Alles andere ist Unzucht, und für die kennt der Koran kein Mitleid: »Wenn eine Frau und ein Mann Unzucht begehen, dann verabreicht jedem von ihnen hundert (Peitschen-)Hiebe! Und lasst euch im Hinblick darauf, dass es (bei der Scharia) um die Religion Gottes geht, nicht von Mitleid mit ihnen erfassen, wenn ihr an Gott und den jüngsten Tag glaubt!« (Sure 24, Vers 2) Und Sure 4, 18: »Diejenigen (gemeint sind die Frauen) haben keine Vergebung zu erwarten, die schlechte Taten begehen und darin verharren.«

Hatun hat keinen Verteidiger (2005)[26]

Wenn in dem Gebiet, das die Kurden in der Türkei für sich beanspruchen, z. B. in der Gegend um Erzurum in Ostanatolien, jemand umgebracht wird, nehmen sich seit Jahrhunderten die Familien das Recht auf »Blutrache«. Ihr Glaube, so meinen sie, gestatte es ihnen, denn im Koran Sure 17, Vers 33, heißt es: »Wenn einer zu Unrecht getötet wird, geben wir den Nächsten Vollmacht zur Rache.« Oft enden diese Fehden erst nach jahrelangem Morden und der Vernichtung ganzer Familien. Aber es gibt auch die Möglichkeit der Vergeltung: Ein Mord ist nach islamischem Recht kein Vergehen gegen Allah wie Ehebruch oder unzüchtiges Leben, das bestraft werden muss, sondern eines, das per Wiedervergeltung gesühnt werden kann. Zu Mohammeds Zeiten übergab man hundert Kamele, und die Tat war gesühnt, ohne dass der Täter bestraft wurde. Da die Familien aber nicht direkt miteinander verhandeln können, bedient man sich eines Vermittlers, der eine »Versöhnung« anbahnt und das Blutgeld aushandelt.

Im Herbst 2005 in Berlin-Kreuzberg ist Herr Z. ein solcher »Friedensschlichter«. Die eine Seite ist die Familie Sürücü, deren Tochter von dreien ihrer Brüder, so die Anklage, gemeinschaftlich ermordet wurde. Die andere Seite ist die deutsche Öffentlichkeit, die der »Ehrenmord« an der jungen Frau aufgeschreckt hat. Die Familie macht sich Sorgen um ihr *seref,* ihr Ansehen, denn die Journalisten lassen nicht locker und recherchieren im Umfeld der Familie. Der Reporter der *Berliner Zeitung* z. B. ist den Verbindungen des ältesten Angeklagten Mutlu zu den Islamisten nachgegangen und stieß auf Hinweise bis hin zum Umfeld von Bin Laden und zur Hisbollah. Ganz gleich welchen Aspekt dieser Familie man auch unter die Lupe nimmt, es erscheint das Bild einer Parallelwelt, einer Familie, die zwar in Deutschland lebt, aber nicht mit den Deutschen und schon gar nicht nach unseren Gesetzen. Der »ehrenamtliche Berater der Familie« soll ihnen helfen, ihre Achtung in der Gesellschaft wieder herzustellen. Der Vater und die Töchter der Familie versuchen, die Presse auf ihre Seite zu bringen, sie laden Journalisten auf einen Tee in das Lokal »1001 Nacht« ein, leugnen alles unter Tränen.

In Anatolien ist das Verfahren traditionell so: Die Familie des Mörders schickt den jüngsten Sohn im Leichenhemd, mit Waschlappen und Seife, zum Haus der Familie des Opfers und drückt damit aus: Tötet ihn, wenn ihr wollt. Eine symbolische Geste der Versöhnung. Oder sie schenken der Familie des Opfers eine Tochter, die mit einem der Söhne der Familie verheiratet wird, man nennt das *beylek.*

Der Junge im Leichentuch heißt im aktuellen Fall Ayhan, er ist der jüngste Sohn der Familie Sürücü und hat zu

Prozessbeginn den Mord an seiner Schwester gestanden. Die Jüngsten müssen die Drecksarbeit machen, weil sie am wenigsten »wert« sind. Die beiden anderen Brüder leugnen eine Beteiligung an der Tat. Die Schwester sagt: »Er soll eine gerechte Strafe bekommen.« Die wird in diesem Fall nicht mehr als zehn Jahre betragen, denn Ayhan ist erst 19 und wird nach dem Jugendstrafrecht abgeurteilt. Für die beiden anderen Brüder würde, wenn es dem Gericht gelingt, den gemeinschaftlichen Plan zu beweisen, die Strafe auf lebenslänglich lauten. Aber so weit ist es noch nicht, denn in diesem Verfahren wird nichts dem Zufall überlassen.

Zur Strategie der Verteidiger gehört es, die Aussagen der Kronzeugin, der früheren Freundin von Ayhan, zu widerlegen. Aber sie belassen es nicht dabei. Sie versuchen das 18-jährige Mädchen unglaubwürdig zu machen, ihr gar eine Mitschuld zu unterstellen. Der Richter sieht seelenruhig dabei zu, wie drei Anwälte eine junge Frau stundenlang mit suggestiven Konjunktivkonstruktionen in Widersprüche zu verwickeln versuchen. Einer der Anwälte fragt die Zeugin, warum sie Angst habe vor Ayhan, der sie doch heiraten wollte, und ob ihr die Antworten in der Therapie beigebracht worden sind. Die Angeklagten klatschen sich auf die Schenkel und johlen. Die Anwälte dürfen fragen, bis die Zeugin zusammenbricht.

Der Täter soll gesagt haben, er könne seit dem Mord wieder ruhig schlafen, weil er seinen Vater nicht enttäuscht habe. Den Anwälten wünsche ich diesen ruhigen Schlaf nicht. Sie versuchen die gesellschaftlichen Umstände hinter dem Schleier einer Einzeltat zu verbergen. Aber die Täter leben in einem ganz anderen Wertesystem. Im Sinne der Familientradition hat Ayhan nicht seine Schwester ermordet, sondern ein Problem gelöst. Die Söhne sind die

Ordnungsmacht der Familienbande, sie dürfen den Vater nicht enttäuschen, sie haben versagt, wenn die Schwester oder Frau nicht gehorcht. Der Jüngste hat, mit der tatsächlichen oder »moralischen« Unterstützung seiner Brüder, die Schande von der Familie genommen.

Objektiv verteidigen die Anwälte die Gesetze der Scharia und einer archaischen Tradition gegen unsere Zivilisation, denn mit ihrer Strategie verschleiern sie die wahren Strukturen. Das Verfahren darf nicht nur die Umstände, sondern muss auch die Hintergründe der Tat beleuchten und zur Auseinandersetzung darüber beitragen, ob wir es zulassen wollen, dass sich die Gesetze einer Parallelgesellschaft auch in unseren Gerichtssälen breitmachen können. Dazu bräuchte Hatun Sürücü eine Verteidigung. Die Nebenklage der Schwester Arzu dient nicht dazu, ihrer Schwester Gerechtigkeit widerfahren zu lassen. »Meine Schwester ist im Paradies. Ihr geht es gut«, sagt sie lächelnd unter dem stramm geschnürten Kopftuch. Es geht ihr auch nicht um die Rechte des fünfjährigen Sohnes von Hatun, dem ihr Bruder die Mutter genommen hat. Sie verteidigt – und auch das gehört zur archaischen Tradition – die Männer der Familie.

Hatun wurde zwangsverheiratet, geschlagen, eingesperrt, vielleicht sogar missbraucht und schließlich ermordet. Alles im Rahmen dieser Familie, die sich jetzt so unschuldig gibt und auf den Koran schwört. Hatun ist ausgebrochen. Sie wollte leben wie eine Deutsche. Das wurde ihr zum Verhängnis. Die Schüsse in ihren Kopf galten unserer Gesellschaft. Jetzt müssen wir Hatun verteidigen, damit sie nicht umsonst gestorben ist.

Der Prozess wird fortgesetzt.

Der Lernprozess (2006)[27]

Es ist von einem Fall geglückter Integration zu berichten. Der Mord an Hatun Sürücü konnte nur aufgeklärt werden, weil ein 18-jähriges türkisches Mädchen und dessen Mutter den Mut aufbrachten, nicht zu schweigen. Die Rede ist von Melek, der Zeugin der Anklage. Sie braucht seitdem Polizeischutz, muss unter fremdem Namen leben und konnte den Gerichtssaal nur mit schusssicherer Weste betreten. Melek hat mit ihrer Aussage die Ermittlung gegen die drei Brüder Sürücü ermöglicht und dem Mörder das Geständnis abgetrotzt. Melek hat persönliche und gesellschaftliche Verantwortung übernommen; ohne sie wäre der Mord unaufgeklärt geblieben.

Wer bei Meleks mehr als zehnstündiger Befragung durch die Verteidiger dabei war und erlebt hat, wie diese mit sich wiederholenden Fragen versuchten, die Zeugin in Widersprüche zu verwickeln und unglaubwürdig zu machen, der konnte meinen, dabei sei es nicht um die Aufklärung einer Mordtat, sondern um die Verschleierung von Motiven gegangen. Die Verteidiger verfolgten eine Strategie, der das Gericht und die Staatsanwaltschaft nichts entgegenzusetzen hatten. Es wurde der unreife und reuige Einzeltäter präsentiert, die Tatbeteiligung der Brüder bestritten. Das einzige Risiko dieser Prozessstrategie waren die Angeklagten selbst. Jede Antwort, jede Nachfrage hätte diese Strategie des Schweigens gefährdet. Deshalb wurde selbst das Geständnis Ayhan Sürücüs von seinem Verteidiger verlesen.

Jeder Angeklagte hat das Recht auf einen Verteidiger. Aber ob es der von Anwälten hochgehaltenen »Standesehre« entspricht, wenn sich Ayhans Verteidiger in der Verhandlung von seinem Mandanten umarmen lässt und schließlich das Urteil mit der Familie wie einen Sieg feierte, mögen die Juristen unter sich ausmachen. Wenn man die Anwälte im Gerichtssaal agieren sah, konnte man den Eindruck haben, sie verteidigten nicht Mordverdächtige, sondern sich selbst gegen eine absurde Unterstellung. Sie versuchten das Bild einer intakten Familie zu zeichnen, mit dem geständigen Mörder als schwarzem Schaf.

Und es zeigte sich, dass das Vorgehen aller Familienangehörigen im Prozess auf das Genaueste abgestimmt war. Alle Familienangehörigen schwiegen im Prozess – das ist ihr gutes Recht –, bis auf die, die Entlastendes vorbringen wollten, wie die Frau des Angeklagten Alpaslan, die ihrem Mann ein Alibi gab. Doch niemand aus der Familie rührte auch nur einen Finger für Hatun. So wie man jetzt, da der Prozess zu Ende ist, zuweilen den Eindruck bekommen kann, nicht nur die Familie, sondern auch Teile der Öffentlichkeit atmeten auf, dass vermeintlich alles wieder seine Ordnung hat. Für die tote Hatun scheint es mancherorts weniger Mitgefühl zu geben als für ihre befreiten Brüder. Hatun, eine von fünfundvierzig in Deutschland hingerichteten Frauen und Männern, die in den letzten zehn Jahren im Namen der Ehre sterben mussten.

Die Anwälte sagten, die Weltanschauung der Angeklagten stehe nicht vor Gericht, und versuchten mit diesem Argument zu verhindern, dass die Ursachen der Tat ans Licht kamen. Sie haben damit alles dafür getan, die Tat und den Tod einer jungen Frau zu verharmlosen. Sie machten ihren Job und sich gleichzeitig zu Anwälten der Scharia, ganz im Sinne des Imams von Izmir, der spöttisch über die rechtschaffenen Deutschen sagte: »Mit euren Gesetzen werden wir euch besiegen.«

Diese Strategie der Verteidigung entsprach dem Ansatz des Gerichts, das keinen Präzedenzfall schaffen wollte, sondern voraussetzte, dass selbstverantwortliches Handeln des Einzelnen grundsätzlich außer Frage stehe. Aber damit war in diesem Fall der Sache nur unzureichend beizukommen. Es gibt auch in unserer Gesellschaft, mitten in Deutschland, Menschen, die nach anderen Regeln leben, als es das Individualstrafrecht vorsieht. Sie leben in einer muslimisch-archaischen Parallelwelt, in der es ein vom Familienverband losgelöstes »Ich« gar nicht gibt.

Und so hätte das Gericht, wenn es sich genauer mit der Tat und den Motiven beschäftigt hätte, durchaus mit den Mitteln der Strafprozessordnung zu weiteren Erkenntnissen kommen können, als nur den reinen Tathergang zu rekonstruieren. Vielleicht hätte es mithilfe von Sachverständigen die Strukturen, das Welt- und Menschenbild solcher Communities aufzeigen sollen und der Sozialisation der Angeklagten nachgehen müssen, um die Tat verstehen zu können. Ayhan gestand, dass er hoffte, den Sohn Hatuns vor dem schlechten Einfluss seiner Mutter bewahren zu können. Er wollte den Sohn in die Familie zurückholen, damit er muslimisch erzogen werden könne. Dieser Bemerkung wurde im allgemeinen Entsetzen über den Hergang der Tat keine besondere Bedeutung beigemessen. Woher stammt dieses Weltbild von »rein« und »unrein« bei einem Jungen, der in Berlin aufgewachsen ist?

Jetzt meint die ältere Schwester Arzu, das *sahip cikmak*, Besitzansprüche auf das Kind, geltend machen zu können. Zeigt sich in dieser Bemerkung neben der vermeintlichen »Ehre der Familie« vielleicht ein Motiv für die Tat? Kinder aus einer geschiedenen Ehe gehören in dieser religiös-archaischen Welt immer dem Mann beziehungsweise seiner Familie. Spätestens mit dem siebten Lebensjahr – nämlich dann, wenn die religiöse Erziehung beginnt – soll der Sohn in der Familie des Vaters leben. Da es sich bei dem Vater von Hatuns Sohn um einen Cousin handelt, in diesem Fall also der Familie Sürücü.

»Wenn der Sohn mit 15 immer noch kein Muslim ist, trägt der Vater die Schuld«, sagte mir ein Hodscha, als ich ihn zu den Erziehungsaufgaben eines Vaters befragte. Hatun hatte, weil kein muslimischer Mann sie beaufsichtigte, in dieser Welt kein Recht auf das Kind. Und aus diesem Umstand wird vielleicht auch der Zeitpunkt der Tat erklärbar. Hatun lebte bereits einige Jahre allein mit ihrem Sohn. Ihre Familie hatte sie verstoßen, und für Alpaslan war sie bereits »gestorben«. Da war der kleine Sohn namens Can, was »Seele« oder »Leben« bedeutet, aber noch kein religiöses Subjekt. Erst mit zunehmendem Alter wurde die Frage, ob er muslimisch erzogen wird, für die Gläubigen in der Familie drängender. Musste Hatun vielleicht nicht nur sterben, weil sie »wie eine Deutsche« lebte, sondern auch, weil sie einen Sohn hatte, der davor bewahrt werden sollte, ein Ungläubiger zu werden?

Ritualmorde folgen einem bestimmten Prinzip. Je jünger ein Mitglied der Familie ist, desto weniger *saygi*, »Achtung«, steht ihm zu und desto unangenehmer sind die Aufgaben, die es verrichten muss. Besonders dort, wo die Gefahr besteht, dass der Staat archaisches Verhalten sanktioniert, wird immer der jüngste Sohn »geopfert« und ein älterer, »wertvollerer« verschont.

Nachdem Ayhan seine Schwester aufgefordert hatte, um Vergebung für ihre Sünden zu bitten, schoss er ihr *alnindan vurmak,* von Angesicht zu Angesicht, in die Stirn. Dieses Vorgehen kommt bei fast allen sogenannten Ehrenmorden zur

Anwendung, denn damit gibt der Täter der *yüzsüz aile,* »der gesichtslosen Familie«, »das Gesicht« zurück. Aber solche Zusammenhänge wurden vom Gericht nicht hinterfragt.

Unser Strafrecht kennt weder Rache noch Vergeltung, es kennt zum Glück auch keine Sippenhaft. Ayhan wurde wegen Mordes zu neun Jahren und drei Monaten Jugendstrafe verurteilt, seine Brüder Alpaslan und Mutlu mangels Beweisen freigesprochen. Für seine Kumpels auf Neuköllns Straßen und im Gefängnis ist Ayhan wohl ein *yigit,* ein Held. Im Prozess trug er die goldene Uhr, die ihm sein Vater kurz nach der Tat vermachte. Melek wird sich ein Leben lang verstecken müssen. Sie zahlt den Preis für unsere Freiheit.

Der Fall Sürücü wird neu verhandelt (2007)[28]

Der Prozess gegen die drei Brüder Sürücü wegen gemeinschaftlichen Mordes an ihrer Schwester Hatun, der mit einer Verurteilung und zwei Freisprüchen endete, wird neu verhandelt. So hat es der Bundesgerichtshof beschlossen. Das ist ein positives Signal, ganz unabhängig davon, wie das Urteil der Richter in der neuerlichen Verhandlung vor dem Berliner Landgericht ausfallen wird.

Im ersten Sürücü-Prozess zielte die Strategie der Verteidiger zum einen darauf, alles zu tun, den jüngsten Bruder die Tat gestehen zu lassen und die anderen Familienmitglieder als unwissend und unbeteiligt darzustellen. Dieser Verteidigungsstrategie hatten weder die Ankläger noch die Richter viel entgegenzusetzen. Gleichzeitig setzte man alles daran, die wichtigste Zeugin der Anklage, die türkische Freundin des geständigen Bruders Ayhan, zu verunsichern. In mehrstündigen, auch für Beobachter quälenden Verhören versuchten die Verteidiger die Aussagen des damals 18-jährigen Mädchens zu erschüttern. Inhaltlich gelang es ihnen nicht, denn Melek, mit schusssicherer Weste im Gerichtssaal, blieb bei ihrer Aussage: Ayhan habe ihr gestanden, die Tat mit den Brüdern vorbereitet zu haben, und sei, als er die Schwester getötet hatte, dafür vom Bruder gelobt worden.

Ein ausreichender Beweis war ihre Aussage für das Gericht nicht. Und dass der Mörder kurz nach der Tat – er schoss seiner Schwester drei Mal aus nächster Nähe in den Kopf – einem seiner Brüder eine SMS schrieb, »Ich bin am Kotti, wo bist du?«, schien den Richtern kein Indiz für eine Verabredung. Der Bundesgerichtshof nun wertet Meleks Aussage und die SMS anders.

Für mich waren beim ersten Prozess in Berlin, den ich im Gerichtssaal verfolgt habe, mehrere Dinge auffällig. Ohne die mutige Aussage von Melek wäre dieser Mord unaufgeklärt geblieben. Sie musste dafür ihr gesamtes bisheriges Leben aufgeben, braucht seitdem Polizeischutz und trägt nun einen anderen Namen. Trotzdem ließ sie sich nicht einschüchtern. Hatuns Eltern aber und die Geschwister fanden nicht ein persönliches Wort des Bedauerns, der Trauer um Hatun. Im Gegenteil, die Schwestern feierten den Freispruch der älteren Brüder.

Obwohl über diesen »Ehrenmord« heftig und kontrovers öffentlich gestritten worden war, vermieden es nicht nur Verteidiger, sondern auch Ankläger und Richter, dem Fall eine gesellschaftliche Dimension zu geben. Doch die hatte er längst. Noch nie war die Differenz zwischen archaischer, religiös determinierter Kultur und einer aufgeklärten Gesellschaft so überdeutlich sichtbar geworden wie durch diese Tat. Jedem war klar, dass mehr als ein Mord verhandelt wurde: Die drei Schüsse entlarvten das wohlmeinende Wegschauen angesichts parallelgesellschaftlicher Strukturen als tödliche Toleranz.

Lange wurden solche Verbrechen eher als Familientragödie oder Eifersuchtsdrama verhandelt, oder man gestand den Angeklagten zu, ihr anderer Kulturkreis rechtfertige solche Taten. Gerade erst hat das höchste italienische Gericht ein solches Urteil gefällt: Die Richter in Rom befanden, dass ein Vater seine Tochter im Namen des Islam prügeln darf, wenn die sich nicht so verhält, wie es die islamischen Sitten verlangen. Das Mädchen war der Familie zu »westlich-europäisch«, hatte einen Freund und war dafür wochenlang von Vater und Brüdern grausam misshandelt worden. Wer das duldet, relativiert die Menschenrechte.

Wohin solche archaischen Traditionen führen, zeigt sich nicht nur in der Türkei, wo im letzten Jahr allein in Istanbul 45 sogenannte Ehrenmorde verzeichnet wurden, sondern auch im Fall einer seit Jahrzehnten in München lebenden türkischen Familie. Um zu verhindern, dass ihre Tochter bei ihrem deutschen Freund lebt, entführten und bedrohten sie den jungen Mann. Sie wollten die Tochter in die Türkei schaffen und dort verheiraten, alles war vorbereitet. Die als integriert geltende Familie ruinierte durch diesen Rückfall in archaische Traditionen ihr Leben. Das deutsche Gericht verhängte gegen Sohn, Vater und Mutter hohe Gefängnisstrafen ohne Bewährung.

Im Berliner Sürücü-Prozess war unübersehbar: Der Familie der Ermordeten ging es nicht um Hatun, sondern um die Brüder und die Rettung der »Ehre der Familie«. Sie verteidigten ihre kurdisch-islamische Tradition mitten in Deutschland, so wie die Kurden das seit Jahrhunderten auch in der Türkei tun, wenn der Staat versucht, sich einzumischen. Die Verhandlung beschränkte sich auf die Klärung des Tathergangs. Der von der Familie engagierte *Wali*, ein in der muslimischen Community Berlins bekannter arabischer Friedensrichter, saß im Zuschauerraum, hatte die Prozessakten unter dem Arm und schien nach meinem Eindruck bereits vorher zu wissen, wer wie aussagen würde. Er organisierte dann auch die Presseauftritte für die Familie. Es sah aus, als würde die Familie wie in Ostanatolien über einen solchen Vermittler mit der Öffentlichkeit verhandeln wollen. Dem Gericht blieben diese Dinge verborgen, es fragte nicht danach, was sich hinter der Tat verbarg, und so kam es schließlich zu einer nach meiner Ansicht falschen Wertung der Fakten.

Wann es zur Neuverhandlung kommt, ist ungewiss, denn die beiden Brüder sind seit Monaten in der Türkei. Melek aber, die einen hohen Preis für unsere Freiheit zahlt, wird hoffentlich wieder aussagen. Sie lebt an einem unbekannten Ort. Ihr Beispiel könnte viele bedrängte Mädchen ermutigen. Genauso wie die Erfahrung, dass vor deutschen Gerichten die individuellen Rechte der Bürger verteidigt, nicht aber die archaischen Kollektivrechte der Scharia bestätigt werden.

Der Fall wurde nicht noch einmal verhandelt, weil sich Alpaslan und Mutlu Sürücü nach dem Freispruch und vor Beginn der Revision in die Türkei abgesetzt hatten. Als Bürger der Türkei werden sie – obwohl mit internationalem Haftbefehl gesucht – nicht ausgeliefert. Die Geschwister leben heute unbehelligt in Istanbul und warten auf Ayhan, den man nach der Verbüßung seiner Haftstrafe 2015 oder 2016 abschieben wird. Nach Ende des Prozesses ermittelte die Staatsanwaltschaft auch gegen Alpaslans 27-jährige Ehefrau wegen Falschaussage. Auch hier kam es wegen der Flucht ihres Mannes zu keiner Verhandlung. Sie blieb in Berlin. Hatuns Sohn Can lebt bei einer Pflegefamilie, Melek und ihre Mutter sind weiter im Zeugenschutzprogramm.

Was ist ein Ehrenmord?

Nach dem Mord an Hatun Sürücü hat das Bundeskriminalamt in Zusammenarbeit mit dem Max-Planck-Institut für ausländisches und internationales Strafrecht das Phänomen »Ehrenmorde in Deutschland« für den Zeitraum 1996 bis 2005 untersucht und die Ergebnisse im Herbst 2011 veröffentlicht. Die Untersuchung bestätigt im Wesentlichen die Zahlen, die die Frauenhilfsorganisation »Papatya« bereits 2005 publik machte. Die folgenden Fakten und Zahlen sind der Veröffentlichung des Bundeskriminalamtes entnommen.

Untersuchungskriterium war, dass es sich bei »Ehrenmorden« um »Tötungsdelikte handelt, die aus vermeintlich kultureller Verpflichtung heraus innerhalb des eigenen Familienverbandes verübt werden, um der Familienehre gerecht zu werden«, wie es in der Studie »Ehrenmorde in Deutschland« heißt.

In der *Neuen Zeitschrift für Strafrecht* wurde der Tatbestand »Ehrenmord« so definiert: »Ein Ehrenmord ist eine Tat, die sich vorwiegend innerhalb ein- und derselben Familie ereignet. Opfer dieser Taten sind in aller Regel weibliche Familienmitglieder, die von einem männlichen Familienmitglied getötet werden, weil sie die Ehre der Familie durch ihr Verhalten verletzt haben. Mit dieser Tötung ist dieser Konflikt erledigt, die Ehre der Familie wiederhergestellt.«

Der »Ehrenmord« unterscheidet sich von der »Blutrache« durch eine jeweils andere Ausgangslage und ein anderes Ziel: »Blutrachetötungen betreffen andere Familien-

bzw. Nichtfamilienmitglieder. Diese Taten lassen sich am treffendsten als Fehden charakterisieren, die zwischen zwei Familien oder Clans stattfinden. Opfer von Blutrache sind Männer einer anderen, befehdeten Familie«, definiert die *Neue Zeitschrift für Strafrecht*.

Laut BKA-Studie wurden 55 Fälle von Ehrenmord mit 70 Opfern ermittelt, es gab 48 vollendete und 22 versuchte Tötungshandlungen. Unter den Opfern waren 48 Frauen, sieben von ihnen zwischen 18 und 21 Jahren alt, 35 weibliche Opfer waren älter als 21 Jahre. Die männlichen Opfer waren bis auf zwei Kinder ebenfalls über 21 Jahre alt und wurden meist in Zusammenhang mit einem Angriff auf eine Frau getötet oder verletzt.

Die Opfer waren muslimisch-orientalischer, überwiegend türkischer Herkunft, wobei der Anteil der kurdischstämmigen Opfer oder Täter nicht gesondert erfasst wurde.

Die 70 Tatverdächtigen waren mehrheitlich türkische oder kurdische Männer über 21 Jahren. Sie waren in 31 Fällen Ehemann, Verlobter oder Freund, in 14 Fällen Bruder oder Vater des Opfers. Der Fall des bei der Tat minderjährigen Ayhan Sürücü passt in dieses Schema, ist demnach aber nicht der Regelfall.

Die Tatmotive in den untersuchten Fällen bestätigen die Annahme, dass es bei diesen Verbrechen darum ging, ein vermeintliches »Fehlverhalten« von Frauen zu ahnden. Als Motive wurden ermittelt: in der Hochzeitsnacht festgestelltes Fehlen der Jungfräulichkeit; Verdacht auf die außereheliche Beziehung einer Frau zu einem Mann; beabsichtigte Trennung der Frau vom Mann; Untergraben der Rolle des Mannes als Beschützer und Versorger der Familie, weil die Frau z. B. arbeiten gehen wollte; Ablehnung einer Zwangsheirat; Abkehr von traditioneller Lebensweise und Orientierung am westlichen Lebensstil.

Tatmotiv war das Verhalten von Frauen. Sie wurden der Beihilfe angeklagt, wenn sie die Beschlüsse des »Familienrats« mitgetragen hatten.

Religiöse Prägungen oder Motive wurden bei der Untersuchung nicht berücksichtigt – und werden vor allem von Islamverbänden und religiösen Vertretern immer wieder vehement bestritten. Dabei hatte die türkische Frauenorganisation »Ka-mer« bereits im Jahr 2003 auf einer von ihr mithilfe des British Council durchgeführten Konferenz zum Thema in Ankara gerade diese Problematik aufgegriffen. In der Türkei werden jährlich zwischen 2000 und 3000 Verbrechen »im Namen der Ehre« bekannt. Zusammen mit hohen türkischen Regierungsvertretern der damals frisch ins Amt gekommenen islamischen AKP wurde einvernehmlich festgestellt, »dass die meisten der ›im Namen der Ehre‹ begangenen Verbrechen durch Fatwas [islamische Rechtsgutachten] legitimiert wurden. Diese Fatwas wurden von Menschen erstellt, die sich selbst als ›Imame‹ bezeichnen und auf lokaler Ebene großes gesellschaftliches Ansehen genießen. Das Amt für religiöse Angelegenheiten Diyanet hat diesen Einfluss unterschätzt«.[29] Die türkische Regierung hat die Strafverfolgung in dieser Frage verschärft, sich aber nicht an die patriarchalischen und religiösen Ursachen herangewagt. Die Folge: Es wurden weniger Ehrenmorde gemeldet, dafür stieg die Zahl vermeintlicher Selbstmorde junger Frauen in den entsprechenden Gebieten Anatoliens dramatisch an.

Von muslimischen Schriftgläubigen werden Ehre und Ansehen in der Wertehierarchie oft über dem Lebensrecht der Frauen angesiedelt, und dabei beruft man sich auf Koranstellen wie diese: »Die Männer stehen über den Frauen, weil Gott sie von Natur vor diesen ausgezeichnet hat, und wegen der Ausgaben (gemeint ist der Brautpreis) (die sie) von ihrem Vermögen gemacht haben. Und die rechtschaffenen Frauen sind demütig ergeben und geben auf das, was den Außenstehenden verborgen ist, weil Gott darum besorgt ist, dass es nicht an die Öffentlichkeit kommt. Und wenn ihr fürchtet, dass Frauen sich auflehnen, dann vermahnt sie, meidet sie im Ehebett und schlagt sie.« (Sure 4, Vers 34).

»Gegen diejenigen von euren Frauen, die Schändliches begehen, müsst ihr vier von euch zeugen lassen. Wenn sie es bezeugen, dann haltet sie in den Häusern fest, bis der Tod sie abberuft oder Gott ihnen einen Ausweg verschafft.« (Sure 4, Vers 15). Das wird nur zu oft als Aufforderung zum Selbstmord gelesen, obwohl der Suizid im Koran an anderer Stelle verdammt wird.

Die Untersuchung stellt fest, dass die deutschen Gerichte nur etwa ein Drittel dieser Taten als Mord aus niedrigen Beweggründen einstufen, oft wird das Thema Ehrenmord gar nicht problematisiert. In 15 Fällen werteten die Richter gar das Ehrmotiv als strafmildernd. Weniger als zehn Prozent der Täter haben einen deutschen Pass, so gut wie nie – auch hier sind die Sürücüs die Ausnahme – wurden die Taten von Migranten der zweiten und dritten Generation begangen.

Die Friedensrichterin

Für Kirsten Heisig
(1961–2010)[30]

Sie isst einfach nicht. Dabei ist der Couscous-Salat im türkischen Imbiss gegenüber vom Amtsgericht Tiergarten wirklich lecker. Sie redet. Noch bevor ich auch nur die erste

Gabel gekostet habe, erfahre ich, dass eine junge alleinstehende Türkin den Laden führt. Kirsten Heisig liebt die türkische Küche, kommt aber einfach nicht zum Essen, denn sie hat so viel zu sagen.

Vor einer halben Stunde hat die Jugendrichterin im Amtsgericht Berlin-Tiergarten einen jungen Mann verurteilen müssen. Der Zwanzigjährige erschien in schwarzer Lederjacke und Kapuzenshirt und gab den reuigen Sünder: »Ich schäm mich, echt.« Mehr hatte er nicht zu sagen. Sein Pflichtverteidiger spricht für ihn: Er will sich bessern; außerdem war er selbst ein Opfer von Gewalt und kommt aus schwierigen Verhältnissen. Sein Bewährungshelfer attestiert ihm gutes Benehmen und betont, dass er an einem Anti-Gewalt-Kurs teilgenommen hat. Man wisse schließlich, wie es in muslimischen Familien zugehe, und deswegen könne man dem Angeklagten sein Verhalten auch nicht vorwerfen.

Wie ist die weit über Berlin hinaus so heftig diskutierte Richterin eigentlich zu ihrem Beruf gekommen? Die 48-Jährige erzählt: »Ich war acht Jahre alt, als ich im Fernsehen zum ersten Mal ›Ehen vor Gericht‹ sah. Als ich den Richter im Fernsehen in seiner schwarzen Robe in der Mitte sitzen sah und miterlebte, wie er die zerstrittenen Ehepaare beruhigte und zum Schluss eine Entscheidung traf, die beide zu akzeptieren hatten, beeindruckte mich das sehr.« Das Kind hätte sich so klare Worte auch für die eigenen Eltern gewünscht, deren Streitereien Kirsten sehr belasteten. Und es ist wohl kein Zufall, dass die Juristin Jugendrichterin wurde: engagiert auf der Seite von Kindern und Jugendlichen.

Kirsten Heisig wurde in Krefeld geboren, ging zunächst dort zur Schule und kam als Achtjährige zur Großmutter in Berlin-Wedding. »Dort habe ich die ersten Erfahrungen mit muslimisch-türkischen Kindern gemacht. Wir hatten in der Grundschule einen Jungen, der hieß Aydin. Er konnte kein

Deutsch, genau wie ich als rheinische Frohnatur nicht berlinern konnte. Also war er wie ich fremd in der Klasse. Die Lehrerin setzte uns zusammen, damit wir uns gegenseitig stützen konnten. So habe ich nachmittags mit Aydin Schularbeiten gemacht. Seine Eltern waren aufgeschlossen und sehr freundlich. Aydin lernte schnell Deutsch und kam auch gut in der Schule mit.«

Das Abitur legte das hin- und hergeschobene Mädchen dann in Kempen auf einem altsprachlichen Gymnasium ab, das mit ihrem Jahrgang zum ersten Mal in seiner Geschichte Mädchen aufgenommen hatte. Bei der Zeugnisübergabe fragte der Schuldirektor, ob sie sich denn nun auf ihre Aufgabe als Hausfrau und Mutter gut vorbereitet fühle.

Jetzt isst die Richterin endlich ihren Salat und erzählt weiter. Ihr Studium begann sie 1981 in Berlin. »Frauen machen heute unter den Staatsanwälten oder Richtern fast fünfzig Prozent aus, darauf können wir Frauen stolz sein«, sagt sie. Auch sei ihr Beruf, so die Mutter von zwei jugendlichen Töchtern, sehr familienfreundlich. »Ich kann Arbeit mit nach Hause nehmen und so auch mit den Kindern den Alltag gut organisieren.«

Seit 1993 ist Kirsten Heisig Jugendrichterin. »Wir hatten nach der Wende in den Ostbezirken wie Pankow oder Lichtenberg vor allem mit Rechtsradikalismus zu tun.« Danach kam sie für ein paar Jahre in den Ostbezirk Friedrichshain, hier waren Schwarzfahren, Autodiebstahl oder Vandalismus angesagt. Also Jugendsünden, die nicht unbedingt der Beginn einer kriminellen Karriere sein müssen.

In dem von Friedrichshain durch die Spree getrennten Westbezirk Kreuzberg bzw. Neukölln sah es dann schon ganz anders aus. Hier hat die Richterin es nicht mehr mit Einzeltätern, sondern mit Gangs und Familienclans aus dem arabisch-kurdisch-türkischen Milieu zu tun. Jugendliche Täter aus Familien, bei denen schon die Eltern oft über ein Dutzend Strafverfahren in der Akte haben.

Jugendrichterin Heisig versucht, mit den Kindern schon in der Schule Kontakt aufzunehmen, um so bei den Eltern Aufklärungsarbeit zu betreiben. Zu Hause lernen diese muslimischen Jugendlichen nur zu gehorchen. Auf der Straße sind die Jungen sich selbst überlassen, schließen sich mit anderen Jugendlichen zusammen oder sind kriminellen Banden ausgeliefert. Der Hass und die Verachtung gegenüber Schulen, Jugendämtern, Polizei und Justiz wird systematisch geschürt. Die Mutter wird idealisiert, und die Schwestern werden auf der Straße kontrolliert. Anerkennung und Aufmerksamkeit erhalten diese Jungen nur über Gewalt.

Der entscheidende Unterschied gegenüber deutschen Jugendlichen sei, erklärt Heisig, dass sie Gewalt als Mittel der Erziehung akzeptieren und gar keine Unterstützung von den Eltern erhalten, um sich im Bildungssystem und der deutschen Gesellschaftsordnung zurechtzufinden. »Wenn wir einen arabischen jungen Mann als Zeugen vorladen, ist er häufig gar nicht bereit auszusagen«, erzählt sie. »Auch wenn er selbst Opfer ist, sagt er nicht wahrheitsgemäß aus, um nicht in den Verdacht zu geraten, ein ›Verräter‹ der eigenen Gruppe zu sein. Die jungen Männer wehren sich gegen ›die Deutschen‹ und merken nicht, dass sie sich nur selbst damit schaden.«

Die enge Zusammenarbeit der Jugendrichterin mit der Polizei gehört zum »Neuköllner Modell«. Sobald ein Jugendlicher eine Tat begangen hat, die noch nicht so schwerwiegend ist, dass dafür eine Jugendstrafe verhängt werden müsste, kann die Staatsanwaltschaft auf Vorschlag der Polizei das Verfahren ganz unbürokratisch der Richterin vorlegen.

In nicht so komplizierten Fällen, wie zum Beispiel einer Körperverletzung, die der Angeklagte zugibt, kann so eine Hauptverhandlung schon drei Wochen nach der Tat stattfinden. »Das beeindruckt die jungen Täter, die es gewöhnt sind, dass alles immer unheimlich lange dauert«, erklärt Heisig. »Auch die in der Verhandlung festgelegte Maßnahme – ein Anti-Gewalt-Seminar oder ein Arrest bis zu vier Wochen – wirkt besser, wenn der junge Mensch noch einen inneren Bezug zu seiner Tat hat.«

Richterin Heisig sieht ihre Aufgabe allerdings keineswegs immer als beendet an, wenn sie ihr Urteil gesprochen hat. »Sie können sich nicht vorstellen, wie erstaunt die jungen Männer sind, wenn ihre Richterin sich bei ihrem Lehrer erkundigt, ob alles in Ordnung ist. Das mache ich dann, wenn ich die Jugendlichen per Urteil angewiesen habe, regelmäßig die Schule zu besuchen. Sie sollen lernen, dass die Institutionen zusammenwirken. Ich mische mich ein, handele zügig, und das ist im Sinne der Jugendlichen.«

Zu Heisigs Abendveranstaltungen in den Schulen kommen türkische wie arabische Eltern. »Leider immer noch zu wenige Väter, meist Mütter.« Die Mütter sind ihre Hoffnung. »Wenn ich ihnen erzähle, wie schnell ihre Söhne kriminell werden können und was sie dafür tun können, damit es nicht so weit kommt, erlebe ich oft Verständnis und Dankbarkeit.«

Und wenn Richterin Heisig vor fünf Jahren den jungen Mann, den sie heute verurteilen musste, nach der ersten Anzeige in der Schule rasch auf der Anklagebank gehabt hätte, wäre vielleicht das zwölfjährige Mädchen nicht in seine Hände gefallen, das er auf den Strich geschickt hat.

»Richterin Gnadenlos«, wie ihre Kritiker Heisig nennen, schlägt die Akte des Mannes auf. Es war nicht das erste Mal, dass der 20-Jährige vor Gericht stand. Mit 15 hatte er zusammen mit einen »Kumpel« ein zwölfjähriges deutsches Mädchen brutal vergewaltigt. Sein damaliger Richter verurteilte ihn zu 20 Monaten auf Bewährung und ermahnte ihn, sich zu bessern. Obwohl er inzwischen mehrfach auffällig geworden ist, hat er bisher keinen Tag seiner Strafe abgesessen.

Jetzt ist er angeklagt wegen Zuhälterei. Er hatte für türkische Zuhälter kleine Jungen angelockt, ihnen Geschenke gemacht und Geld versprochen und sie zu Päderasten gebracht. »Ich schäm mich, echt.« Das ist das Einzige, was der Angeklagte dazu zu sagen hat. Richterin Heisig spricht ihr Urteil: sechs Monate auf Bewährung. Sie erklärt ihm, dass er bei dem Mädchen und den Jungen kaputte Seelen hinterlassen hat, und: »Wenn ich damals Ihre Richterin gewesen wäre, wäre das Urteil anders ausgefallen. Ich hoffe, ich sehe Sie hier nicht wieder.« Die Chance allerdings, dass sie ihren »Intensivtäter« wiedersieht, ist groß. Denn nicht zuletzt auf ihre Initiative hin ist die Berliner Jugendgerichtsbarkeit neu organisiert worden.

Bevor sie etwas isst, muss sie mir schnell noch ihr »Neuköllner Modell« erklären: Bisher war es so, dass drei oder vier Richter für mehrere Polizeiabschnitte zuständig waren. Das ist jetzt anders. Jeder Jugendrichter ist für einen bestimmten Bezirk zuständig und bekommt alle Fälle auf den Tisch. Die Täter können also sicher sein, dass die Richter beim zweiten Delikt wissen, wen sie vor sich haben. Die Richter können selbst entscheiden, welche Fälle sie mit Priorität verfolgen. Das Ziel ist, bei bestimmten Delikten nicht erst nach Monaten oder Jahren zu verhandeln, sondern innerhalb von wenigen Wochen. Es hat vorbeugende Wirkung, wenn »früh, konsequent und deliktsbezogen« reagiert wird.

»Konsequent« bedeutet bei Richterin Heisig zum Beispiel auch, dass ein Angeklagter, der unentschuldigt einem Verfahren fernbleibt, umgehend von der Polizei festgenommen wird und auch schon mal ein bis zwei Wochen in U-Haft sitzen muss, damit er den nächsten Termin nicht versäumt. Zuerst war das Geschrei groß, Mütter saßen vor ihrem Büro und jammerten um ihre Söhne. Inzwischen kommen die meisten Angeklagten pünktlich. Der »Buschfunk« im Kiez funktioniert.

Die Jugendrichterin ist zuständig für den Polizeibezirk 55, das Rollbergviertel in Berlin-Neukölln. Einer der »Problemkieze« schlechthin. »Wenn schon, denn schon«, sagt sie. Sie kennt ihre Pappenheimer, die Intensivtäter, ihre Familien und Clans. Sie veranstaltet Elternabende, trifft Lehrer, Quartiersmanager und Sozialarbeiter. Dass ein Richter so etwas macht, wird nicht überall gern gesehen.

Lange waren Jugendrichter so etwas wie die ultimativen Versteher, die Letzten in einer langen Reihe von Sozialarbeitern. Heisig aber will nicht immer nur alles entschuldigen, sondern verhindern, dass die 12- oder 13-Jährigen, die vor ihr stehen, noch einmal bei ihr auftauchen.

Jetzt hofft Richterin Heisig, dass der junge Mann, den sie heute verurteilt hat, seine Taten wenigstens begreift und lernt, dass er für sein Handeln selbst verantwortlich ist. »Das müssten unsere Sozialarbeiter und Jugendpsychologen endlich auch begreifen!«, sagt Heisig, und ihre Verärgerung darüber, dass es so oft nicht der Fall ist, ist deutlich spürbar. Die Kritik an Heisigs Arbeit kommt selten von Migranten, sondern meist aus den Kreisen, die immer alles »verstehen«.

Zu guter Letzt hat Kerstin Heisig doch wenigstens die Hälfte des Couscous gegessen. Sie sieht auf ihre Uhr – und ist in Gedanken schon längst wieder in ihrem »Kiez«.

PS: *Ich hatte Gelegenheit, Kirsten Heisig privat kennenzulernen, und konnte ihr 2009 den Bürgerinnenpreis »Liberta« der FDP überreichen. Am 3. Juli 2010 wurde sie tot in einem Wald bei Berlin-Heiligensee aufgefunden. Die Staatsanwaltschaft stellt in ihrem Bericht fest, dass Kirsten Heisig Suizid begangen hatte.*

Migration
und
Medizin

Wenn Allah will
oder:
Macht das Kopftuch krank?

Muslime als Patienten

Das Gesundheitswesen ist, vielleicht sogar noch mehr als die Arbeitswelt oder das Bildungswesen, ein Indikator für Integration. Denn an diesem Ort – dem Behandlungszimmer des Arztes – treffen all die unterschiedlichen Auffassungen aufeinander: vom Lauf der Welt, dem Körperbewusstsein, der Erziehung, dem Verhältnis der Geschlechter, der Sexualität, dem Menschenbild oder der Anspruchshaltung gegenüber dem Gesundheitswesen.

Im Alltag können Teile der Migrantengesellschaft inzwischen gewollt unter sich bleiben, wenn sie wollen, in eigenen Läden und Versammlungsräumen, sie können eigene Feste feiern, untereinander heiraten und sich vom muslimischen Beerdigungsverein in der alten Heimat unter die Erde bringen lassen. Da ist, wenn kein muslimischer Arzt in der Nähe ist und abgesehen von den Behörden, für einen erwachsenen Migranten der einzige Ort, wo er zwangsläufig auf die Mehrheitsgesellschaft trifft, die Arztpraxis oder das Krankenhaus. Hier werden dann neben Sprachproblemen auch kulturelle Unterschiede offensichtlich.

Ich spreche in diesem Zusammenhang von der Wirkung des Islam als Sozialisationsfaktor und nicht als Religion oder Glaube. Ich spreche auch nicht über die Muslime allgemein, sondern über Prinzipien und Strukturen, über das durch die islamische Tradition überlieferte Selbstverständnis, das »ungefragt Gegebene« dieser Kultur. Es geht nicht um den Glauben, nicht um die vermeintliche Wahrheit religiöser Überzeugungen, sondern um die soziale Realität, die »wirkliche Wirklichkeit«, also das, was sich im Verhalten, im Alltag dieser Kultur widerspiegelt und wie der Absolutheitsanspruch dieser Religion das Verhalten der Menschen in der Gemeinschaft bestimmt.

Muslime im Krankenhaus

Als sich meine inzwischen verstorbene Mutter in einem Krankenhaus in Niedersachsen einer Knieoperation unterzogen hatte, wurde sie dort von vielen türkischen Frauen aus dem Verwandten- und Bekanntenkreis der Kleinstadt besucht. Als ich bei ihr war, waren auch zwei muslimische Nachbarinnen zu Besuch. Die eine hieß Luisa und war eine langjährige armenische Freundin, die andere eine strenggläubige Muslimin mit Kopftuch aus ihrem weiteren Bekanntenkreis.

Luisa freute sich mit meiner Mutter über die gelungene Operation und sagte: »Was können wir froh sein, dass die Medizintechnik inzwischen so weit ist! Schau, sie haben dir ein künstliches Knie verpasst, und du kannst bald wieder laufen.«

Daraufhin die strenggläubige Muslimin: »Wenn Allah es nicht gewollt hätte, hätten die Ungläubigen gar nichts machen können. Sie haben alles uns zu verdanken.«

Luisa, ganz eingeschüchtert: »Ja, ich weiß, dass alles nur geschehen kann, weil die Muslime an Allah glauben. Er möge uns beschützen.«

Aus der Medizingeschichte wissen wir, dass einige der größten Ärzte der Welt vom 9. bis 11. Jahrhundert in Bagdad praktiziert haben und dass der Arzt ar-Razi (854–925) und andere den antiken Ärzten wie Hippokrates und Galen in nichts nachstanden. Dass sie – als Ärzte und Philosophen – die griechischen, persischen, indischen Kenntnisse von der Heilkunst erweitert und die europäische Forschung für Jahrhunderte beeinflusst haben. Sie waren, so wissen wir heute, keine schriftgläubigen Muslime, sondern geniale Wissenschaftler.

Dennoch wird im allgemeinen Volksverständnis der Kultur des Islam Gesundheit auch heute noch als von Allah gewährte Gnade angesehen. Allah wird die Menschen beim jüngsten Gericht dafür zu Verantwortung ziehen, wie sie mit Körper und Gesundheit umgegangen sind, so der verbreitete Glaube. Zentral ist die Vorstellung von der Vorherbestimmung: Der Muslim glaubt, dass Allah vor der Geburt einen Engel sendet, der dem Menschen bestimmt, wie lange er lebt, wie er seinen Lebensunterhalt bestreiten wird, mit wem er Umgang haben, ob er glücklich oder unglücklich werden und wie er sterben wird.

Der muslimische Volksglaube kennt keine wirkliche persönliche Verantwortung, auch kein Gewissen, sondern nur die Pflichtverletzung oder Pflichterfüllung gegenüber Gott. Mit Fatalismus ist diese Haltung nur unzureichend beschrieben, weil es in dieser Auffassung auch eine aktive Komponente gibt. Allah stellt die Menschen nämlich im Laufe des Lebens auf die Probe, er fordert sie heraus, sich ihm zu beweisen. Krankheiten und Behinderungen werden in diesem Sinne auch als Prüfungen angesehen oder als Strafe für begangene Sünden. Das ist fatal für Menschen mit Behinderungen, ist ihr Schicksal dieser Auffassung nach doch ein Ausdruck des Zorns Allahs auf die Eltern. Oder es hat sich eine Verwünschung erfüllt, wurde jemand vom »bösen Blick« getroffen.

Zur Abwehr solchen Unglücks gehören in der islamischen Welt Amulette mit dem Auge oder der Hand Fatimas zur Folklore, und man sagt »Mashallah«, was so viel heißt wie »Gott schütze dich vor dem bösen Blick«. Durch gottesfürchtiges Verhalten, insbesondere das Gebet, können Leiden gemildert werden, und so wird für die Behinderten gebetet, auf dass sie ihr Schicksal annehmen.

Die Nächstenliebe, wie sie sich in der Feindesliebe oder dem Barmherzigkeitsgebot der Bibel ausdrückt, ist keine moralische Kategorie im Islam. Im Koran wird von der Liebe zu Gott und von Gottes Barmherzigkeit gesprochen, und es wird die Solidarität unter den Muslimen beschworen, die sich in der Sozialabgabe *zakat* ausdrückt. Die religionsübergreifende Caritas findet in der islamischen Welt erst langsam einen Weg.

Die Sorge um Verwandte und Bekannte im Krankheitsfall ergreift muslimische Familien vom Jüngsten bis zum Ältesten bis zur Selbstaufgabe. Es ist selbstverständlich, dass Söhne und Töchter rund um die Uhr am Krankenbett sitzen, wenn es der Mutter oder dem Vater schlecht geht. Wenn ein Mitglied erkrankt, erkrankt die ganze Familie, und man tut alles, damit die Gemeinschaft wieder gesundet. Dabei scheint das durch den Krankenhausaufenthalt bedingte Alleinsein für viele Patienten aus diesem Kulturkreis die größte Herausforderung zu sein. Alleinsein heißt so viel wie Verlorensein; die Familie bietet dagegen Geborgenheit. Man hat es nicht gelernt, allein zu sein, und kann es in kritischen Situationen schon gar nicht ertragen. Das ist für Nordeuropäer, die gelernt haben, für sich selbst zu sorgen und anderen möglichst wenig »zur Last« zu fallen, schwer nachzuvollziehen. Und auch die Krankenhäuser waren zunächst auf dieses kollektive Sichkümmern nicht eingerichtet. Ich habe aber auch erfahren können, wie sehr inzwischen in deutschen Kliniken auf die Bedürfnisse der Muslime eingegangen wird, als wir uns von meiner Mutter verabschieden mussten. Dem Bedürfnis nach Nähe wurde ebenso entsprochen, wie die Rechte und die Würde der Patientin gewahrt wurden. Und man kümmerte sich darum, dass wir Angehörigen auch genug Schlaf fanden. Trotz aller Belastungen und Routine galt die Sorge von Ärzten und Pflegepersonal den Menschen.

Ein Krankenhausbesuch in der Türkei bietet ein anderes Bild. Die medizinische Grundversorgung ist kostenlos, die Krankenhäuser sind staatliche Einrichtungen. Kostenlos ist aber nur die Behandlung. Die Versorgung der Patienten ist Sache der Familie. Alle Medikamente, Verbandsmaterialien oder Hygieneartikel müssen ad hoc vom Patienten oder seinem Begleiter besorgt werden. Man steht im Krankenhaus als Begleiterin des Kranken vor dem Behandlungszimmer, und es wird gerufen: »Die Patientin von Frau Kelek braucht …« Man bekommt ein Rezept, rast damit in die nahe Apotheke, kauft das Nötige. Der Patient hat dann keinen eigenen Namen, sondern ist die Patientin von demjenigen, der die Rechnung zahlt. Auch hier ist man als Kranker selbstverständlich Teil eines Ganzen. Ist man allein, ist man verloren. Denn wer sollte dann die Medikamente besorgen, einen waschen oder das Bett beziehen? Das Pflegepersonal führt nur die Aufsicht, verabreicht Medikamente und wechselt Verbände. Für alles andere ist die »Begleitung«, sprich die Familie, zuständig. Inzwischen wurde in der Türkei das Gesundheitswesen reformiert, und auch private Kliniken können staatlich Versicherte individuell betreuen und die Leistungen abrechnen.

Muslime beim Arztbesuch

Ich sitze im Wartezimmer der Praxis der einzigen türkischstämmigen Allgemeinmedizinerin in einer deutschen Großstadt. Es warten ausschließlich türkische Patienten in dem hellen, freundlichen Raum mit modernen Möbeln. Über dem Anmeldetresen hängt eine Auszeichnung für die »besten« Arzthelferinnen der Stadt. Nach mir betritt ein älteres Ehepaar die Praxis. Er, über sechzig, mit Bart und Strickkäppi klar als frommer Muslim ausgewiesen, wie auch seine Frau, die sich mit Kopftuch und langem Mantel gleich auf die linke Seite des Wartezimmers zu den anderen verschleierten Frauen setzt.

Er begrüßt mit einem »Selamün aleyküm« seine »Brüder« auf der rechten Seite.

Sein Nachbar fragt ihn auf Türkisch: »Warum hat Allah dich hierhergeführt?«

»Ich habe etwas mit dem Magen, und es soll herausgefunden werden, ob es etwas Ernstes ist. Wenn es so ist, soll es wohl so sein.«

»Ja, ja«, sagt sein Nachbar, »wenn Allah es vorgesehen hat, dann kannst du nichts machen.«

»Ja, *Allah bilir,* nur er weiß es. Allah sei Dank war ich schon drei Mal bei der Hadsch [Pilgerreise nach Mekka]. Was die Ärztin auch sagt, ich bin vorbereitet. Und was führt dich, mein Bruder, hierher?«

»Ach, ich brauche nur eine Spritze«, antwortet der Mann, »ich bin seit drei Monaten bei meiner Tochter zu Besuch. Wir waren bei einem deutschen Arzt, aber der wollte es nur mit Geld machen. Was will er Geld? Es ist doch nur eine Spritze. Wir haben gehört, dass hier eine türkische Ärztin ist. Sie wird es machen, es ist doch nur eine Spritze.«

»Warum bist du hier?«, fragt eine Frau neben mir ihre

Nachbarin, die auch mit Kopftuch und langem Mantel im Wartezimmer sitzt.

»Ich komme aus einer kleinen Stadt, etwa eine Stunde mit dem Auto von hier, und will zu einer türkischen Ärztin. Die versteht mich. Ich habe ständig Kopfschmerzen, mir ist übel, ich muss mich ständig übergeben. Die anderen Ärzte konnten mir nicht helfen. Vielleicht hilft mir unsere Schwester.«

»Ich brauchte ihr nicht einmal zu sagen, was ich habe«, bestätigt die andere Patientin, »sie hat sofort gesehen, dass mit meiner Schilddrüse etwas nicht in Ordnung ist.«

Die Allgemeinmedizinerin teilt die Praxis mit einem anderen türkischen Arzt. Ich frage sie, was ihre Praxis von einer mit deutschem Arzt und deutschen Patienten unterscheidet. Sie sagt, es ist nicht nur die Sprache, sondern auch das Verhältnis zum eigenen Körper, und wie man damit umgeht. So beschreiben türkische Patienten Symptome ganz anders als deutsche. Da sagt jemand, »mir ist die Galle geplatzt«, wenn er meint, dass er sich über etwas geärgert hat. Wenn man das nicht weiß, führt das zu Missverständnissen. Es ist der gesamte kulturelle Hintergrund, erläutert sie, und der führe zu spezifischen Krankheiten. Auffällig viele Frauen zum Beispiel hätten Diabetes, Schilddrüsenerkrankungen und Depressionen. Sie führt das auf die familiäre Situation zurück. Zum einen sei die Aufklärung über gesunde Ernährung und Hygiene mangelhaft. Kinder würden schon in frühen Jahren ausschließlich zuckerhaltige Limonaden trinken, hätten entsprechend schlechte Zähne und litten häufig an Übergewicht und Bewegungsmangel. Zum anderen würden die Frauen schon in jungen Jahren verheiratet, bekämen früh zwei, drei Kinder und seien an die Wohnung, den Haushalt, gebunden. Während in der Gesamtbevölkerung eine von zwölf Frauen nach einer Schwangerschaft Probleme mit der Schilddrüsenfunktion hätte, sei der Anteil bei türkischen Frauen signifikant höher.

Etwas anderes beunruhigt die Ärztin weit mehr. Immer wieder muss sie Familien besuchen, deren Töchter einen Selbstmordversuch unternommen haben. Die Selbstmordrate bei jungen türkischen Frauen sei unverhältnismäßig hoch. »Ich habe aufgehört zu zählen, wie oft ich gerufen wurde und manchmal sogar einen Totenschein ausstellen musste«, sagt sie. Sie kann die Ursachen klar benennen. Zum einen ist körperliche Gewalt in türkischen und vor allem kurdischen Familien an der Tagesordnung. Frauen und Kinder werden wie selbstverständlich geschlagen. Und je größer der Familienclan, desto mehr verschließt sich die Familie nach außen, was für die Frauen eine besonders enge Kontrolle bedeutet. Und das kann auch sexuellen Missbrauch befördern – ein absolutes Tabu in der türkisch-kurdischen Gemeinschaft, meint die Ärztin. Sie weiß nicht, wie man dem wirksam begegnen könnte, denn wenn man Missbrauch öffentlich mache, werde noch mehr im Geheimen geschehen. Die Situation ist tragisch. Da ein Mädchen nach der Vorstellung der Männer als Jungfrau in die Ehe gehen muss, werden die Mädchen meist anal vergewaltigt. Täter können die eigenen Väter, Brüder, Onkel sein. Manchmal über Jahre hinweg. Manche Mädchen reagieren mit Bulimie, Depression oder Suizid, oder sie können aufgrund des Missbrauchs ihren Stuhl nicht mehr halten. Andere entfliehen dem Martyrium, indem sie sich verheiraten lassen. Oder bringen sich eben um.

Die Ärztin will die Frauen nicht ihrem Schicksal überlassen. Sie geht neben ihrer Arbeit in der Praxis in Schulen und Kindergärten, auf Elternabende. »Ich liebe meinen Beruf, aber ich weiß nicht, wie lange meine Kraft reichen wird. Es ist für einen Menschen einfach zu viel, was ich höre, was ich erlebe und was von mir erwartet wird.«

Das Verhältnis männlicher Patienten zum Arzt

Muslimische Männer haben ein besonderes Verhältnis zu ihren Ärzten. Wenn ein muslimischer Mann in die Arztpraxis kommt, begibt er sich – so die verbreitete Vorstellung – in die Hände eines Fremden. Fremd ist nicht nur der Deutsche, sondern jeder, der nicht zur Verwandtschaft oder Bekanntschaft gehört. So denken Menschen, die ihre Beziehungen vor allem in der Familie, dem Stamm, der Volksgruppe suchen. Was in dieser Gemeinschaft geschieht, soll möglichst nicht nach außen dringen. Nach einer alten Tradition von Scham und Schande gilt nur das als ehrenrührig, was nach außen hin bekannt wird. Was der Mann innerhalb seines Hauses, seiner Familie macht, geht niemanden etwas an. Niemand darf sich einmischen, wenn er z.B. seine Frau oder Kinder schlägt. Nach dieser Vorstellung gilt das Recht des Älteren, des Vaters. Die Familie, die ethnische Gruppe, die Nation ist das Kollektiv, und in diesem Kollektiv ist der Älteste der Souverän. Er soll, er muss die Regeln bestimmen.

Ein türkischer Mann würde deshalb bevorzugt zu einem Verwandten oder Bekannten oder wenigstens zu einem türkischen Arzt gehen, weil der ihm vertrauter ist und weil er in seinem Landsmann einen Seelenverwandten zu finden glaubt.

Ein traditionell denkender muslimischer Patient tritt dem Arzt als Sünder entgegen, denn Allah scheint ihm eine Prüfung auferlegt zu haben – vielleicht weil er Allahs Zorn erregt hat. Wenn der Arzt ihm helfen kann, war es eine kleine Prüfung, bei schwerer Krankheit hat sein *kismet* es wohl anderes bestimmt.

Auch in einer aufgeklärten Gesellschaft und unter gut informierten Bürgern ist der »mündige Patient« vielleicht nicht der Regelfall. Muslimischen Patienten sind Vorsorge und Früherkennung allerdings auch deshalb schwer zu vermitteln, weil körperliche Beschwerden und Krankheitssymptome eben als *kismet* angesehen werden. Der Zusammenhang von Arbeits- oder Lebenssituation, dem Verhalten, der Ernährung und der Krankheit ist oft nur schwer zu vermitteln, und man vertraut eher Medikamenten oder einem chirurgischen Eingriff, als das eigene Verhalten zu ändern – eine Einstellung, die man jedoch auch in anderen Bevölkerungsgruppen antreffen kann.

Gleichwohl werden Ärzte in traditionell muslimischen Gemeinschaften als Respektspersonen angesehen. Die Vorstellung vom »Halbgott in Weiß«, dem man unbesehen traut, hat hier noch eine Bedeutung. Eine »zweite Meinung« holt man nur ein, wenn die eine Behandlung nicht geholfen hat. Ansonsten haben es die Ärzte mit dankbaren und demütigen Patienten zu tun. Schlägt eine Therapie jedoch nicht an, kann es sein, dass die Familie als mitleidende Gruppe glaubt, sich gegen diesen Schicksalsschlag wehren zu müssen, und im Arzt den Schuldigen sucht.

Das Verhältnis weiblicher Patienten zum Arzt

Wenn eine muslimische Frau in die Arztpraxis kommt, ist die Situation noch ein wenig anders. In der muslimischen Gemeinschaft ist die Frau nicht nur ein weibliches Wesen, sondern zugleich »die Ehre« des Mannes und der Familie.

Das kann besondere Folgen für die »Außenbeziehungen« haben.

Eine Frau darf sich nach traditionell-islamischer Auffassung unbekleidet nur ihrem Mann und ohne Kopfbedeckung nur ihren nächsten Verwandten zeigen. Dieses Schamgebot soll das friedliche Zusammenleben zwischen den Geschlechtern sichern und liegt in der islamischen Auffassung begründet, wonach es dem Menschen schwerfalle, seine (sexuellen) Triebe zu beherrschen. Man trennt Mann und Frau oder verlangt, dass die Frau sich verschleiert, wenn sie fremden Männern begegnet. Und der Arzt ist eben auch ein fremder Mann.

So kann es vorkommen, dass der Ehemann die Frau zum Arzt begleitet und verlangt, dass nur eine Ärztin die Untersuchung vornehmen darf. Und es kommt vor, dass die Frau sich nicht entkleiden will oder der Mann bestimmt, welche Therapie angemessen ist.

Eine Änderung des Verhaltens wird erst dann grundsätzlich gelingen, wenn wir schon den Kindern von früh auf ein Bewusstsein für ihren Körper und die Verantwortung für das eigene Wohl vermitteln. Den Älteren sollte nahegebracht werden, dass es nur zu ihrem Nutzen ist, die herkömmlichen Rollenmuster infrage zu stellen. Und im konkreten Fall muss man auch mal den Ehemann hinauskomplimentieren, wenn er sich in die Behandlung einmischt.

Besuchszeit

Bei traditionellen Festen wie Bayram, dem Zuckerfest, Hochzeiten, Beschneidungsfesten oder Beerdigungen ist es üblich, die Verwandten und Bekannten persönlich aufzusuchen und zu beglückwünschen. Die Jüngeren erweisen den

Älteren durch den Besuch ihren Respekt. Auch im Krankheitsfall ist es eine Frage des Anstands und des gesellschaftlichen Ansehens des Patienten, ihm einen Höflichkeitsbesuch abzustatten.

Als vor einigen Jahren ein Onkel von mir zuerst im Krankenhaus und dann zu Hause das Bett hüten musste, wollte der Strom der Besucher gar nicht abreißen. Der Onkel war in Ankara als Museumsdirektor sehr angesehen, und entsprechend groß war sein Bekanntenkreis. Über Wochen kamen Besucher und wurden, wie es sich in einer gastfreundlichen Familie gehört, mit Tee und Gebäck bewirtet. Meine Tante hatte mit dem Besuch so viel zu tun, dass sie sich kaum um ihren kranken Mann kümmern konnte. Mein Onkel kam kaum zur nötigen Ruhe, wurde immer schwächer, und seine Frau hätte sich am liebsten neben ihren Mann gelegt, so erschöpft war sie. Wenn sie jedoch keinen Besuch empfangen hätte, hätte ihr gesellschaftliches Ansehen gelitten.

Kulturell bedingte Krankheitsursachen

Der Wechsel von Asien nach Europa, vom Dorf in die Stadt, vom Dorfhaus in die Etagenwohnung, andere Lebensmittel, ein anderes Wetter, fehlende Nähe – all das macht Menschen Stress und kann zu Verunsicherung, Depression oder Angstzuständen und Krankheiten führen. In der ersten Migrantengeneration war der »Gastarbeiterulkus«, das stressbedingte Magengeschwür, eine unter jungen Männern häufig auftretende Krankheit. Auch Diabetes tritt bei Türken in Deutschland mit 14,9 Prozent fast doppelt so häufig auf wie in der Ursprungsbevölkerung, wo der Wert 8,2 Prozent beträgt, und auch doppelt so häufig wie in der Türkei selbst (7,4 Prozent).[31]

Entscheidend ist hierbei das Ernährungsverhalten. Zuckerhaltige und fette Nahrungsmittel wie der gesüßte Cay und Sucuk, die fette Knoblauchwurst, gehören seit jeher zur türkischen Küche. Und während den Kindern im Dorf vielleicht Wasser oder Obstsaft zu trinken gegeben wurde, sind es in der hiesigen Konsumgesellschaft Cola oder Eistee. Baklava, die köstlichen Kuchen aus Blätterteig, Nüssen und jeder Menge Zuckersirup, gibt es inzwischen nicht nur zum Zuckerfest, sondern bei jeder Gelegenheit. Man kann es sich leisten und möchte das zeigen. Und gleichzeitig ist das Bewusstsein, dass Gesundheit und Ernährung in einem direkten Zusammenhang stehen, nicht immer ausreichend verbreitet; es herrscht die Meinung vor, dass nur wer viel isst, glücklich und gesund ist.

Krankheitsursache:
Verwandtenehe

Dann gibt es noch andere, nicht mit der Migration, sondern mit kulturellen oder religiösen Traditionen zusammenhängende Ursachen für Erkrankungen. Eine dieser unter Verdacht stehenden Traditionen ist die »Verwandtenehe«.

In bestimmten Kreisen der Migranten, namentlich unter kurdischstämmigen Türken, Syrern oder Libanesen, ist die Ehe mit einem Cousin oder einer Cousine die Regel. Etwa ein Drittel aller in Berlin lebenden türkischstämmigen Frauen der ersten Generation sind mit einem nahen

Verwandten verheiratet worden, ergab eine Befragung von 800 Frauen. Das ist eine »Bint-amm-Ehe«, eine »Parallelcousinenheirat«, die nach dem Vorbild der Heirat von Mohammeds Tochter Fatima mit dem Sohn ihres Großonkels als islamische Tradition ausgegeben wird, aber auch schon aus der Bibel durch die Ehe von Isaak und Rebecca, beide mit Abraham verwandt, bekannt ist.

Verboten ist das nicht, in Deutschland ist nur die Ehe zwischen Geschwistern, zwischen Eltern und ihren Kindern sowie zwischen Großeltern und Enkeln gesetzlich untersagt. Verwandtenehen scheinen aber das Risiko, dass Kinder mit genetischen Defekten geboren werden, zu erhöhen. Es gibt Ärzte, die auf diesen Umstand immer wieder hinweisen; statistisch nachweisen lässt sich der Zusammenhang zwischen Verwandtenehe und genetischen Defekten aber nicht, weil entsprechende Forschungen nicht angestellt oder unterbunden werden. So konnte die Duisburger Sozialwissenschaftlerin Yasemin Yadigaroglu ihre Untersuchung über Verwandtenehen nicht abschließen, weil sich kein Doktorvater und kein Institut für die Promotion zu dem Thema fand. Und Familien und Islamverbände wehrten sich bereits bei dem Versuch, bei betroffenen Frauen Daten zu erheben, gegen »die Einmischung in familiäre Angelegenheiten«.[32] Die Migrationsforschung, obwohl mit üppigen Etats ausgestattet, hat es wie auf so vielen Feldern versäumt, sich diesem Problem zuzuwenden und entsprechende Untersuchungen zu initiieren oder zu fördern.

Dabei ist die Lage der betroffenen Frauen und Kinder in jedem einzelnen Fall dramatisch. Gehäuft werden angeborene Stoffwechselkrankheiten, chronische Entzündungen, Nierenversagen, geistige Behinderungen bei Neugeborenen beobachtet. Dabei sind die Eltern dieser Kinder meist symptomfrei, geben aber, wenn Vater und Mutter ähnliche genetische »Strickfehler« in sich tragen, häufiger die Krankheit weiter. Außerdem ist vielen Frauen das genetische Risiko einer solchen Ehe gar nicht bewusst, und sie sind oft auch nicht in der Lage, pränatale Diagnostik in Anspruch zu nehmen. Der familiäre Druck, ein Kind zu bekommen, ist so groß, dass an die möglichen Folgen zu spät oder gar nicht gedacht wird.

Aufklärungsarbeit, gestützt durch sozialwissenschaftlich-medizinische Untersuchungen, könnte Tausenden Müttern und ihren Kindern ein bitteres Schicksal ersparen oder die Befürchtungen zerstreuen. Man weiß dies auch im Sachverständigenrat deutscher Stiftungen für Integration und Migration, der die Projekte der Migrationsforschung koordiniert.

Krankheitsursache:
familiärer Druck

Bei einer meiner Reisen durch die Türkei war ich im Jahr 2007 auch in Batman, einer Industriestadt in Ostanatolien, die 1955 für die Arbeiter der nahen Erdölraffinerie und ihre Familien gegründet wurde und inzwischen etwa 250 000 Einwohner hat, fast ausschließlich Kurden. Schon damals galt Batman als die »Stadt der Selbstmörderinnen«, fast 200 junge Frauen sollten dort vom Dach gesprungen, sich mit Pflanzenschutzmitteln vergiftet oder in Bergschluchten verschwunden sein.

Im Sommer 2011 bestätigte die Stadt ihren zweifelhaften Ruf, innerhalb von zehn Tagen hatten sich neun junge Frauen das Leben genommen. Die Frauenrechtlerinnen in der Stadt, die sich in Hilfsorganisationen wie »Ka-mer« oder »Fliegende Besen« organisiert haben, glauben nicht an die Selbstmordthese, für sie steckt hinter den Todesfällen oft ein

Mordversuch aus Gründen der »Ehre«. Die Mädchen weigern sich, den vorgesehenen Bräutigam zu heiraten, sind mit einem fremden Mann gesehen worden, ertragen die eheliche Gewalt nicht mehr, wollen sich scheiden lassen usw. Da die türkische Justiz inzwischen ein Verbrechen aus »Ehre« nicht mehr mit mildernden Umständen bedenkt, werden die Töchter, Schwestern oder Frauen »überredet«, selbst Hand an sich zu legen, oder sie werden einfach aus dem Fenster gestoßen, um einen »Selbstmord« zu inszenieren.

In Deutschland ist solch eine Situation zwar undenkbar, doch sind die Mechanismen in vielen türkischen oder kurdischen Familien ähnlich. Der Druck, der auf den Frauen lastet, ist enorm. Da werden junge Mädchen von ihren Brüdern kontrolliert. Man erwartet, dass sie einer Ehe zustimmen, obwohl sie persönlich ganz andere Pläne haben, da werden die Ansprüche auf Gehorsam und sittliches Verhalten mit körperlicher Gewalt oder Freiheitsentzug durchgesetzt. Junge türkische Frauen werden nach Deutschland verheiratet, kommen in Familien, denen sie vollständig ausgeliefert sind.

Junge Frauen, die hier geboren wurden, stehen oft zwischen den Kulturen. Auf der einen Seite die Familie, die auf ihren traditionellen Werten wie Gehorsam beharrt und von der eigenen Community beäugt wird, ob die selbst gesetzten Spielregeln auch eingehalten werden, und auf der anderen Seite eine moderne Gesellschaft, die den jungen Frauen Freiheit bietet und Selbstbewusstsein und Selbstständigkeit fordert. Nicht jeder junge Mensch ist darauf vorbereitet worden oder kann diesem Druck standhalten. Folgen sind Depressionen und eine fünf Mal höhere Zahl von Selbstmordversuchen bei jungen Türkinnen als bei gleichaltrigen deutschen Frauen. Was alles in den Familien passiert, wie viele Dramen sich jenseits der Öffentlichkeit abspielen,

können wir nicht abschätzen, denn auch hier sind die Hilfs-
angebote nicht ausreichend, werden die jungen Frauen oft
alleingelassen.

Krankheitsursache:
Kopftuch

Der Sprecher des türkischen Islamverbands Ditip wiegelte sofort ab. Eine Studie des Robert-Koch-Instituts vom Sommer
2011 hatte einen Zusammenhang zwischen Verschleierung
mit Kopftuch, Burka oder Tschador und einem Vitamin-D-
Mangel bei Frauen öffentlich gemacht. Der Islamfunktionär
meinte, man dürfe die Ergebnisse nur medizinisch betrachten und nicht zur Kritik an einer religiösen Praxis missbrau-
chen. Auch die anderen Islamverbände taten überrascht, dabei müsste ihnen dieser Umstand seit Jahrzehnten bekannt
sein. Die erste Studie über Häufung von Osteomalazie, einer Krankheit, bei der die Knochen aufgrund von Vitamin-
D-Mangel erweichen, bei aus Pakistan stammenden Frauen
wurde bereits 1962 in Glasgow durchgeführt.[33] Weitere medizinische Untersuchungen bestätigten die Existenz der als
»Migrantenosteomalazie« bezeichneten Krankheit. Diese
Mineralisationsstörungen treten vermehrt bei Frauen auf,
die sich aus religiösen oder kulturellen Gründen verschleiern, was die Sonnenlichtexposition der Haut und damit die
Vitamin-D-Synthese verhindert bzw. beeinträchtigt. Die Folgen eines solchen Vitaminmangels sind erhebliche Gesund-
heitsgefährdungen wie – neben der Knochenerweichung –
Asthma oder Rachitis.

Neuere Arbeiten bestätigen das häufige Auftreten eines
Vitamin-D-Defizits (mit 83,1 Prozent) bei türkischen Migranten in Deutschland. Frauen in der Migrantengruppe

scheinen insgesamt einem höheren Risiko ausgesetzt zu sein (Türkinnen 87,8 Prozent, Türken 78,8 Prozent). Besonders bedenklich ist der Umstand, dass bereits 30 Prozent der Kinder »mit Migrationshintergrund« im Alter von drei bis 17 Jahren an Vitamin-D-Mangel leiden.

Dabei ist Vorbeugung so einfach wie nichts anderes. Vitamin D wird bei Sonneneinstrahlung in der Haut gebildet. Wer sich draußen frei bewegt und Gesicht, Arme und Beine zwei bis drei Mal in der Woche für 20 Minuten der Sonne aussetzt, ist in der Lage, ausreichend Vitamin D zu bilden. Kopftücher bei Kindern und der Versuch, sie vom Spielen im Freien abzuhalten, sind schon aus diesen Gründen abzulehnen.

Das Kopftuch, der Schleier, vor allem aber das Bemühen, Frauen im Haus zu halten, sie in der Öffentlichkeit zu verbergen, ist nicht nur eine soziale (Selbst-)Ausgrenzung, sondern auch gesundheitsgefährdend.

Beschneidung ist
Körperverletzung

Die Beschneidung der Klitoris bei Mädchen ist in der arabischen und afrikanischen Hemisphäre immer noch weitverbreitet. In Ägypten z. B. sind laut Unesco-Bericht über 90 Prozent der Frauen beschnitten, obwohl diese Praxis inzwischen auch von einigen islamischen Geistlichen geächtet worden ist. Ich weiß, dass afrikanische Mädchen auch in Deutschland an den Genitalien verstümmelt werden. Mit den Einwanderern aus diesen Ländern ist auch diese kulturelle Tradition zu uns gekommen. Meist wird die Genitalverstümmelung während eines Aufenthaltes in der alten Heimat vorgenommen. Dabei stellt die Entfernung der Klitoris und der Schamlippen eine schwere körperliche Verletzung dar, gilt aber in Deutschland nicht als eigener Straftatbestand, sondern wird, wenn es zur Anzeige kommt, als Körperverletzung geahndet. In den letzten sieben Jahren wurden kaum mehr als zehn Fälle zur Anzeige gebracht.[34] Die Politik tut sich schwer, etwas dagegen zu unternehmen; das Thema erscheint zu marginal.

Die Beschneidung der Vorhaut bei Jungen ist eine »nachzuahmende Pflicht« jedes männlichen Muslims. Er soll bereit sein, für seinen Gott, für die Umma Schmerz zu ertragen und ein Blutopfer zu bringen. Laut Strafgesetzbuch § 224 ist die Beschneidung eine vorsätzliche Körperverletzung. Sie wird aber nicht geahndet, sondern mit Rücksicht auf die kulturellen Traditionen von Juden und Muslimen geduldet.

In Deutschland kommen jedes Jahr etwa 10 000 muslimische Jungen in das Alter, beschnitten zu werden. Das machen in der Mehrzahl türkische Ärzte ambulant, aber auch aus der Türkei eingeflogene Beschneider, die die Prozedur bei sogenannten *sünnet düğünü*, Beschneidungsfesten, öffentlich durchführen. Oder man feiert das Fest der Aufnahme in die Umma in den Ferien in der Türkei. Deutsche Krankenkassen weigern sich, die Kosten des Eingriffs zu übernehmen, wenn keine medizinische Indikation vorliegt.

Ich halte die Beschneidung bei Mädchen wie bei Jungen für Körperverletzung. Bei Jungen ist ein Verbot zurzeit offenbar nicht durchsetzbar, auch wenn der Eingriff traumatische Folgen haben kann. Bei Mädchen ist der Eingriff noch viel tragischer, weil dadurch nicht nur seelische Verletzungen hervorgerufen werden, sondern auch das sexuelle Empfindungsvermögen nachhaltig beschädigt wird.

Ich plädiere für eine strikte Kontrolle der körperlichen Unversehrtheit von Kindern im Rahmen ebenso verbindlicher wie kontrollierter Vorsorgeuntersuchungen, für eine entsprechende Anzeigepflicht und einen eigenen Straftatbestand.

Wer so tut, als seien die Probleme von Einwanderern rein sozialer oder ökonomischer Natur, macht sich meines Erachtens der unterlassenen Hilfeleistung schuldig. Wenn wir Kultur als lebensprägende Kraft akzeptieren, archaische Sitten und Traditionen hinterfragen, gelingt es uns auch, die gesundheitliche Lage der Einwanderer zu verbessern und Leid zu vermeiden.

Geschichte
und
Verantwortung

Rede zum 9. November 2009
in der Frankfurter Paulskirche

Wir erinnern uns an die Pogrome gegen die deutschen Juden im November 1938. Sie waren ein Vorspiel der Vernichtung der Juden Europas, der Shoa. Der auf die Novemberpogrome folgenden Judenvernichtung ging, wie der Historiker Michael Wildt feststellte, eine Jahre währende mentale und faktische »Selbstermächtigung der Volksgemeinschaft« voraus.[35] Gewalt gegen und Diskriminierung der deutschen Juden war schon in den Jahren vorher alltäglich, und aus dem Prinzip des »alle Macht geht vom Volke aus« wurde ein Gesetz der Straße, dass sich mit Stiefeln und Schlägen selbst legitimierte.

Wir erinnern uns daran und gedenken der Opfer, weil nur die Erinnerung und die persönliche Beschäftigung mit diesen Vorgängen uns die Verantwortung als Mensch vor Augen führt und weil wir nur über die Verantwortung für das, was war, und das, was kommt, erreichen werden, den Status als Opfer abzulegen. Nicht alle können das, der persönliche Schmerz mag manchmal zu groß sein. Die dem Opfer dargebrachte Verehrung bewirkt zwar, wie uns der Rechtsphilosoph René Girard erklärt, die Wiederherstellung der Einheit der Gemeinschaft, führt aber, wenn wir der Ausbreitung von Gewalt nicht entgegenwirken, zur Wiederholungstat, zur Suche nach einem neuerlichen »Sündenbock«. Verantwortung zu übernehmen für das, was war, und das, was geschieht, und der Gewalt den

Boden zu entziehen, ist für eine Zivilisation der Schlüssel zum Überleben.

Wie Sie vielleicht wissen, bin ich in der Türkei geboren und 1967 mit zehn Jahren nach Deutschland gekommen und inzwischen deutsche Staatsbürgerin. Ich teile diese Biografie mit Tausenden anderen und muss mir die Frage stellen: Bin ich für das, was vor meiner Zeit in Deutschland zwischen 1933 und 1945 geschah, mitverantwortlich? Geht mich das, was vor Jahrzehnten in der Türkei geschah und heute geschieht, noch etwas an?

Viele meiner türkischen Landsleute, vor allem die Jüngeren, leben heute in einer Art selbst gewähltem geschichts- und verantwortungslosen Zustand. Die Geschichte und Verhältnisse in der Türkei kennen sie nicht und können sie nicht beeinflussen. Sie wollen sich die ferne Heimat nicht schlechtreden lassen, protestieren in einer Art kollektivem Reflex, wenn man in dunkle Vorgänge der Geschichte Licht bringen will. Mit der deutschen Geschichte haben sie auch nichts zu tun. Die, die keinen deutschen Pass haben, können nicht wählen, können oder wollen keine Verantwortung übernehmen und sind faktisch Opfer einer Politik, die andere für sie machen.

Und so kommt es zu der verbreiteten Haltung: Schuld sind immer die anderen, im Zweifelsfall die Deutschen. Der Migrant ist das Mündel, das abhängig gehalten wird, auch von den eigenen Leuten. Ja, die Opferrolle wird von der türkischen Politik geradezu zelebriert. Es ist ein schlimmer Zustand, auf diese Weise in einer Art geschichtlichen Amnesie zu leben. Viele Migranten und auch die türkische Gesellschaft leben in einer infantilen Gesellschaft, die sich nicht ihrer historischen und gesellschaftlichen Verantwortung stellt und damit zur Generation ohne Geschichte wird.

Für uns in Deutschland lebende Bürger gibt es aber eine Möglichkeit, sich aus dieser Haltung zu befreien: Man hört auf zu jammern. Man nimmt teil, mischt sich ein, wird Staatsbürger dieses Landes. Integration ist Teilhabe an der Gesellschaft und ein Prozess, der auch vom Einwanderer eine Leistung abverlangt. Freiheit muss man lernen, Verantwortung tragen auch.

Ich hatte vor fast zwanzig Jahren in dieser Frage ein Schlüsselerlebnis. Ich bin als Studentin am 9. November zu einer Gedenkstunde in die Hamburger Synagoge in meiner Nachbarschaft gegangen. Dort sprach Ralph Giordano und schilderte das Schicksal seiner Familie und von Nachbarn zur Zeit des Nationalsozialismus. Etwas Merkwürdiges geschah mit mir. Die Erzählung empörte mich nicht als Türkin über die Verbrechen der Deutschen, sondern ich war getroffen als Mensch. Ich schämte mich als menschliches Wesen für die Menschen, die anderen so etwas antun.

Erst spät hatte die Bundesrepublik gelernt, sich der Schuldfrage anzunehmen. 1967 erschien ein Buch, das heftige Reaktionen hervorrief und zeigte, wie brüchig die bis dahin auf einer »Bewusstseinszensur«[36] basierende Selbstgewissheit der Nachkriegsgesellschaft war: »Die Unfähigkeit zu trauern« von Alexander und Margarete Mitscherlich. Ein Buch, das von der Weigerung der Kriegsgeneration handelte, sich der Verantwortung für die im Dritten Reich begangene Schuld zu stellen. Dies war in den Augen der beiden Autoren eine notwendige Voraussetzung, um sich von der autoritären Fixierung auf den Diktator Adolf Hitler lösen und »Trauerarbeit« leisten zu können. In der Geschichte der Bundesrepublik steht diese »Erinnerungsarbeit« bis heute immer wieder auf der Tagesordnung. Die Debatten verlaufen meist äußerst kontrovers, aber sie haben durch die kollektive Befassung eine Art Reifeprozess ermöglicht und damit dazu beigetragen, den demokratisch-zivilen Charakter dieser Republik zu festigen. Sie waren »Arbeit«, mit der die verdrängte Vergangenheit ins Bewusstsein gehoben wurde.

Ich möchte heute die Gelegenheit ergreifen, meinen türkischen Landsleuten und auch den Muslimen im Land diese »Arbeit« aufzubürden. Ich möchte dazu beitragen, dass wir Migranten lernen, dass wir im Guten wie im Bösen viel mit dem Land gemeinsam haben, in dem wir leben. Denn Heimat ist der Ort der Gegenwart wie der Erinnerung. Mehr als es türkische und deutsche Geschichtsbücher bisher verkünden, stellen sich auch bekannte historische Fragen anders, als gemeinhin vermutet wird. Die Geschichte der Deutschen, der Türken, Araber und Muslime hat viele gemeinsame Punkte, es sind Ereignisse, in der sich Fragen der Verantwortung anders als vermutet stellen.

Ich spreche hier darüber, weil ich das als deutsche Staatsbürgerin tun kann, ohne Gefahr zu laufen, von einem Staatsanwalt vor Gericht gezerrt zu werden wie kürzlich der Schriftsteller Orhan Pamuk wegen seiner Äußerungen zum Völkermord an den Armeniern.[37] Und weil ich es für unerträglich halte, wenn Voreilige jede Äußerung, die sich kritisch auf Türken, Araber oder Muslime bezieht, als Rassismus deuten. Zur Wahrheit gehört Klarheit, auch wenn die Wahrheit unangenehm ist.

Ich möchte Ihnen anhand einiger Beispiele die Verbindungen zwischen deutscher, türkischer und islamischer Geschichte schildern. Bereits 1912/13 hatten die Jungtürken unter Enver Pascha[38] in einem Militärputsch den Sultan (Abdülhamid II.) gestürzt und die Macht übernommen. Kaiser Wilhelm II. sah die politische Bewegung der Jungtürken als eine Art fünfte Kolonne der Deutschen. Die Revolution, so äußerte er sich, sei von den in Deutschland ausgebildeten

Offizieren gemacht.[39] Diese Männer repräsentierten für ihn eine national-türkisch-islamistische Bewegung, die in der muslimischen Welt, besonders in den von den Franzosen und Briten kolonialisierten Gebieten, zum Aufstand aufrufen würde. Das deutsche Kaiserreich setzte im Ersten Weltkrieg ganz auf die »islamische Karte«. Den Heiligen Krieg der Muslime wollte Wilhelm II. als »letzten Trumpf« einsetzen. Im Schatten des Ersten Weltkriegs wurden 1915 die Armenier aus Anatolien vertrieben und ermordet. Es waren bis zu 1,4 Millionen Menschen. Der preußische Generalfeldmarschall Colmar von der Goltz hatte die Deportation der »unzuverlässigen« Armenier in die mesopotamische Wüste empfohlen, weil er sie als Bedrohung im Rücken der eigenen Truppen sah.[40] Bei dem diktatorisch regierenden Triumvirat unter Enver Pascha, Talaat Pascha und Cemal Pascha, das ein durch die türkischen Muslime dominiertes Anatolien anstrebte, stieß sein mörderischer Vorschlag auf Zustimmung. Sie wollten eine ethnisch reine Türkei schaffen.[41]

Vom Holocaust an den Armeniern war bereits im Jahr 1895 die Rede. Bereits Sultan Abdülhamid II. hatte die Armenier als Sündenbock ausersehen und nutzte einen provozierten Anlass in Konstantinopel, um die Armenier zu verfolgen. Ende Dezember 1895 erreichten die gegen die Armenier gerichteten Pogrome auch Urfa, eine der ältesten Städte der Menschheit, die heilige Stadt Abrahams in Ostanatolien. Einheimische kurdische Stammesführer plünderten, zusammen mit den Truppen des Sultans und seiner Spezialeinheit »Hamidiye«, innerhalb weniger Tage 2400 Häuser und brachten über 10 000 Armenier und andere Christen um. Entsetzlicher Höhepunkt war die Brandschatzung der armenischen Kathedrale, in die sich 3000 Armenier mit ihren Frauen und Kindern geflüchtet hatten. Man verbarrikadierte alle Eingänge und steckte die Kirche in Brand.

Wer nicht verbrannte, erstickte am Qualm des frischen grünen Pfeffers, den man körbeweise in die Flammen warf.[42]

Eine in Urfa anwesende amerikanische Missionarin gebrauchte für die Tat erstmals den Begriff »Holocaust«, der in einer englischen Bibelübersetzung für »Brandopfer« steht. Kein einziger der Mörder wurde jemals zur Rechenschaft gezogen, und eine Verantwortung ist in diesem Zusammenhang noch nie problematisiert worden, die der Kurden. Wenn von den Landschaften und Städten in Ostanatolien gesprochen wird, redet man gemeinhin von kurdischen Gebieten. Ja, inzwischen leben dort fast nur noch Kurden. Vor einhundert Jahren waren die Kurden an der Vertreibung und Ermordung der Armenier aktiv beteiligt, sie haben sich mithilfe der Türken den Besitz der Armenier angeeignet, haben ihre Städte und Häuser übernommen. Noch nie habe ich von kurdischer oder offizieller türkischer Seite auch nur ein Wort des Bedauerns, eine Geste der Verständigung gehört.

Auch in Deutschland wissen wenige von den Vorgängen, die zum Holocaust an den Armeniern geführt haben, obwohl Deutsche involviert waren. Auf beiden Seiten. Den Armeniern stand der evangelische Pfarrer Johannes Lepsius, Leiter eines Spitals und eines Waisenhauses, zur Seite. Er dokumentierte den »Todesgang des armenischen Volkes« und organisierte Hilfe. Die jungtürkischen Regierungstruppen wiederum wurden von dem deutschen Major Graf Wolffskeel von Reichenberg unterstützt, der den armenischen Widerstand niederschießen ließ.[43] Oberstleutnant Böttrich unterschrieb die Deportationsbefehle.[44]

»Es war ein Vorspiel nur«, diese Worte Heinrich Heines gehen mir durch den Kopf, wenn ich an die Beteiligung deutscher Militärs an den grausamen Vernichtungsaktionen denke.

Auch in Deutschland gibt es Widerstände, sich der Aufarbeitung dieser Geschehnisse anzunehmen. Einem wie dem evangelischen Pfarrer Johannes Lepsius ist noch kein Denkmal gesetzt worden. Es bedurfte einer Entschließung des Bundestages, damit die Dokumente von Lepsius über den Genozid endlich in Potsdam ausgestellt werden können.

Auf Intervention des türkischen Botschafters sollten vor einigen Jahren die Schulbücher für Brandenburg »bereinigt« werden, von dem Völkermord sollte keine Rede mehr sein. Kenan Kolat, der Vorsitzende der Türkischen Gemeinde in Deutschland, gehört zu denjenigen, die die Interessen der Türkei vertreten. Er hat einen Brief an die Bundeskanzlerin geschrieben und sie darauf hingewiesen, dass der Ausbau des Lepsius-Hauses in Potsdam »die Völkerverständigung zwischen Armeniern und Türken erschweren« werde.

Der Sozialdemokrat Kolat machte deutlich, dass sich sein Verband an den Völkermord an den Armeniern weder erinnern noch seines gedenken will. Ihn stört auch, dass türkische Schüler in Brandenburg vom Völkermord im Osmanischen Reich erfahren. Dadurch würde ein »psychologischer Druck« auf die türkischstämmigen Schüler erzeugt, der angeblich nicht nur ihre schulische Leistung, sondern auch den »inneren Frieden« im Land gefährden würde. So kann eine aufgeklärte zivile Gesellschaft mit der Geschichte nicht umgehen. Solche Auffassungen sind Integrationshindernisse. Gerade uns Migranten in Deutschland muss daran gelegen sein, dass das geschichtsklitternde Reinheitsgebot türkischer Politiker und ihrer Ableger in Deutschland nicht unwidersprochen bleibt.

Als ich mich mit der Armenienfrage beschäftigte, kamen mir die Erzählungen meiner Großmutter Emmana wieder in den Sinn, die als junge Frau beobachtete, wie Soldaten armenische Nachbarn auf der Straße erstachen und Kinder in Säcke stopften, um sie im Fluss zu ertränken. Mir wurde auch klar, wie ein Teil meiner Familie, die aus dem Kaukasus und Erzurum stammte und Pferdezucht betrieb, so schnell zu Wohlstand gekommen ist. Ihnen waren, wie anderen, das Land und die Häuser der vormaligen Besitzer übergeben worden. Und in dem Dorf meiner Cousine erzählt man, dass vor einigen Jahren bei Arbeiten auf einem Feld ein Hügel entdeckt wurde, in dem viele Menschen begraben worden waren. Das sind die Leichen in der türkischen Geschichte, von denen man offiziell nichts wissen möchte.

Übrigens war Hitler über den Genozid und das Vorgehen der Jungtürken genauestens informiert. In seinem Prozess, in dem er sich für den Putsch von 1923 verantworten musste, berief er sich auf das Vorbild der Jungtürken.[45] Und vor dem Überfall auf Polen 1939 wischte der »Führer« alle Bedenken gegen die geplante Vernichtung der polnischen Eliten mit dem Hinweis beiseite: »Wer redet heute noch von der Vernichtung der Armenier?« Hitler suchte darüber hinaus den strategischen Schulterschluss mit den Muslimen gegen die Juden. Er fand seinen Partner im Großmufti von Jerusalem, dem einflussreichsten Vertreter der Muslime im Nahen Osten.

Mohammed Amin al-Husseini, so hieß der Großmufti, organisierte seit 1916 Aufstände gegen die jüdische Bevölkerung in Palästina, auch der Kampf um die Klagemauer, bei dem 1929 Hunderte von Juden und Araber starben, ging auf sein Konto. Mit dem Machtantritt der Nazis in Deutschland eröffneten sich ihm neue Perspektiven. Die Muslime suchten Kontakt mit Berlin, boten an, Aufstände gegen die Briten anzuzetteln, baten um Waffen und bekamen sie. Al-

Husseini war dabei der politische, religiöse und militärische Strippenzieher. Als bei Kriegsbeginn 1939 die Lage auch in Jerusalem unsicher wurde, floh der Mufti nach Beirut und übermittelte in seiner Eigenschaft als Führer der arabischen Welt dem deutschen »Führer« Adolf Hitler ein Angebot zur Zusammenarbeit. Es kam zum Teufelspakt zwischen Halbmond und Hakenkreuz. Der Mufti gelangte 1941 über Istanbul und Rom nach Berlin. Hier wurde er von Hitler empfangen. Er drängte ihn, die Araber offiziell beim »Kampf um eine arabische Nation« zu unterstützen. Hitler ordnete an, al-Husseini auf die Gehaltsliste der Nazis zu setzen. Der Mufti wurde nicht müde, den Kampf gegen die Juden in Arabien zu organisieren.

Als der Mufti 1942 erfuhr, dass die deutsche Seite über den Austausch von 5000 jüdischen Kindern aus der Slowakei, Polen und Ungarn gegen britische Kriegsgefangene verhandelte, intervenierte er bei seinem Freund Heinrich Himmler: Wenn diese Kinder in einigen Jahren erwachsen wären, würden sie das »jüdische Element« in Palästina verstärken. Himmler verbot daraufhin den Austausch. Ähnliches wiederholte sich, als die Bukarester Regierung fast 80 000 Juden aus Rumänien nach Palästina ausreisen lassen wollte, sowie bei den Verhandlungen um 5000 bulgarische Kinder im Februar 1943, statt nach Palästina wurden sie in die Vernichtungslager transportiert. Das religiöse Oberhaupt der palästinensischen Muslime erwies sich als wachsamer Helfershelfer des Holocaust.

Zurück zu den Türken und ihrem Verhältnis zu den Juden ihres Landes. Der Integrationsminister von Nordrhein-Westfalen, Armin Laschet, spricht sich in seinem Buch »Die Aufsteigerrepublik« dafür aus, den jungen türkischstämmigen Jugendlichen die Empathie mit den Opfern des Holocaust zu ermöglichen, indem man ihnen nahebringt, »dass es gerade die junge türkische Republik unter Atatürk war, die Tausenden Verfolgten in der Nazizeit Asyl gewährte«. Leider muss man feststellen, dass dies nicht der historischen Wahrheit entspricht.

1933 lud die türkische Republik 30, später 200 deutsche Wissenschaftler ein, um in der Türkei eine neue universitäre Ausbildung zu begründen. Es waren meist rassisch Verfolgte der »Notgemeinschaft deutscher Wissenschaftler im Ausland«, u. a. der Architekt Bruno Taut, die Erfinderin der Einbauküche Margarete Schütte-Lihotzky, der Komponist Paul Hindemith oder der SPD-Politiker Ernst Reuter mit ihren Familien; insgesamt 1000 Personen. Als Atatürk 1938 starb, wurden die meisten Verträge nicht verlängert, viele der Emigranten wurden 1944 in Internierungslager gebracht. Die »neutrale« Türkei verlangte auf Druck der deutschen Regierung ab 1938 »Ariernachweise« von Flüchtlingen und suchte den Fluchtweg von Juden über die Türkei zu verschließen. Mit den eigenen Juden ging man nicht besser um.

Nach Angaben von jüdischen Organisationen hatten sich in Europa vor Beginn des Krieges fast 20 000 türkische Juden niedergelassen, eine enorme Zahl angesichts der 82 000 türkischen Juden, die 1927 in der Türkei selbst registriert waren. In Berlin unterhielten sie sogar eine eigene Synagoge. Nach den Beschlüssen der Wannsee-Konferenz zur »Endlösung« der Judenfrage wurden die Regierungen von zehn europäischen Staaten, auch die der Türkei, vom Reichsaußenminister im Juli 1943 von der Möglichkeit informiert, »Juden ihrer Staatsangehörigkeit aus dem deutschen Machtbereich heimzuschaffen«.

Die türkische Regierung hatte damit keine Eile. Sie bat die deutsche Botschaft wiederholt um Fristverlängerung. Die Botschaft wiederum mahnte die Türkei mehrfach, doch endlich zu reagieren. Als diese dennoch nichts unternahm, um ihre Leute zurückzuholen, übernahm die Sicherheitspolizei in Brüssel die Regie. Am 13. Januar 1944 teilte sie dem Auswärtigen Amt mit: »Inzwischen sind eine Reihe türkischer Juden in ein Konzentrationslager überstellt worden. Die Schlüssel der Wohnungen dieser türkischen Juden sind über die Botschaft Paris dem für Belgien zuständigen Türkischen Generalkonsulat zugestellt worden.«

Am 28. Oktober 1943 kabelte der deutsche Botschafter in Ankara nach Berlin, dass nach Angaben der türkischen Regierung in Deutschland nur ein (!), in Frankreich etwa 300 und in den übrigen Ländern kein türkischer Jude von dieser »Maßnahme« der Heimholung betroffen sei.[46]

Aber es gab türkische Diplomaten, die Verfolgten halfen. Wie der türkische Botschafter in Paris, der Vizekonsul von Marseille oder der Konsul von Rhodos, die insgesamt über 400 jüdische Türken aus Frankreich in Sicherheit brachten und für die im Ehrenhain von Yad Vashem zwei Bäume gepflanzt wurden.

In der Türkei, unter Türken und unter Muslimen fehlt ein öffentlicher Diskurs über diese Tatsachen. Es fehlt an einer Auseinandersetzung mit der Geschichte. Bei meinen Recherchen bin ich häufig auf ein Verhalten gestoßen, das ich, in Anlehnung an das Ehepaar Mitscherlich, »die Unfähigkeit, sich zu erinnern« nennen möchte. Begründet ist diese Unfähigkeit nicht nur im kollektiven Unwissen, sie stellt auch einen generellen Abwehrreflex dar. Geschichte erscheint als unbedeutend, wenn sie nicht die eigene Größe dokumentiert.

In der türkischen und der muslimischen Gesellschaft herrscht ein großes Misstrauen gegen das offene Wort und die freie, kritische Nachfrage. Schnell wird einem unterstellt, Kritik gelte nicht dem besonderen Gegenstand, dem spezifischen Ereignis, der einzelnen Person, stelle vielmehr die Nation, die Türken oder den Glauben unter Generalverdacht.

Eine Gesellschaft, die sich gegen das freie Wort mit staatlicher Macht absichert oder kritische Stimmen diffamiert, kann mit sich selbst nicht im Reinen sein. Sie bleibt in einer Art Bewusstseinsgefängnis stecken. Was die Mitscherlichs mit Blick auf die Verdrängung der während des Dritten Reiches begangenen Verbrechen schrieben, gilt auch für die türkische Gesellschaft von heute: »Die Getöteten können wir nicht zum Leben erwecken. Solange es uns aber nicht gelingen mag, uns den Lebenden gegenüber aus den Vorurteilsstereotypen unserer Geschichte zu lösen, werden wir an unseren psychosozialen Immobilismus wie an eine Krankheit mit schweren Lähmungserscheinungen gekettet bleiben.«[47]

Für mich liegt in diesem »psychosozialen Immobilismus« eine der Wurzeln für die vielen Widersprüche, denen ich bei Vertretern der Türken und Muslime begegne.

Dabei können wir zum allgemeinen Nutzen sehr direkt und zu aller Nutzen aus der Geschichte lernen, nämlich wenn wir bereit sind, vorurteilslos über Fakten zu sprechen und sie gemeinsam zu analysieren. So strebten die Nazis die Volksgemeinschaft statt des Bürgerstaates an. Die Islamisten kämpfen statt der Bürgergesellschaft für die Glaubensgemeinschaft als Leitkultur. Im islamischen Zentrum in Hamburg hört sich das dann so an: »Aber wenn die Menschen den religiösen Rahmen annehmen und die Praktizierung der Scharia verlangen und sich die Gesellschaft entlang der islamischen Werte bewegt und dafür ihre Stimme gibt, werden sie mit einer demokratischen Methode die Demokratie durch Religion einschränken.«[48]

Zum Glück fühlt sich nur eine Minderheit der Migranten und Muslime in Deutschland durch Türken- und Islamvereine vertreten, obwohl die sich aufführen, als seien sie deren Sprecher. Die anderen Menschen möchten in Deutschland ankommen. Aber es ist schwer, Verantwortung zu übernehmen und Mut zu zeigen, wenn die deutsche Öffentlichkeit selbst keinen Mut zeigt, über unangenehme Dinge zu sprechen. Dieses Land hat mit der Aufarbeitung seiner jüngsten Geschichte eine beispielhafte Leistung vollbracht. Ich wünsche mir auch für die deutsche Gesellschaft, dass wir diese Verantwortung gemeinsam wahrnehmen und die Bürgerrechte verteidigen. Die Gestaltung der Zukunft darf nicht in einer Art Erschöpfung anderen überlassen werden. Wir alle bekommen die Freiheit nicht geschenkt, wir müssen sie immer wieder wagen.

Eines Dichters Basar[49]

Eine Geschichte über
das Lesen (2008)[50]

Inmitten der Buden des Istanbuler Bücherbasars steht unter einer großen Platane die Büste eines bärtigen, Turban tragenden Mannes, auf der Messingtafel sein Name: Ibrahim Müteferrika – der Mann, der 1729 das erste osmanische Buch herausbrachte, ein Wörterbuch der arabischen Sprache. Zwar hatte es auch vor ihm schon armenische, griechische und jüdische Drucker in Konstantinopel gegeben, die

die neue Technik in ihrer Sprache und für ihre Gemeinde zu nutzen wussten. Aber Muslimen war es noch 250 Jahre nach Gutenbergs Erfindung verboten, Bücher zu drucken; ein Erlass von Sultan Beyazid II – 1515 von Selim I. bestätigt – stellte dieses Vergehen unter Todesstrafe. Bücher in osmanischem Türkisch, einer stark von persischen und arabischen Wörtern geprägten Schriftsprache, die dem Volk ohnehin nicht bekannt war, gab es bis dahin nur als Handschriften in wenigen Exemplaren und meist nur für den religiösen Gebrauch. Die berühmten Buchmalereien dienten dem Hof zur Erbauung und verließen das Topkapi-Serail nie.

Die islamischen Gelehrten fürchteten um ihr Wissens- und Deutungsmonopol: Die Aura des Sakralen, so argumentierten sie, gehe verloren, »wenn Texte durch den Druck mechanisch reproduziert und für jeden in seiner Vereinzelung als Lesender zugänglich werden«.[51] Es sollte neben dem Koran kein »zweites Buch« geben, selbst das Lesen, Schreiben oder Aufbewahren von Schriftstücken wurde kontrolliert. Auch die »Bibliotheken« einflussreicher Wesire umfassten oft kaum mehr als zwanzig Bände.

Außer den Koranschulen, in denen der Koran auf Arabisch gelesen wurde, gab es keine Bildung für die muslimischen Untertanen. Der Buchdruck, dieses »Geschenk Gottes« wie Luther es empfand, dieses »trojanische Pferd der Moderne«, wie Dan Diner es charakterisiert,[52] fand über zwei Jahrhunderte im Osmanischen Reich keinen Platz, bis ein Konvertit sich der Sache annahm.

Müteferrika hatte ein abenteuerliches Leben[53] hinter sich: Mit etwa 17 Jahren geriet der aus Ungarn stammende und sprachbegabte Student der Theologie in türkische Gefangenschaft und kam als Sklave nach Konstantinopel. Einige Quellen bezeichnen ihn als Juden, andere als Calvinisten oder Unitarier. Er konvertierte zum Islam, lernte die Sprachen des Reiches und wurde später als Kurier und Diplomat nach Wien und Paris geschickt, um für den Sultan die gewünschten Beziehungen zum Westen zu vertiefen. Er brachte von diesen Reisen Bücher mit an den Bosporus und begann – mit Erlaubnis von Ahmed III. – zu schreiben, zu übersetzen und schließlich in osmanischem Türkisch mit beweglichen arabischen Lettern zu drucken. 17 Werke werden ihm zugeschrieben, darunter ein Buch über die »moderne Ordnung« der Gesellschaft. Ihm ist es zu verdanken, dass europäisches Denken im Osmanischen Reich an Einfluss gewann.

Romane entstanden erst mehr als 100 Jahre später, Ende des 19. Jahrhunderts, im Zuge der Reformen und der Neuerungen der Republik, die westliche Vorbilder ins Land brachten. In ihnen wurden Heimatlosigkeit und Identitätssuche bestimmende Themen. Jetzt trat der einzelne Mensch auf, das zwischen Tradition und Moderne, zwischen Altem und Neuem zerrissene Individuum.

Über der Büste von Müteferrika auf dem Istanbuler Basar sind Fähnchen mit dem Symbol der türkischen Republik gespannt. Auch der Gründer der Republik, Kemal Atatürk, wollte sein Land in die Moderne, nach Europa, führen. Er verordnete den Türken eine neue Sprache, die von persischen und arabischen Idiomen bereinigt war, er ersetzte die arabische Schrift durch das um einige Buchstaben erweiterte lateinische Alphabet, verfügte die Schulpflicht und startete eine Alphabetisierungskampagne. 90 Prozent der muslimischen Bevölkerung Anatoliens waren zur Zeit der Republikgründung Analphabeten – ein Erbe der Osmanen. Heute noch liegt ihre Zahl in der Türkei bei mehr als zehn Millionen[54], vor allem junge Frauen im Osten des Landes sind Analphabeten. Über 600 000 Mädchen wird, laut Unesco, der Besuch der Schule verweigert. Die Unesco zahlt in einigen Projekten Eltern Prämien, wenn sie ihren Töchtern den Schulbesuch gestatten.

Trotz dieser fortdauernden Mängel verschafften Atatürks Reformen insbesondere der Literatur Freiräume und Resonanz im Publikum, welches vor allem in den großen Städten lebte. In den ersten Jahrzehnten der Republik entstand sowohl in Istanbul wie in Ankara ein aufregendes literarisches Leben. Bis dahin war das Türkische für die osmanische Oberschicht die Sprache der Bauern gewesen, tauglich bestenfalls für die Volkserzählungen eines Nasreddin Hodscha, für das Schattenspiel »Karagöz« oder die an den Lagerfeuern der Karawan-Serails erzählten Geschichten. Reale Menschen kamen bis dahin in den an persischen Vorbildern orientierten Lehrgedichten der osmanischen »Diwan-Dichtung« kaum vor.

Die Dreißiger- und Vierzigerjahre des 20. Jahrhunderts wurden die Zeit des großen Aufbruchs der türkischen Literatur. Der Blick der Schriftsteller öffnete sich für die sozialen und politischen Probleme. Ein anderes Lebensgefühl breitete sich in der Großstadt aus, Gedichte machten in den Kaffeehäusern die Runde. Orhan Velis Verse fingen in zeitloser Gültigkeit die Istanbuler »Seele« ein, in Nazim Hikmets Texten erkannte man die Weite Anatoliens und die Enge der Politik. Halide Edip schrieb Bücher, um die Rechte der Frauen zu stärken. Orhan Kemal, Sabahattin Ali oder Yasar Kemal, um nur einige Beispiele zu nennen, machten den Alltag der Dörfer und Städte zum Thema ihrer realistischen Romane. Es folgte eine Zeit der Volksbildung, des Hungers nach Klassikern und Literatur, die durch die Revolten, Militärputsche und schließlich durch die Islamisierung des Landes ihr langsames, aber sicheres Ende fand.

Heute ist die Türkei wahrlich kein Land der Leser. Es dominiert wieder die religiöse Literatur den Bücherbasar in Istanbul, die revolutionären Pamphlete der Achtziger sind verschwunden, und die der Aufklärung verpflichtete Literatur blüht – wenn auch vielfältig – nur in intellektuellen Nischen. Religiöse Erbauungsschriften liegen im Basar neben dem Koran und Hitlers »Mein Kampf«, neben Klassikern, Trivialem und intellektuellen Sprengstoff wie Ece Temelkurans kritischem Bericht »Agri'nin Derinligi« (»Die Tiefe des Ararats«) über das Verhältnis von Türken und Armeniern. Ich frage den Buchhändler, wer denn Hitlers Buch kaufe. »Ja, das wird gern von Almancis [in Deutschland lebenden Türken] gekauft. Dort ist es verboten, hier gibt es das Buch als Raubdruck.« Viele der angebotenen Bücher sind Raubdrucke, und obwohl sich die Verlage mit schwer zu kopierenden Hologrammen auf den Büchern zu schützen suchen, geht wohl die Hälfte des Angebots auf das Konto der Raubdrucker.

Ich frage den Buchhändler – vielleicht ist er einer von den 6000, die der türkische Buchhändlerverband stolz in seiner Statistik aufführt –, was er selbst lese. »Ich bin hier als Arbeiter angestellt, meine Dame, und nicht als Leser«, sagt er höflich. Und als ich wissen will, wie er denn das Sortiment in seinem Laden zusammenstelle, guckt er erstaunt. »Da kommen Männer mit Karren vorbei und platzieren sie in der Auslage. Ich verkaufe nur.«

Sein Nachbar hingegen legt Wert auf die Feststellung, dass er ein richtiger Buchhändler sei: »Bei mir sind die Bücher alphabetisch sortiert.« Ob er denn auch alles verkaufe, frage ich ihn. »Natürlich«, sagt er, »ich bin schließlich ein Buchverkäufer.« Dann zeigt er mir die Bücher, die Vertreter der Religionsbehörde Diyanet und der AKP an die vorderste Stelle seiner Auslage gelegt haben. »Wenn ich mich weigern würde, wäre ich meinen Laden los«, meint er achselzuckend. Die Stände gehörten der Stadt, wer nicht mitziehe, dem werde gekündigt.

»Nur von Lügnern verkaufe ich nicht so gern«, schiebt er dann nach. Wen er denn damit meine, will ich wissen. »Na, dieser Lügner Orhan Pamuk, er hat uns doch an die Welt verkauft und verraten und dafür den Nobelpreis gekriegt.«

»Aber seine Bücher sind doch seit 25 Jahren in der Türkei und in der Welt bekannt und beliebt, könnte nicht das der Grund für den Preis sein?«

»Was?«, empört er sich. »Beliebt? Wenn ich was zu sagen hätte, würde ich nicht gestatten, dass jeder schreiben darf, was er will. Was bilden sich die Leute ein, so einen Schund zu fabrizieren. Und dafür werden sie auch noch belohnt.«

»Aber kann denn nicht jeder selbst entscheiden, was er lesen möchte«, wende ich ein. »Muss sich der Staat einmischen?«

»Doch, das muss er, die Menschen sind dumm und fallen auf alles herein. Ich verteidige mein Vaterland«, sagt er und ordert bei einem der vorbeilaufenden Teejungen für mich einen Tee.

Auf dem Bücherbasar in Istanbul, am Rand des Großen Basars, konnte man schon immer Bücher kaufen. Es gibt andere, modernere, besser sortierte Buchhandlungen, aber kaum einen anderen Ort, der genauer Auskunft gibt über die Rolle der Literatur in diesem Land.

Orhan Pamuk wird mit dem Staatspräsidenten und AKP-Politiker Abdullah Gül in Frankfurt die Buchmesse mit dem Ehrengast Türkei eröffnen. Er wird im Geiste des ersten osmanischen Druckers für eine europäische Türkei und für die dichterische Freiheit sprechen. Aber er vertritt als Literat und Demokrat eine Minderheitenposition. So wie nur drei Prozent des Landes geografisch zu Europa gehören, sind auch die Individualisten in der immer noch auf das Kollektiv orientierten Türkei in der Minderheit.

Den Kemalisten nahestehende Autoren bezichtigen Pamuk, er lasse sich vor den Karren der AKP spannen, die die Türkei als liberales muslimisches Land präsentieren wolle, obwohl sie doch nur graue Wölfe im Schafspelz seien. Pamuk hat bisher oft mutig Stellung bezogen und wurde dafür angegriffen, sogar bedroht. In seiner Eröffnungsrede wird er uns beschwören, die Tür nach Europa für sein Heimatland offen zu halten.

Die Türkei ist politisch ein zerrissenes Land. Auf der einen Seite die von der Mehrheit gewählte AKP, die alles daransetzt, die Leitkultur Islam auch in den letzten Winkel des Landes zu tragen – dafür braucht sie die Hilfe der EU. Auf der anderen Seite die Kemalisten, die vor lauter Sorge um das »Türkentum« die Demokratisierung und die Sorgen der Bevölkerung aus den Augen verloren haben. Dazwischen, ohne recht Gehör zu finden, die Demokraten, Intellektuellen, Schriftsteller, die weder den einen noch den anderen trauen, auf die Europäer hoffen und sich gleichzeitig scheuen, Verantwortung zu übernehmen. Die türkischen Autoren haben auf dem internationalen Forum der Buchmesse die Chance, jenseits der Enge von Istanbuls Basar über eine andere Türkei zu sprechen und gehört zu werden.

Pamuk beschreibt (von mir hier nacherzählt) in seinem großen Roman »Cevdet Bey ve Ogullari« (»Herr Cevdet und seine Söhne«) ein Gespräch zwischen zwei jungen Männern: Der Freund hat ein Buch von Hölderlin im Bücherregal des anderen entdeckt: »So etwas liest du? Als ich Dichter werden wollte, habe ich mich an ihm versucht. Er hat mich kalt gelassen. Diese Europäer! Sie fühlen anders, sie stehen uns sehr fern, weißt du das nicht? Außerdem kann man nichts mit ihnen anfangen, sie bringen einen nur durcheinander.«

Der andere widerspricht, er will wissen, was die alten Griechen und die Renaissance bedeutet haben, er wolle das Licht der Vernunft kennenlernen, »um unsere Barbarei und den Despotismus in unserer Kultur besiegen zu können«.

»Du bezeichnest uns als Barbaren? Meinst du auch mich damit, deinen Freund? Ganz schön kühn, mein Lieber. Schau mich an«, sagt sein Freund, »ich bin Türke, ein türkischer Nationalist. Und stolz darauf. Was sagst du nun?«

»Ich, ich suche nur …«, stammelt der andere.

Ein Hund namens Europa

Über Orhan Pamuk,
»Herr Cevdet und seine Söhne« (2011)[55]

Mit Glück findet man in Istanbul in einem der kleinen Antiquariate oder bei einem Trödler eines der schmalen, kolorierten Leporellos, die das Panorama des Bosporus von Sultanahmet bis Bebek zeigen. Von der Blauen Moschee, dem Sultanspalast, dem Topkapi-Serail, der Brücke zum Goldenen Horn, dem Galataturm, der das Viertel der Italiener und Griechen bekrönt, über Besiktas bis zum nach europäischem Vorbild am Ufer des Bosporus gebauten Dolmabahce-Palast, in dem Atatürk starb, hat man dann die Stadt in den Händen, kann mit den Augen durch die Straßen oder am Ufer entlangspazieren. Ein ähnlich sinnliches Vergnügen ist das große Familienpanorama, dass der

Literaturnobelpreisträger Orhan Pamuk in seinem ersten, im türkischen Original im Jahr 1982 erschienenen Roman »Herr Cevdet und seine Söhne« ausbreitet.

Man fährt mit Cevdet, einem muslimischen Kaufmann, in der Kutsche durch das Konstantinopel des Jahres 1905 und ist mit ihm in seinem Laden, über dem schon das Schild »Cevdet und Söhne« prangt, obwohl er noch gar nicht verheiratet ist oder Kinder hat. Besucht den zukünftigen Schwiegervater, spaziert durch die verwunschenen Gärten in Nisantasi, probiert französisches Dessert in einem Club der osmanischen Zeit, hört im schäbigen Hotelzimmer Cevdets schwindsüchtigen Bruder husten. Blättert man eine Seite in diesem Roman um, ist es, als öffne sich eine Tür in eine vergangene Zeit. Man spürt das sanfte Licht in den Salons, schmeckt den heißen Cay und den süßen Likör. Es ist, als nehme Pamuk den Leser an die Hand und mit in seine Welt. Denn Pamuk beschreibt nicht, sondern löst alles in langsam, ausführlich und manchmal schleppend dahingleitenden Szenen, Begegnungen und Dialogen auf, findet für die unterschiedlichen Auffassungen Charaktere, die uns bekannt erscheinen, weil sie authentisch sind. Es ist eine Art poetischer Realismus, der an Fontane erinnert.

Der Roman erzählt in drei Abteilungen vom Aufstieg Cevdets als Lampenhändler im Osmanischen Reich, vom Leben der Familie Mitte der Dreißigerjahre, als die Republik vor und nach dem Tod Atatürks mit Macht den Alltag verändert und die Cevdets zu Geld und Einfluss gekommen sind. Im dritten Teil schildert Pamuk, wie die Lebensentwürfe der Nachfahren mit den Zeitläuften kurz vor dem Putsch 1980 auseinandergehen.

Das Buch setzt ein am 24. Juli 1905, wenige Tage nach einem gescheiterten Attentat auf Abdülhamid II. Es ist eine

Zeit des aufkommenden Nationalismus, in dem die führenden Schichten den in Paris und Potsdam ausgebildeten Offizieren der Jungtürken folgen und sich gegen die Despotie des Sultans wenden. Sie wollen europäisch sein, die Kaufleute sind Armenier, Griechen, Italiener und Juden; Cevdet ist als Türke und Muslim unter ihnen eine Ausnahme. Ein Türke gehörte noch nicht zur Elite, Cevdet hat das bürgerliche Leben noch zu lernen. Als er sich entschließt, eine Familie zu gründen, muss er mit dem Schwiegervater, einem in die Jahre gekommenen und um Geld verlegenen osmanischen Pascha, Tavla spielen. Seine zukünftige Frau sieht er nur kurz, als er wieder seine Kutsche besteigt. Frauen spielen im öffentlichen Leben am Bosporus dieser Zeit keine Rolle, und so sind sie auch im Roman – empirisch korrekt – ins Nebenfach und ins Haus abgedrängt.

Das zweite längere Kapitel ist Mitte der Dreißigerjahre angesiedelt. Cevdet hat inzwischen erwachsene Söhne und gibt das Geschäft und das Leben langsam aus der Hand. Die inzwischen bürgerlich gewordenen Türken bewundern die Europäer, die »wie ein Uhrwerk« funktionieren. Sie reisen nach Paris und Berlin, um den europäischen Code zu knacken, also herauszubekommen, wie der Europäer »tickt«. »Ach, Europa! Ich muss immer an Europa denken, und jedes Mal, wenn ich dort hinfahre, dann frage ich mich, warum die so anders sind als wir. Ja, warum? Warum sind wir so, wie wir sind?«, fragt Sait Nedim, ein Schwager Cevdets.

Die neue Oberschicht bewundert den Fortschritt, aber es ist, als habe sie nur den Fes gegen den Hut oder die Uniformmütze getauscht. Europäisch sein, das heißt für sie nicht, die Aufklärung zu lieben oder zu denken wie die Franken, sondern mit der Mode zu gehen. Zum Beispiel einen Hund zu besitzen und diesen im Haus neben dem

Holzkohlebecken liegen zu lassen. Hunde galten (und gelten) bei Muslimen als unrein, und die Hunde von Istanbul wurden (und werden) regelmäßig eingefangen und »entsorgt«. »Ein Hund gehört nicht in ein muslimisches Haus«, sagt Sait Nedim. »Aber ... Wir sind eben mit der Zeit gegangen. Hätte meine Mutter damals einen Hund hier gesehen, hätte sie das Haus auf den Kopf gestellt und alles rituell waschen lassen.« Der Hund heißt »Graf«, weil er gehört hatte, dass in Paris eine Dame ihren Hund »Pascha« gerufen hatte. Als Sohn eines Paschas fand er das respektlos, und so kam der Irish Setter zu seinem Namen. Es ist der Hund Europa, dem man zurufen kann: »Schon gut, Graf, setz dich wieder auf deinen Platz.«

Pamuk lässt seine Protagonisten all die zeitgenössischen Diskussionen um Familie und Freiheit, Individualismus und Nationalismus und Moderne führen. Das klingt konstruiert, ist es aber nicht, weil Pamuk es versteht, die Rollen überzeugend zu gestalten. Man kann diesen Roman als den Versuch der Selbstvergewisserung der neuen, unter Kemal Atatürk aufgestiegenen Elite der türkischen Gesellschaft lesen. Eine Elite, die zwar die Parolen der Französischen Revolution von »Freiheit, Gleichheit, Brüderlichkeit« aufgriff, damit aber nur sich selbst und nicht auch die Bevölkerung Anatoliens meinte. Die Idee von Europa, so Pamuk, war ebenso aufgesetzt wie die Verbannung der Religion aus der Öffentlichkeit.

Refik dachte: »Wenn man den Menschen etwas einpeitschen muss, kommt nichts Gutes dabei heraus!« Und als würden sie heute diskutieren, antwortet ihm sein Freund Muhtar, Zwang sei notwendig. Refik: »Aber Aufklärung darf doch nicht in Tyrannei ausarten.«

»Was meinst du mit deiner Aufklärung? Fortschritt ja, das habe ich begriffen, der Fortschritt ist wichtig, aber mit der Aufklärung bleib mir vom Leibe! Solange es mit Industrie und Landwirtschaft vorwärts geht, kann es ruhig dunkel bleiben im Lande.« Und an anderer Stelle sagt der Dichter resigniert: »Ich muss endlich aufhören mit meinen elenden Zweifeln und Vernünfteleien! Und muss glauben.«

Das Buch ist eine notwendige Aufarbeitung einer tatsächlich nicht geführten gesellschaftlichen Diskussion um das Selbstverständnis der türkischen Republik und sein Verhältnis zu Europa. Pamuk lässt seine Figuren diese Debatte führen, aber sie scheitern an den Verhältnissen und finden kein Gehör, weder Muhittins Gedichte noch Refiks Studie zur Landwirtschaft bewirken etwas. Refik liest resigniert Hölderlins »Hyperion« und fragt sich: »Wer will denn überhaupt Freiheit? Um abzuwägen und dann festzustellen. Ich vielleicht als Einziger!« Nur Ömer, der »Eroberer«, findet seine Berufung in »Frauen, Geld, Ruhm«.

Im dritten Teil macht sich Refiks Sohn Ahmet Gedanken, ob die Malerei relevant ist angesichts der bedrohlichen politischen Verhältnisse. Die alte Familienvilla weicht einem Apartmenthaus, in dem nur mehr Kleinfamilien Platz haben. Das angestrebte westliche Leben erscheint nur noch als eine schlechte Kopie.

Orhan Pamuk führte diese Auseinandersetzung um die Moderne in Büchern wie »Schnee« oder »Das neue Leben« fort, wenngleich mit anderen, moderneren literarischen Mitteln. Und in »Istanbul« erzählte er unlängst eine weitere Geschichte dieser Bürgerschicht. Der Niedergang der kemalistischen Eliten und deren Ablösung durch die neuen, religiösorientierten Bürgerschichten Anatoliens und warum dies so kommen musste, das ist bereits in seinem Debütroman vorgezeichnet. Diese Eliten waren sich als Bürger selbst genug und hatten keine wirkliche Idee davon, wie eine Bürgergesellschaft in Anatolien aussehen könnte. So gelesen, ist »Herr Cevdet und seine Söhne« klüger, als sein Autor es beim Verfassen sein konnte.

Wie Thomas Manns »Buddenbrooks« ist »Herr Cevdet und seine Söhne« ein Familien- und Gesellschaftsroman. Wie Thomas Mann schildert Pamuk die Veränderungen in der Oberschicht seiner Gesellschaft. Wie der Lübecker schreibt der Istanbuler Autor von seiner Klasse, sind viele Protagonisten als Mitglieder der eigenen Familie identifizierbar und, als wäre dies noch nicht genug, sind beide Romane Debüts von späteren Nobelpreisträgern.

Pamuks Roman erschien 1982 in der Türkei, einer »Zeit der Dämmerung«, wie der türkische Sänger und Schriftsteller Zülfü Livaneli die mit Repression und Verfolgung aufgeladene Zeit seit der Militärdiktatur charakterisiert. Junge Leute in Istanbul hatten bis Anfang der Achtzigerjahre revolutionäre Pläne, man war links oder rechts, man versteckte sich vor Polizei und Militär oder flüchtete nach dem Putsch nach Europa und verehrte von dort aus die Rebellen in den anatolischen Bergen oder unterstützte die 1978 gegründete PKK. In der Bundesrepublik bildeten sie linksrevolutionäre Vereine, nationalistisch gesinnte Kreise folgten den Grauen Wölfen. Mitten in diese tiefe intellektuelle Depression tritt mit Orhan Pamuk ein dreißig Jahre alter Autor, den diese aufgeheizte Debatte nur am Rande interessiert. Er legt eine im Stil des 19. Jahrhunderts geschriebene Familiensaga vor. Acht Jahre hatte er daran auf den Prinzeninseln, im Sommerhaus der Familie, geschrieben.

Ich habe dieses Buch, das jetzt, vorzüglich von Gerhard Meier übersetzt, auf Deutsch erschienen ist, spät entdeckt. Erst nachdem ich »Das schwarze Buch« (1990), seinen zweiten Roman, gelesen hatte. Die schonungslose Abrechnung mit seiner Ehe hatte Pamuk in der Türkei berühmt gemacht. Die Ungeheuerlichkeit der Schilderung von intimsten Eheproblemen war damals Schock und Befreiung zugleich für den türkischen Leser, für den die Familie ein in sich geschlossenes Universum darstellt, aus dem nichts nach außen zu dringen hat. Aber anders als dieser Roman – ich kannte die entsprechende Literatur und die entsprechenden Debatten aus Deutschland zur Genüge – zog mich »Herr Cevdet und seine Söhne« magisch an. Bis in die Neunzigerjahre hinein befanden sich viele Intellektuelle in der Türkei in einer Art Lethargie. Pamuks Buch half mir zu verstehen, warum. Diese literarische Aufarbeitung und die Auseinandersetzung mit den europäischen Ideen vor dem Hintergrund der Geschichte der Türkei brachte den Grundkonflikt von Tradition und Moderne auf den Punkt. Jetzt verstand ich besser, warum die Debatten um Rousseau, Hölderlin oder Voltaire, die Refik, Ömer oder Muhittin in dem Roman führen, viele Menschen nicht erreichten. Europa war eben vorrangig eine Doktrin und herrschende Mode der Kemalisten – und keine Angelegenheit des Volkes. Ich erspürte dieses Dilemma mit Pamuks Figuren und verstand, warum sie scheitern mussten und dass unterschiedliche Dinge gemeint sind, wenn über Europa geredet wird.

Joachim Sartorius hat 2005 in seiner Laudatio zur Verleihung des Friedenspreises des Deutschen Buchhandels an Orhan Pamuk gesagt, dieser Schriftsteller sei in der Lage, »sowohl unser Leben als das eines anderen zu erzählen, als auch das Leben von anderen Menschen als das unsere zu schildern«. Orhan Pamuks Weltsicht bildete vom Beginn seines Schreibens an in der Türkei die Ausnahme. Er ist einer der wenigen türkischen Europäer im Geiste. Zülfü Livaneli ist Weltbürger der Musik, Emine Sevgi Özdamar hat die türkische Migration nach Deutschland zu grenzüberschreitender Weltliteratur gestaltet; sie sind wie der

Volksdichter Yasar Kemal Solitäre der türkischen und wie Özdamar auch der deutschen Kultur. Obwohl sich inzwischen viele aufgemacht haben, ihnen zu folgen, bleibt Pamuks Leistung einzig. Seine Kenntnis der Geistes- und Literaturgeschichte, das Gespür für die Mentalität seines Volkes befähigten ihn schon als jungen Autor, in die Seele der Türken zu blicken und seine Figuren als Individuen und nicht nur als Teil eines Ganzen zu gestalten. Dass er dieses Talent zur Wahrheit nutzt, ist nicht selbstverständlich, und viele Türken haben ihm dies bis heute nicht wirklich verziehen. Es gibt türkische Schreiber, die behaupten, er habe den Nobelpreis bekommen, weil er wie ein Europäer schreibe. Sie meinen damit: weil er die Türkei an die Europäer verraten habe. Und obwohl sich Pamuk als Schriftsteller gegen die Vereinnahmung der Literatur durch die Politik wehrt und es ablehnt, dass sein Werk gelesen wird, als würde er den Türken Europa und den Europäern die Türkei erklären, ist seine Wirkung durchaus politisch. Er schreibt davon, welche Hoffnungen und Hemmnisse dieses Volk bewegen.

»Herr Cevdet und seine Söhne« ist sicher der am konventionellsten geschriebene Roman Orhan Pamuks. Für mich ist er aber zugleich der schönste, weil er ein Panorama der türkischen Gesellschaft zeigt, das inzwischen wie die alten Leporellos langsam verblasst. Und es ist ein wahrhaft aktueller europäischer Roman, der ein Licht darauf wirft, welche Attraktion die Idee der Aufklärung immer noch und trotz aller Hindernisse hat. Auch dies können sich die aufklärungsmüden Europäer anhand dieses großen Romans einer Republik vor Augen führen.

Kritik
der
Islamkritik

Sie haben das Leid
anderer zugelassen!

Eine Antwort auf den offenen Brief
von 60 Migrationsforschern (2006)[56]

In meinem Buch »Die fremde Braut« habe ich aus dem Inneren des türkischen Lebens in Deutschland berichtet, über Zwangsheirat, arrangierte Ehen und Frauen geschrieben, denen ihre Familien die elementarsten Rechte verweigern. Das Buch hat eine heftige öffentliche Diskussion ausgelöst, weil es gegen eines der bestgehüteten Tabus der türkischen Gemeinschaft verstieß – es machte das Schicksal der gekauften Bräute öffentlich, die mitten in Deutschland ein modernes Sklavendasein führen.

Jetzt werfen mir 60 Migrationsforscher unter anderem aus Instituten in Hamburg, Köln und Essen vor, ich hätte mit meinem Buch die Beachtung bekommen, die eigentlich ihnen zustehe. Sie kritisieren, ich hätte »Einzelfälle zu einem gesellschaftlichen Problem aufgepumpt«. Ich empfehle ihnen Besuche von Schulen, Beratungsstellen, bei Frauenärzten oder in Moscheen – dort können sie, wenn sie die Sprache der Frauen sprechen und Zugang zu ihnen finden, erfahren, dass es in diesem Land verbreitet Zwangsheirat, Gewalt in der Ehe, Vergewaltigungen und sogar die Mehrehe gibt; dass kurdische Familienväter minderjährige Nichten nach Deutschland holen, sie als ihre Töchter ausgeben – natürlich Kindergeld beziehen – und mit ihnen in

Polygamie leben. Und ich empfehle aktuell die Lektüre der Studie des Frauenberatungszentrums Selis des Stadtrats von Batman in Ostanatolien von Ende Januar 2006. Dort wird berichtet, dass 62 Prozent der Frauen von Familienmitgliedern verheiratet wurden, ohne dass sie vorher nach ihrer eigenen Meinung gefragt wurden. Alles »Einzelfälle«?

Werner Schiffauers Studie »Die Migranten aus Subay«, in der er anhand von acht Schicksalen über die Türken in Deutschland Schlüsse zieht, war ein Meilenstein der Migrationsforschung. Schiffauer hat damit die qualitative Migrationsforschung auf einen neuen Stand gebracht. Seine grundlegende These allerdings, dass der Weg in die Moderne unaufhaltsam mit einer Ablösung der Einwanderer von ihrer Herkunftskultur und ihrer Neuorientierung an den Werten der westlichen Gesellschaft verbunden sei, ist inzwischen von der Realität widerlegt worden.

Die politisch Aufgeschlossenen sind nur allzu gern Schiffauers These gefolgt, die Integration der Türken und Muslime vollziehe sich gleichsam »von selbst«. Nicht die Integration schien das »Problem« zu sein, sondern die Befürchtung, die Migranten könnten in diesem Anpassungsprozess an die Moderne ihre Identität verlieren. Auch ich bin anfangs dieser These gefolgt und habe die »kulturelle Dimension des Muslim-Seins« ebenso sträflich unterschätzt wie die Macht des islamischen Weltbildes. Als ich 1995 in Berlin versuchte, kopftuchtragende junge Türkinnen zu interviewen, musste ich selbst in Kreuzberg lange suchen, um überhaupt die eine oder andere ausfindig zu machen.

Gehen Sie heute zum Kottbusser Tor in Kreuzberg: Sie werden eher Probleme haben, muslimische Frauen ohne Kopftuch zu finden. Ich habe in den vergangenen zehn

Jahren genau hingesehen, habe mit einigen meiner Interviewpartner wiederholt gesprochen, die Veränderung in der türkisch-muslimischen Community registriert und dabei dazugelernt. Nach meinem Verständnis macht erst das seriöse Forschung aus: die Bereitschaft, die eigenen Ergebnisse durch genaue Beobachtung auch wieder infrage stellen zu lassen. Der Vorwurf, angeblich »Einzelfälle« zu Verallgemeinerungen »aufzupumpen«, ist auch noch deshalb besonders absurd, weil die Mit-Initiatorin dieses offenen Briefes an mich, Yasemin Karakasoglu, in ihrer Dissertation auf über 400 Seiten die Ergebnisse ihrer Befragungen von lediglich 15 muslimischen, kopftuchtragenden Pädagogikstudentinnen ihres Instituts auswertet. Sie kommt zu dem Schluss, dass das Kopftuchtragen junger muslimischer Frauen viele »Facetten« habe und das Kopftuch ein Zeichen des neuen Selbstbewusstseins junger Musliminnen sei, dieser »glücklichen Töchter Allahs«. Diese Erkenntnisse qualifizierten Frau Karakasoglu sogar zur Gutachterin vor dem Verfassungsgericht.

Kurios an dem Vorwurf, ich könne keine empirischen Daten vorlegen, ist ferner, dass er gerade von meinen Kritikern aus der gut ausgestatteten Welt der öffentlich finanzierten Migrationsforschung kommt. Auch die Ergebnisse, die der Sozialforscher Wilhelm Heitmeyer in einer empirischen Studie über Gewaltbereitschaft muslimischer Jugendlicher (»Verlockender Fundamentalismus«, 1997) vorgelegt hat, passten ihnen nicht ins multikulturelle Konzept. Anstatt inhaltliche Ergebnisse auf den Tisch zu legen, kaprizieren sie sich auf persönliche und wissenschaftliche Diskreditierungen – alles nur, weil ihnen die Richtung nicht passt. Dabei hätten die Institutsleiter, C3- und C4-Professoren in den vergangenen Jahrzehnten Zeit, Mittel und Assistenten gehabt, die Fragen von Zwangsheirat, arrangierten

Ehen, Ehrenmorden und Segregation sowohl quantitativ wie qualitativ zu untersuchen.

Die 60 Migrationsforscher hätten die Fragen stellen können, die ich gestellt habe. Sie hätten auch andere Fragen stellen können. Sie haben es nicht getan, weil solche Fragen nicht in ihr ideologisches Konzept des Multikulturalismus passen und weil sie die Menschenrechtsverletzungen nicht sehen wollten und wollen. Damit haben sie aber auch das Tabu akzeptiert und das Leid anderer zugelassen.

Die Unterzeichner bestreiten nicht die Existenz von Zwangsehen, sehen dieses Phänomen aber als eine Art »Heiratsmarkt«, der sich der europäischen Abschottungspolitik verdankt. Gibt es also keine Zwangsheirat in Anatolien? Hat Europa eine Bringschuld gegenüber Ländern, die der EU beitreten wollen? Oder ist es nicht umgekehrt so, dass bestimmte Bedingungen in diesen Ländern erfüllt sein müssen, bevor sie der EU beitreten können?

»Wenn es keine transparenten Möglichkeiten für Einwanderung gibt«, so schreiben die Migrationsforscher, »nutzen die Auswanderungswilligen eben Schlupflöcher.« Soll das heißen, die Europäer sind für die Menschenrechtsverletzungen in Kurdistan und für den Zwang zur Ehe im Islam verantwortlich? Ist also das Brechen von Gesetzen vor einem solchen Hintergrund durchaus legitim? Ebenso wenig bestreiten die Unterzeichner die Existenz von Ehrenmorden, doch »dafür gibt es bekanntlich Gesetze«, schreiben sie. Damit ist das Thema für sie erledigt.

Für mich offenbaren die Forscher in solchen Aussagen ein merkwürdiges Demokratieverständnis und ein merkwürdiges Selbstverständnis ihrer eigenen Arbeit. Offensichtlich verstehen sie ihren Beitrag zu gesellschaftlicher Aufklärung und zur Integration nicht so, dass solche kriminellen Praktiken verhindert werden. Sie wollen sie bestenfalls »in ihrem Entstehungskontext« erklären können. Ich habe ein anderes Verständnis von meiner Aufgabe als Migrationsforscherin. Ich möchte mit meinen Arbeiten zur Integration beitragen und habe deshalb auch keine Probleme damit, mit dem Innenminister der Bundesrepublik, dem Bundesamt für Migration und anderen Stellen zusammenzuarbeiten.

Die 60 Migrationsforscher werfen mir eine unseriöse Vorgehensweise vor, sind sich aber selbst nicht zu schade für den Versuch, mich und andere zu diskreditieren – und damit die ersten Ansätze einer anderen Integrationspolitik in Deutschland. Und mit Seyran Ates und Ayaan Hirsi Ali denunzieren sie Autorinnen, die ihr Leben riskieren, um die Gewalt gegen Frauen zu beenden.

Vielleicht haben die Unterzeichner auch nur Angst um ihre Forschungsmittel. Sie kommen nicht mehr unwidersprochen damit durch, vom unaufhaltsamen Weg der Migranten in die Moderne zu sprechen. Sie merken, dass vielleicht endlich die ersten Ansätze einer realistischen Integrationspolitik betrieben werden, die die real existierenden Probleme nicht mehr wegidealisiert, sondern anzugehen versucht. Zu einer solchen Politik aber hat ihre Forschung nichts beizutragen.

Islam ist Frieden?

An die Schülerinnen und Schüler
des 10. Jahrgangs
der Willy-Brandt-Gesamtschule in Marl[57]

Liebe Schülerinnen und Schüler,

ich habe Ihre Briefe gelesen und möchte auf Ihre Argumente eingehen.

Es ehrt Sie, wenn Sie nicht akzeptieren können, dass im Namen des Islam Verbrechen begangen werden, aus dem Koran zitieren und sagen, das »richtige« oder »echte« Muslime niemals einen Menschen töten würden. Eine Religion, auch der Islam, sollte zum friedlichen Leben der Menschen beitragen, ihnen Halt geben und Werte vermitteln.

Nur sind die Verhältnisse oft nicht so, wie wir sie uns wünschen. Selbst der Prophet Mohammed soll – so ist es im Koran und den Hadithen nachzulesen – Kriege geführt haben und Ungläubige töten lassen. Und wie diese oder jene Koranstelle zu interpretieren und welche Auslegung der »wahre« Islam sei, darüber gibt es Meinungsverschiedenheiten und ganz unterschiedliche Vorstellungen.

Der Islam hat ein grundsätzliches Problem. Anders als in der christlichen Gemeinschaft gibt es im Islam so etwas wie eine Theologie nicht, das heißt eine Wissenschaft der Religion, die Dinge erforscht und vereinheitlicht. Es gibt auch keine Institution wie die Kirche, die sagt: Das ist unsere Lehre. Es gibt den Koran und die Hadithe, und jeder

Muslim kann sich aus diesen Schriften und Überlieferungen, oft geleitet von Gelehrten, das heraussuchen, was ihm genehm ist.

Im Islam existieren Rechtsschulen verschiedener Glaubensrichtungen, die dieselben Quellen unterschiedlich bewerten. Das führt dazu, dass die einen sagen, der Islam sei Frieden, während andere meinen, Islam bedeute »Hingabe an Gott« oder »Unterwerfung«. Jeder hat seinen eigenen Islam und kann, wenn ihm etwas nicht passt, was im Namen des Islam geschieht, sagen: Das ist nicht der Islam. Das macht die Sache schwierig.

Wichtig ist, dass wir uns an die Fakten halten. In diesem Fall: Was tun die Muslime im Namen des Islam?

Sicherlich gibt es viele gute Dinge, aber uns hilft es, wenn wir uns die Schwierigkeiten und Schwächen ansehen. Nehmen wir ein ganz aktuelles Beispiel: Im Swat-Tal in Pakistan wurde im letzten Monat ein Gesetz im Namen des Islam erlassen. Danach dürfen Mädchen nicht mehr zur Schule gehen. Begründung: Mädchen sollen im Haus arbeiten, und dafür brauchen sie nicht lesen und schreiben zu können, und überhaupt gehören sie nicht auf die Straße.

In Afghanistan wurde in der letzten Woche die Scharia eingeführt; Frauen dürfen danach ohne Genehmigung der Männer das Haus nicht mehr verlassen und müssen dem Mann in allem, was er von ihnen verlangt, zur Verfügung stehen.

Diejenigen, die dies beschlossen haben, sind muslimische Männer, Stammesführer, religiöse Führer. Diese Männer berufen sich auf den Koran, sie sagen, es sei Allahs Wille. Sind sie keine »richtigen« Muslime?

Viele dieser Sitten und Traditionen werden im Koran nicht ausdrücklich beschrieben, aber sie werden von Muslimen auch nicht geächtet, sondern legitimiert, d. h. für

Recht gehalten und praktiziert. Es gibt viele mittelalterliche Traditionen in islamischen Gemeinschaften, die nicht in eine moderne Gesellschaft passen, ja, gegen unsere Gesetze verstoßen, und von denen man sagt, sie seien muslimisch. Zum Beispiel die Beschneidung von Mädchen und Jungen. Die von Mädchen wird inzwischen auch von vielen Muslimen geächtet, aber es gilt immer noch, dass ein Junge erst ein richtiger Muslim ist, wenn er beschnitten wurde. Es ist eine Tradition, für die es keine religiöse Begründung gibt, außer dass man es schon immer so gemacht hat.

Auf solche Dinge mache ich in meinen Büchern und Artikeln aufmerksam. Denn ich möchte nicht, dass diese mittelalterlichen Sitten praktiziert werden, nur weil es schon immer so war.

Viele Traditionen werden mit dem Koran begründet, und wenn man will, findet man in den islamischen Schriften für viele Dinge die entsprechenden Verse. Viele Muslime sagen, der Koran sei Gottes Wort und jedes Wort habe Gültigkeit. Doch es gibt 34 Verse im Koran, die sich gegen das richten, was Menschenrechte und Gesetze verlangen – wie wollen wir damit umgehen? Haben diese Verse keine Gültigkeit? Muss man sich von ihnen distanzieren?

Religion ist ein Teil unserer Freiheit und kann nicht über der Verfassung stehen, deshalb kann auch islamisches Recht bei uns nicht gelten.

Andere Muslime sagen, man muss den Koran im »Zeitkontext«, das heißt in der Zeit seiner Entstehung im 7. Jahrhundert, sehen. Das bedeutet z. B., dass man das Tragen von Kopftüchern und Schleiern nicht mehr religiös begründen kann, denn Mohammed hat seinen Frauen nur gesagt, sie sollen ihren Schleier über die Brust ziehen, damit sie von anderen Männern nicht belästigt werden. Er wollte sie als seine Frauen kenntlich machen. Heute darf ein Mann eine Frau aber schon dem Gesetz nach nicht belästigen. Der Mann, so sieht es die von jedem verlangte Selbstverantwortung in unserer Gesellschaft vor, muss sich beherrschen, und die Frau braucht sich nicht vor ihm zu verstecken. Was gilt also? Der Koran als Text oder der Sinn, dass Frauen vor Männern geschützt werden sollen?

Ich glaube, wir wären gut beraten, wenn wir nach dem Sinn fragen und uns nicht an Buchstaben festhalten.

Die türkische Regierung hat selbst in einer Untersuchung festgestellt, dass die »Ehrenmorde« im Osten der Türkei oft von Imamen, das sind muslimische Vorbeter, gutgeheißen wurden. Diese Vorbeter lassen die Männer im Namen des Islam gewähren, wenn sie ihre »Ehre« verteidigen. Viele dieser Männer sehen die Frauen ihrer Familie als ihren Besitz an, der ihnen zu gehorchen hat. Es stimmt aber nicht, dass diese Dinge nur im Osten der Türkei passieren. Leider hören wir, dass überall in der Türkei und, wie Sie sicher wissen, auch in Deutschland Ehrenmorde passieren. Nicht nur bei Kurden. In Hamburg wurde gerade ein afghanisches Mädchen von ihrem Bruder ermordet.

Und dass Väter über ihre Familien herrschen, werden einige von Ihnen vielleicht auch schon erlebt haben.

Eine Religion ist nicht nur das, was man persönlich dafür hält, sondern auch eine »soziale Realität«, das heißt, sie wird in bestimmter Weise ausgeübt. Und dies stimmt oft nicht mit dem überein, was wir für das Richtige halten. Ich bin dafür, diese schrecklichen Dinge, die im Namen des Islam getan werden, anzusprechen, damit sie aufhören. Und ich möchte Sie auffordern, das Gleiche zu tun.

In diesem Zusammenhang möchte ich noch auf etwas anderes aufmerksam machen. Wenn man auf Probleme hinweist, wenn man Kritik übt, heißt das nicht, dass man etwas schlechtmachen will, dass man die eigene Gemeinschaft verrät. Wenn ich auf die Probleme oder das falsche Verhalten von türkischen oder muslimischen Menschen in Deutschland hinweise, tue ich das, weil ich die Dinge verändern möchte. Ich möchte denjenigen helfen, die sich allein nicht helfen können, weil sie zum Beispiel nicht die Möglichkeit haben, einen Artikel in der Zeitung zu schreiben, oder sich an Hilfsorganisationen wenden können. In Deutschland hat jeder einzelne Bürger das Recht und die Möglichkeit, Missstände beim Namen zu nennen.

Ich bin in der Türkei und in Deutschland aufgewachsen und kenne beide Länder. Das ist ein Vorteil. Auch Sie können Ihr Wissen aus zwei Kulturen nutzen. Das sollte man nicht nur dazu einsetzen, seine eigene Gruppe zu verteidigen, sondern auch, um die Dinge für alle zu verbessern.

Ich habe vor dem Buch »Bittersüße Heimat« zwei andere Bücher geschrieben, die sich mit der Lage von Muslimen und Türken in Deutschland beschäftigen. Das erste heißt »Die fremde Braut« und stellt Frauen vor, die nach Deutschland verheiratet wurden. In dem anderen, »Die verlorenen Söhne«, geht es um junge Migranten, die in Deutschland straffällig geworden sind. Ich beschäftige mich in beiden Fällen damit, was der Islam mit diesen Dingen zu tun hat und wie man etwas ändern kann.

Ich bedanke mich recht herzlich für Ihr Engagement und möchte Sie bestärken, sich weiter kritisch mit den Dingen auseinanderzusetzen.

Mit den besten Grüßen
 Berlin, den 10. April 2009

Männer in Not

An die Redaktion
»Forum am Freitag« des ZDF

Sie hatten mich eingeladen, am 10. März 2011 bei der Veranstaltung »Chat@Bibliothek« mit Lamya Kaddor über das Thema Islam zu diskutieren. Wir hatten abgesprochen, dass wir uns inhaltlich auseinandersetzen, und Sie baten mich, wechselseitige persönliche Anwürfe zu vermeiden. An diese Verabredung habe ich mich gehalten, Frau Kaddor nicht.

Frau Kaddor hat in der Sendung u. a. behauptet, ich hätte an einer Stelle in meinem Buch »Die fremde Braut« meine eigene Auffassung als geoffenbarten Korantext ausgegeben bzw. diesen ungekennzeichnet ergänzt, sprich wissenschaftlich unsauber gearbeitet. Das ist falsch. Es handelt sich bei der inkriminierten Stelle um eine Darstellung der Verse zur Stellung der Frau sowie eine zulässige und aus dem Charakter der Darstellung erkenntliche Bewertung. Man kann über die Interpretation oder Zählung der Koransuren unterschiedlicher Meinung sein, man kann ihre unterschiedliche Übersetzung abwägen, das alles ist zulässig und einen Disput wert. Aber was Frau Kaddor mir hier unterstellt, ist böswillig und unbegründet. (…)

Ich muss auf diese Angriffe reagieren, weil mir die Ereignisse und Folgen unserer letzten Zusammenarbeit noch allzu gut und schmerzlich in Erinnerung sind. Im »Forum am Freitag« vom 16. Juli 2010 hatte ich Gelegenheit, mich Ihren Fragen zu meinem Buch »Himmelsreise« zu stellen. Sie haben im Zusammenschnitt besonderen Wert auf Fragen zur Sexualität gelegt. Auf die Frage nach der Rolle der Sexualität im Islam habe ich wörtlich – in der folgenden Wiedergabe nur grammatikalisch leicht bearbeitet – u. a. gesagt:

»Ich sehe in diesem Menschenbild, von dem ich eben gesprochen habe – und das der Islam übrigens auch in der Erziehung vorgibt –, ein Menschenbild, das folgendermaßen konstruiert ist: Die Menschen haben nicht die Fähigkeit, ihre Sexualität zu kontrollieren, und besonders der Mann nicht. Und er ist ständig eigentlich herausgefordert und muss der Sexualität nachgehen, und er muss sich entleeren, heißt es, und wenn er keine Frau findet, dann eben ein Tier oder eine andere Möglichkeit, der er auch nachgehen muss. Das hat sich im Volk so durchgesetzt, das ist ein Konsens, von dem auch die älteren Damen und Frauen sprechen: ›Ja, wenn du dich so kleidest, er muss ja … er kann ja nicht anders.‹«

Das Zitat macht deutlich, dass ich muslimischen Männern keineswegs einen »gesteigerten Sexualtrieb« unterstelle. Ich sehe das Menschenbild des Islam vielmehr als »Konstruktion« an, die als gegeben hinnimmt, dass der Mann der Sexualität »nachgehen« müsse. »Eure Frauen sind für euch ein Saatfeld; geht zu eurem Saatfeld, wo ihr wollt« (zitiert nach »Themenkonkordanz Koran«, erarbeitet von Adel Theodor Khoury), heißt es im Koran, Sure 2:223, und mit dieser Koranstelle wird diese Auffassung u. a. legitimiert. Dies steht im Widerspruch zu christlichen und anderen Auffassungen, die Triebbeherrschung für wünschenswert halten. Eine Beschreibung dieser Differenz klärt über vorhandene Unterschiede auf.

Durch den Zusammenhang wird deutlich, dass meine Interviewantwort eine Beschreibung darstellt und nicht meine eigene Meinung wiedergibt. Ich sage zur Verdeutlichung: »heißt es«. Das bedeutet, dass ich etwas beschreibe und nicht »meine«. Weder die muslimischen Männer werden damit insgesamt verdächtigt, noch wird irgendjemandem persönlich etwas unterstellt.

Lamya Kaddor und anonyme Forumsteilnehmer empörten sich sogleich im Internet und beim ZDF und zitierten mich dabei verkürzt. Ihre Redaktion sah sich genötigt, sich postwendend bei den Protestierern zu entschuldigen, mit der Begründung, dass Sie als der zuständige Redakteur bei mir nicht kritisch genug nachgefragt hätten. Offenbar, um der Empörung die Spitze zu nehmen, gab man Lamya Kaddor die Gelegenheit, mich eine Woche darauf in der Sendung der »Islamhetze« zu bezichtigen und zu behaupten, ich hätte für meine Äußerungen keine Belege. Auf die Idee, von mir die Belege für meine Aussagen abzufordern, kam die Redaktion nicht.

Die Redaktion des »Forum am Freitag« hat sich offensichtlich dem Druck des Beirats der Funktionäre von Islamrat, Verband der Islamischen Kulturzentren (VIKZ), Zentralrat der Muslime, der Ditib und von Islamfunktionären wie Ayman Mayzek und Bekir Alboga gebeugt. Kein gutes Zeichen für die Unabhängigkeit einer Redaktion des öffentlich-rechtlichen Rundfunks.

In der Folgezeit haben Frau Kaddor und ihre Freunde keine Gelegenheit ausgelassen, mit einem verfälschten Zitat üble Nachrede zu betreiben, und diverse Kampagnen angezettelt, um zum Beispiel zu verhindern, dass mir der »Freiheitspreis« der Friedrich-Naumann-Stiftung zuerkannt wird.

Wer sich nur ein wenig mit der islamischen Gesellschaft

und der Literatur zum Thema Sexualität beschäftigt, wird meiner Darstellung zustimmen müssen. Ich beschäftige mich seit zwanzig Jahren mit den gesellschaftlichen Strukturen der Umma von den Neuköllner Hinterhöfen bis in die Hütten in den Bergen Anatoliens. Meine Bücher oder die – um nur einige zu nennen – von Seyran Ates über Sexualität im Islam, Erdmute Heller und Hassouna Mosbahi zur Erotik und Sexualität in der arabischen Kultur, G.-H. Bousquet über die Ethik der Sexualität, die der marokkanischen Frauenrechtlerin Fatima Mernissi und der Ägypterin Nawal El-Saadawi oder gar der islamische Klassiker, Al-Ghazalis »Buch der Ehe«, belegen, dass meine Beschreibung eine tradierte und verbreitete Sichtweise wiedergibt und von der kritischen Fachwelt geteilt wird.

Frau Kaddor verbreitet u. a. und bezieht sich dabei auf die auf Seite 180 zitierte Aussage, ich würde muslimischen Männern einen Hang zur Sodomie unterstellen. Auch das eine absurde und böswillige Behauptung. Sodomie kommt seit der Antike in allen Gesellschaften, auch der islamischen vor. Der Umgang damit ist heikel und die Diskussion darüber mit einem Tabu belegt. Wie folgende Belege zeigen, wird die Frage in der islamischen Welt als durchaus relevant eingeschätzt.

Der schiitische Ayatollah Khomeini schrieb im 23. Kapitel seines Buches »Tahrir al Wasilah – Freigabe des Mittels – Buch der Ehe«, erschienen in Iran um 1980: »Ein Tier, mit dem man Geschlechtsverkehr hatte, sollte geschlachtet und verbrannt werden, wenn es von der Sorte ist, welche man für gewöhnlich isst, so wie das Schaf, die Kuh oder das Kamel. Darüber hinaus muss jener, welcher Verkehr mit dem Tier hatte, den Wert des Tieres ersetzen, wenn er nicht selbst der Besitzer ist. Wenn das Tier von der Sorte war, die man zum Transportieren von Lasten oder zum Reiten benutzt und dessen Fleisch man nicht begehrt, so wie der Esel, das Maultier oder das Pferd, dann soll es von dem Ort, an dem mit ihm verkehrt wurde, in eine andere Region gebracht werden und dort verkauft werden. Den Erlös erhält jener, der mit dem Tier Geschlechtsverkehr hatte, oder er muss den Wert ersetzen, wenn er nicht der Besitzer war.«

Die doch sehr konkrete Beschäftigung mit dem Thema durch den höchsten Geistlichen des Schiitentums vermittelt zumindest den Anschein, dass Zoophilie eine praktische Frage für die Gläubigen darstellt. Und mithin als Tatsache nicht geleugnet werden kann.

Aber nehmen wir noch einen anderen, aktuelleren Zeugen. Der ägyptischstämmige Politikwissenschaftler und Buchautor Hamed Abdel-Samad (»Mein Abschied vom Himmel«, »Der Untergang der islamischen Welt«) berichtet in einem Interview über die Auswirkungen der Sexualmoral im Islam: »Ja, es gehört zu dieser Hierarchie, damit diese Hierarchie gestützt wird, dass solch eine unnatürliche, unmenschliche Moral über dem Ganzen herrscht. Das kennen wir von fast jeder Diktatur. Die Unterdrückung der Sexualität wird als ein Mittel zur Unterdrückung der Freiheit, der Selbstbestimmung der Menschen, benutzt. Dadurch, dass die Ehre der Frau, die Jungfräulichkeit, so hoch geschätzt wird, kommt es selten vor, dass Männer in Not, nenne ich das, sich Erleichterung durch junge Mädchen suchen, sondern durch Tiere oder durch junge Buben, weil die ja keine Jungfräulichkeit haben.«[58] Auch hier wieder geht es nicht um besondere Veranlagungen, sondern um »Männer in Not«.

Wir können vor Tatsachen doch nicht die Augen verschließen, nur weil nicht alle davon betroffen sind. Das wäre so, als wenn wir nicht über Kindesmissbrauch in der katholischen Kirche sprechen dürfen, weil nicht alle Pfarrer so sind.

Ich halte es für notwendig, endlich über Tabuthemen, die den Islam betreffen, zu diskutieren. Und gerade über das Thema Sexualität. Viele unserer jungen muslimischen Männer und Frauen gehen in die Ehe, ohne aufgeklärt zu sein. Ich bleibe dabei: Wir säkularen Muslime und Demokraten tragen eine Verantwortung dafür, dass die Menschen in der modernen Gesellschaft ankommen. Dazu müssen wir auch Tabus brechen und unangenehme Dinge aussprechen.

Hierzu noch ein Beispiel, wie in muslimischen Kreisen über Sodomie und Sexualität gesprochen wird: In der vom türkischen Islamverband Ditib – mit Bekir Alboga im Beirat Ihrer Sendung vertreten – vertriebenen Schrift »Erlaubtes und Verwehrtes« von Hayrettin Karaman lesen wir, dass der Autor – wie die Imame der hanafitischen Rechtsschule – geschlechtliche Beziehungen zu Tieren nicht für Unzucht (*zina*) hält und lediglich den Streit darüber erläutert, ob das Fleisch eines missbrauchten Tieres gegessen werden darf.

Auch aus diesen Auffassungen folgt nicht, dass Muslime allgemein Sodomie praktizierten oder propagierten. Ich versuche nur auf den problematischen Zusammenhang von solchen Auffassungen über sexuelles Verhalten und möglicher Praxis hinzuweisen.

Gerade in meinem Buch »Himmelsreise« habe ich mich ausführlich mit dem Thema Sexualität im Islam auseinandergesetzt. Bei der Lektüre werden Sie feststellen, dass es mir darum geht, Probleme meiner türkisch-muslimischen Herkunftskultur zu untersuchen und Wege zu finden, wie die Menschen damit besser umgehen können. (...)

Ich wünsche Ihnen und Ihrer Redaktion, dass Sie unabhängig vom Druck der Verbände und anderer Ihrer journalistischen Aufgabe nachgehen können.

Brief an meine Kritiker
oder:
Frau Sezgin trifft Herrn Vogel
trifft Frau Luxemburg

Ihr Lieben!

Ein Philosoph produziert Ideen, ein Poet Gedichte, ein Pastor Predigten, ein Verbrecher Verbrechen … Karl Marx hat in seiner »Abschweifung über produktive Arbeit« in den Theorien über den Mehrwert den Zusammenhang zwischen Verbrechen und Gesellschaft schön auf das Vorurteil reduziert. Denn ein Verbrecher produziert nicht nur Verbrechen, sondern auch das Kriminalrecht und damit auch den Professor, der Vorlesungen über das Kriminalrecht hält, und zudem das unvermeidliche Kompendium, worin dieser selbe Professor seine Vorträge als »Ware« auf den allgemeinen Markt wirft. Ach, der gute alte Marx.

Der Verbrecher, um Marx weiter zu paraphrasieren,[59] produziert einen Eindruck, teils moralisch, teils tragisch, je nachdem, und leistet so der Bewegung der moralischen und ästhetischen Gefühle des Publikums einen »Dienst«. Er produziert nicht nur Kompendien über das Kriminalrecht, nicht nur Strafgesetzbücher, sondern auch Kunst, schöne Literatur, Romane, sogar Tragödien, wie nicht nur Schillers »Räuber«, sondern selbst »Ödipus« und »Richard der Dritte«.

Ein Kritiker schreibt Kritiken, die wiederum beziehen sich auf Werke von Autoren, die …

Halt, stopp, Karl Marx, liebe Kritiker, kannte Sie nicht.

Die Kritik an meinem letzten Buch (»Die Himmelsreise«, Köln 2010) setzte bereits ein, bevor es überhaupt erschienen war. Allein der Name Necla Kelek schien zu reichen, den Luftraum über Moscheen, Redaktions- und Teestuben zu kontaminieren.

Nun, das ist auszuhalten, auch wenn Zweifel daran bestehen, ob diese Aschewolken aus Vorurteilen nicht die Sicht versperren. Aber es gibt inzwischen auch einen sehr intensiven Diskurs über die Freiheit im Islam, über Identität, Grundrechte und die Möglichkeiten der Kritik. Ich bin auch nicht empfindlich gegenüber kontroversen Diskussionen. Sie gehören zur demokratischen Willensbildung, und ich bin die Letzte, die etwas dagegen hat. Was meinen Widerspruch erregt, ist, dass diese Freiheit benutzt wird, um Kritik zu denunzieren.

Da in Zeiten des Internets üble Nachrede nicht wie bei einer Zeitung tags darauf ins Altpapier wandert, sondern als digitaler Ahasver langlebige digitale Existenzen begründet, möchte ich exemplarisch zweien dieser Schmähkritiken eine Replik gönnen. Frischer Wind für die digitale Flugsicherheit sozusagen.

Doch zunächst eine der Geschichten, für die ich auch gern kritisiert werde. Nein, nicht aus meinem Leben, sondern aus dem des Propheten Mohammed, der selbst als Comicfigur im Bärenkostüm in der TV-Serie South Park für Erregung sorgt.

Islamkritik ist so alt wie der Islam selbst. Aber der Zweifel, vor allem an allem, was den Koran und den Propheten betrifft, ist nach Auffassung der Rechtgläubigen des Satans, und schnell ist bei ihnen das Urteil der Häresie, des Abfalls vom Glauben gefällt. Schon in der zweiten Sure, Vers 2, des Korans wird unmissverständlich festgestellt: »Dies ist die Schrift, an der nicht zu zweifeln ist ...«[60]

Mohammed selbst, so die von der islamischen Geschichtsschreibung kolportierten Legenden, gefiel Kritik an seiner Person und Lehre ganz und gar nicht, und er reagierte auf sie wie ein Despot. Folgt man den Beschreibungen des von der Islamkunde und den Rechtsschulen als die gültige Grundlage aller biografischen Versuche über den Propheten akzeptierten Werks von Ibn Ishaq (704–768), »Das Leben des Propheten«,[61] bis hin zu denen in den jüngsten Biografien des Islamwissenschaftlers Tilman Nagel[62] und von Hans Jansen,[63] hat sich zum Beispiel im Jahr 624 Folgendes zugetragen: Der Prophet war zwei Jahre zuvor nach Yathrib, das spätere Medina, emigriert, weil er in Mekka wegen seines Auftretens zu vielen Anfeindungen ausgesetzt war. In Medina suchte er sich mit den jüdischen Stämmen zunächst zu arrangieren und trat als Vermittler und »heidnischer Prophet« auf, der eine von Allah gestiftete Glaubenspraxis anordnet und durchsetzen will.[64] Vor allem ist er aber auch kriegerisch aktiv, führt verschiedene »Ghazus« (Razzien) und Feldzüge an. Sehr zum Missfallen der jüdischen Stämme Medinas, die sich von ihm eine friedensstiftende Rolle erhofft hatten. Aber Mohammed formulierte immer stärker seinen weltlichen und religiösen Machtanspruch und versuchte die Juden mit guten Worten und entschiedener Gewalt zu Anhängern seiner Lehre zu machen. Es kam zum endgültigen Bruch.

Die Juden verspotteten ihn: »Mohammed behauptet, er erhielte himmlische Botschaft. Dabei weiß er nicht einmal, wo sein Kamel ist.«[65] Vor der Schlacht in Badr kritisierte u. a. die Dichterin Asma bint Marwan Mohammed als einen »Dahergelaufenen«[66] und sang: »Was erwartet ihr noch von ihm [Mohammed] nach dem Mord an euren Anführern?«[67] Laut Ibn Ishaq soll Mohammed daraufhin im Kreis seiner Getreuen die Frage gestellt haben: »Wer erlöst mich von dieser Frau?« Einer der Verwandten von Asmas Ehemann machte sich noch in derselben Nacht auf den Weg, betrat ihr Haus, nahm der Ahnungslosen den Säugling von der Brust und erschlug sie.[68] Als der Prophet von der Nachricht erfuhr, sagte er zu dem Täter: »Du bist Gott und seinem Gesandten eine Hilfe gewesen.«[69] Und die Schuldgefühle des Mörders beruhigte Mohammed mit den Worten: »Um ihretwillen gehen keine zwei Ziegen mit den Hörnern aufeinander los.«[70]

Im Koran (2:6,7) wird diese Haltung gerechtfertigt: »Denen, die ungläubig sind, ist es gleich, ob du sie warnst oder nicht. Sie glauben (so oder so) nicht. Gott hat ihnen das Herz und das Gehör versiegelt, und ihr Gesicht ist verhüllt. Sie haben (dereinst) eine gewaltige Strafe zu erwarten.« Mohammed selbst wollte wohl nicht auf das Jüngste Gericht warten und ließ die »gewaltige Strafe« – nicht nur in diesem Fall – umgehend vollstrecken. Aber das ist alles Legende.

Hilal Sezgin veröffentlichte in der Literaturbeilage der *Zeit*[71] einen zweiseitigen Artikel über mein Buch »Die Himmelsreise« und unterstellte mir darin, weder Koran noch Zusammenhänge richtig darzustellen. Sie selbst gibt sich kundig.

Der Islamwissenschaftler Gerd-Rüdiger Puin, Saarbrücken, hat daraufhin einen Leserbrief geschrieben, der auf Sezgin antwortet. Ich zitiere aus diesem Brief mit freundlicher Genehmigung des Autors, weil die Wochenzeitung dies nicht tat:

»Frau Sezgin stellt in Abrede, dass vom islamischen Glauben Abgefallene getötet werden sollen, und behauptet: »Das ist schlicht und einfach falsch. Man braucht sich nur einmal anhand eines Koranindex die knapp zwanzig Stellen zu ›Abtrünnigen‹ anzusehen.« (…)

Oder kennt gar – im Gegensatz zu Frau Sezgin – der weltweit anerkannte Mufti Jusuf al-Qaradawi den Islam nicht, wenn er in seinem auch für deutsche Anhänger bestimmten Ratgeber »Erlaubtes und Verbotenes im Islam« (München 1989, S. 276 f.) erklärt, dass die Todesstrafe für drei Verbrechen vorgesehen ist, 1. bei bewiesenem Mord zur Wiedervergeltung (Koran 2:175), 2. bei Ehebruch durch einen Verheirateten und 3. bei öffentlich bekannt gemachter Abkehr vom Islam? Nur Frau Sezgin will uns weismachen, dass alle die Gläubigen, die einen Apostaten durch die Hinrichtung von der größten Sünde befreien, ›die Allah nicht vergeben wird‹ (Koran 47:32, 34), kriminelle Mörder sind, die sich nur zum Schein auf Koran und Scharia berufen! (...)

Schließlich weiß Frau Sezgin auch, wie man der traditionellen Paradiesvorstellung der Männer beikommt: ›An keiner Stelle lässt der Koran Zweifel daran, dass Männer und Frauen vor dem Jüngsten Gericht gleichermaßen zur Verantwortung gezogen und entlohnt werden‹, behauptet sie mit Verweis auf die recht unspezifischen Verse 3:195 und 4:124, die, faute de mieux, aus dem Zusammenhang gerissen sind. Gut, Frauen kommen wie Männer ins Paradies, doch was erwartet sie dort? Was ist denn mit den Stellen im Koran, die das Paradies so beschreiben: Allah ›vermählt‹ dort die Seligen (Männer) mit den Paradiesjungfrauen (52:20; 44:54); diese gleichen verborgenen Perlen (56:23) oder Rubinen und Korallen (55:56) oder wohlverwahrten Eiern (37:49); zuvor hat sie weder Mensch noch Dschinn berührt (55:56, 74); sie wohnen in besonderen Zelten und räkeln sich auf grünem Brokat (55:54, 72–76; ähnlich 56:34; 36:56; 37:44; 76:13); sie schlagen züchtig die Augen nieder (55:56; 37:48; 38:52); sie sind von Allah als (immerwährende) Jungfrauen geschaffen (56:36), heiß liebend und (stets) gleichaltrig (56:37), (rituell) rein (2:25; 3:15; 4:57) und mit schwellenden Brüsten (78:33). Von Gleichbehandlung also keine Spur!

Gewiss, auch schöne Jünglinge (›wie wohlverwahrte Perlen‹, 52:24) laufen im Paradies herum, jedoch in keusch-bedienender Funktion: Sie reichen vor allem Getränke, aber auch Früchte und Geflügelfleisch (56:17–21; 37:45–47; 43:71; 76:15–17, 19).

Es ist leider nicht zu leugnen, dass das koranische Paradies eine sexuell aufgeheizte Vorstellung ist, die in den geschilderten Einzelheiten ausschließlich an Männerfantasien appelliert und so nicht einmal eine metaphorische Deutung zugunsten von Frauen zulässt. Im volkstümlichen Islam, wie er sich zum Teil schon im Hadith widerspiegelt, wird das koranische Bild noch weiter ausgemalt, und in konsequentem Kontrast dazu wird dem Propheten in den Mund gelegt, er habe erkannt, dass die Mehrzahl der Höllenbewohner Frauen sind!

Apropos Hölle im Koran: Ihre sadistische und zynische Schilderung ist, wie die sexistische des Paradieses, ein ›großes‹ Thema des Korans. In Dutzenden von Versen und mit erschreckender Detailliertheit sind Qualen beschrieben, als seien sie der Fantasie eines Folterknechts entsprungen. So sind Traum und Albtraum reziproke Aspekte derselben Jenseitsvorstellungen. An den unproportional knapp behandelten Themen ›Belohnung‹ und ›Bestrafung‹ im ›Koran für Kinder und Erwachsene‹ (Beck 2008, S. 217 f.) geben die Übersetzerinnen L. Kaddor und R. Müller zu erkennen, dass sie solche koranischen Eindeutigkeiten ›für Kinder und Erwachsene‹ zu Recht nicht für vermittelbar halten.

Ist Frau Sezgin, die das alles nicht wahrnimmt, eine Meisterin des Augenverschließens? Heftig getrübt jedenfalls ist ihr Blick, wenn sie in ihrer Rezension Henryk M. Broder und den *FAZ*-Herausgeber Frank Schirrmacher beiläufig als

›Populisten‹ bezeichnet und wie selbstverständlich alle Islamkritiker in die rechte Ecke stellt. Damit liegt sie allerdings voll im islamophilen und von Kenntnissen unbelasteten Trend, von einer, die auch auf dieser Welle schwimmt: ›Ich muss nicht den Islam studieren, um Islamfeindlichkeit als Ausgrenzungsmechanismus zu erkennen‹, formulierte Dr. Sabine Schiffer vom Institut für Medienverantwortung. Das sitzt! Und ist so einfach wie schön: Kritik = Feindseligkeit = bösartige Ausgrenzung = Rechtspopulismus!«

So weit Gerd-Rüdiger Puin.

Im Rahmen des schon vor Monaten von einigen Redakteuren der *Süddeutschen Zeitung* und der *Frankfurter Allgemeinen Sonntagszeitung* eingeläuteten Islamkritiker-Bashing meldete sich auch Claudia Keller, Redakteurin beim Berliner *Tagesspiegel,* zu Wort. Am 12. April 2010 schrieb sie, ich würde behaupten, »muslimische Einwanderer sind nicht nur verbohrte Frauen- und Kinderschänder, sondern auch gefährliche Staatsfeinde. Und zwar alle«.

Frau Keller schreibt weiter: »Wer das anders sieht, ist für Kelek ein Lügner, Schönredner oder schlichtweg ein naiver Trottel wie der frühere Bundespräsident Roman Herzog oder Ex-Bundesinnenminister Wolfgang Schäuble.« Solche Aussagen habe ich weder in dieser Formulierung noch dem Sinn nach weder in meinem Buch noch an anderer Stelle gemacht. »Trottel« ist ein Ausdruck von Claudia Keller. Über Roman Herzog habe ich noch nie etwas geschrieben. Diese Tatsachen scheinen weder Frau Keller noch der Chefredaktion des *Tagesspiegel* einen Gedanken oder eine Richtigstellung wert.

Wenn der Versuch, mich inhaltlich zu diskreditieren, nicht verfängt, bleibt immer noch das Mittel des Lächerlichmachens. In einem Theaterstück wird aus meinen Büchern umfänglich zitiert, werden Texte so montiert, dass sie absurd anmuten. Wer will, kann aus jedem Text eine Karikatur machen. Das enthebt die Macher von der Notwendigkeit, in Zusammenhängen zu denken, sie können ihrer selbstgewissen Weltsicht frönen und die Migranten weiter als ihre Mündel behandeln. Diese angeblich fortschrittlichen »postmigrantischen« Theatermacher verweigern sich der sozialen Realität, verweigern den Migranten eine eigene Meinung, setzen auf billige Diffamierung und inszenieren sich als Opfer.

Sie meinen am Ende des Stückes, mich einsargen zu müssen. Ob sie mich tot wünschen, bleibt offen. Sehr witzig und natürlich keine Aufforderung zu Gewalt. Oder? Diese Leute sind dialektisch geschult, haben sie ihr Stück doch mithilfe von »Staatsknete« der Stiftung des Bundes und der Länder und in einem staatlich subventionierten Theater produzieren können – und dafür einen Theaterpreis bekommen.

Das Einsargen würde der Islamist Pierre Vogel sicher den Theatermachern überlassen, aber zwischen seinen Tiraden und deren Schmähungen ist nur ein schmaler Grat. Wie ist es zu verstehen, wenn er in einer Veranstaltung so von mir spricht: »Allah leite sie recht oder vernichte sie« und »Sie ist eine größere Lügnerin als der Papst«? So wie das, was der Prophet über Asma bint Marwan sagte? Was Vogel auf Veranstaltungen und im Internet verbreitet, ist Aufforderung zu Straftaten und Volksverhetzung. Pierre Vogel, der seinen Jüngern Rosa Luxemburg als leuchtendes Beispiel für den kompromisslosen Kampf für die Sache der Umma empfohlen hat, rechtfertigt Steinigungen und andere Straftaten und ist eigentlich ein Fall für den Staatsanwalt.

Ich habe nur drei Beispiele herausgegriffen, es gäbe weitere, und sie alle zeigen, wie sehr es unserer Gesellschaft an einem offenen Diskurs über die Freiheit im Islam und die Freiheit der Kritik mangelt.

Liebe Kritiker, Sie vergessen, wer Ihnen die Möglichkeiten der Kritik gibt. Unsere freiheitliche Gesellschaft nämlich und unsere Verfassung. Ich wünschte mir, dass wir diese Auseinandersetzung zivilisiert und inhaltlich weiterführen.

Friede sei mit Ihnen.

Berlin, im Mai 2010

Der Panikmacher

Über das Buch »Die Panikmacher.
Die deutsche Angst vor
dem Islam« von Patrick Bahners (2011)[72]

Der Aufstand in der arabischen Welt beflügelt nicht nur die Träume in Nordafrika und im Nahen Osten, sondern auch bei uns. Narvid Kermani spricht von der »Zärtlichkeit der Massen«, *Die Zeit* verkündet im Frühjahr 2011 auf der Titelseite eine Zeitenwende, die Islamverbände feiern die islamische Demokratie, und Patrick Bahners, Feuilletonchef der *Frankfurter Allgemeinen Zeitung,* sieht den Beweis erbracht, dass Muslime durchaus Revolution und Demokratie machen können. Nüchtern betrachtet sind in Tunesien, Ägypten und Libyen die Despoten verjagt worden, gibt es Aufstände in anderen Ländern Nordafrikas und des Nahen Ostens, streiken Menschen für Freiheit und mehr Lohn, in Syrien massakriert eine Regierung ihr Volk.

Noch bevor Wahlen stattfinden können, haben sich in diesen Ländern die demokratischen Kräfte heillos zerstritten, herrscht in Kairo wieder oder immer noch das Militär.

Revolution wird nach Marx die grundlegende qualitative Umgestaltung der Gesellschaft als Ganzes oder wesentlicher gesellschaftlicher Erscheinungen verstanden. Der Mauerfall 1989 in Berlin war deshalb in diesem Sinne der Beginn einer echten Revolution, wenn auch das Ende des Marxismus. Ob Hamed Abdel-Samads Einschätzung richtig ist, dass der Sturz Mubaraks die ägyptische Gesellschaft für die Freiheit geöffnet hat, ist – wenn auch nur zu wünschenswert – von hier und heute aus nicht zu beurteilen.

Aber Diktaturen bestehen nicht nur aus den Anführern und ihren Schergen, sondern sind Herrschaftssysteme, verfügen über staatliche Strukturen, prägen Gesellschaften. Die ägyptische Gesellschaft z. B. ist nicht nur von Mubarak, sondern seit dem 7. Jahrhundert von Grund auf durch den Islam geprägt. Der Artikel 2 der Verfassung der seit 1952 bestehenden Republik Ägypten bestimmt den Islam zur Staatsreligion. Es gibt dort keine Gesetze, die den Vorgaben der Scharia widersprechen, das Personenstands- und Familienrecht ist in den Händen der Imame. Die bekannteste Frauenrechtlerin Ägyptens, die Ärztin und Schriftstellerin Nawal El-Saadawi (79), konstatiert in der *Welt* vom 21. Februar 2011, dass in Ägypten noch nichts gewonnen ist, dass der eingesetzte Verfassungsrat ausschließlich aus Mubarak-Männern besteht, und fragt: »Wenn das Familienrecht nicht säkular ist, wenn Polygamie, die sexuelle Promiskuität der Männer im Namen der Religion und die Herrschaft der Männer in der Familie nicht abgeschafft werden, was werden wir verändert haben?« Es ist wie überall: An der Lage der Frauen erkennt man den Grad der Freiheit einer Gesellschaft.

Wenn wir über den Aufstand in der arabischen Welt sprechen, müssen wir deshalb über das System sprechen, dass die Gesellschaft bestimmt. Es ist der Islam, und zwar nicht nur als sinnstiftende Institution, sondern als den Alltag prägende Kraft. Noch steht der Beweis aus, dass unter islamischer Vorherrschaft auf Dauer eine Trennung von Staat und Religion zu machen ist, dass Frauenrechte auf der Agenda stehen, dass es erstmals Rechtssicherheit, Gewaltenteilung gibt, dass sich das Verhältnis zwischen Gerechtigkeit und Leistung, Kapitalismus und Nepotismus, Kollektiv und Individualität ändert. Oder werden nur neue, vielleicht geschickter legitimierte Scheichs und Clans an die Stelle der alten treten – oder gar der Islam total wie im Iran herrschen? Nur wenn die Ursachen und die Gründe für das Versagen der gesellschaftlichen Strukturen in den islamischen Ländern analysiert, wenn die Gründe für die gesellschaftliche Katastrophe Arabiens klar werden, wird eine Neuformierung der Gesellschaften möglich, wird es mehr Gerechtigkeit und Gleichberechtigung, wirtschaftlichen Erfolg geben können.

Im Grunde sind dies im Großen die Fragen, die wir seit einigen Jahren im Kleinen in der Islamdebatte um die Integration der Muslime in Deutschland zu beantworten suchen. Wie können Muslime in der Moderne ihren Platz finden? Dazu gehört das kritische Hinterfragen der Rolle des Islam als Religion und Lebensanweisung, der Diskurs über Sinn, Zweck und Aufgabe und Grenzen der Religion und der Vernunft – also auch die Kritik des Islam. Religionskritik ist seit der Antike eine philosophische Disziplin, und ohne sie ist Aufklärung nicht denkbar. Und ohne das Infragestellen religiöser Gewissheiten wird es auch im Nahen und Mittleren Osten keine Revolution, keine Demokratie geben.

Nun formiert sich in unserem Land eine bizarre Allianz von Antiaufklärern. Sie kritisieren nicht die Zustände in der islamischen Umma, sondern diejenigen, die die Zustände beschreiben.

Patrick Bahners etwa hat ein umfangreiches Buch über

»die deutsche Angst vor dem Islam« geschrieben. Es geht darin jedoch nicht um die Religion, nicht darum, was den Islam ausmacht, Menschen an ihm fasziniert oder eben, warum er »den Deutschen« Angst macht.

Das ist die erste Lektüreenttäuschung: Der Autor äußert sich über den Gegenstand seiner Betrachtung gar nicht. Für ihn scheint der Islam, so wie er ist, »ungefragt gegeben« zu sein, eine Konfession wie der Katholizismus, nur eben in grün. Und mit dem Katechismus der römischen Kirche kennt der fromme Katholik sich aus; seinen zweifelsfreien Glauben will er auf die Islamdebatte übertragen. Bahners stellt die Meinungsfreiheit in religiösen Fragen zur Disposition, will die Debatte über den Islam am liebsten beenden.

Ganz so wie in der islamischen Welt im 9. und 10. Jahrhundert »das Tor der selbstständigen Rechtsfindung« beginnend mit Ibn Hanbal geschlossen wurde und die Philosophie und der Zweifel aus dem Islam verbannt wurden, will Bahners heute nicht über Glaubenswerte und -praxis diskutieren. Ihm schwebt offenbar eine Regelung vor, wie sie 1848 die katholischen Piusgemeinden von der Frankfurter Nationalversammlung forderten, nämlich die Freiheit der Religionen vom Staat, mit eigenem Recht. In der Moschee und für die Muslime wäre dann die Scharia das Gesetz. Bahners versucht, was Dan Diner als Tragik des Islam diagnostiziert, eine sakrale Versiegelung des Denkens. Das sagt er natürlich nicht. Er gibt sich als Verteidiger der Religions- und Meinungsfreiheit und sucht Verantwortliche für das schlechte Image des Islam in Europa. Das ist dann die »Islamkritik«, die in Bahners' Darstellung wie eine Art geschlossener Anstalt mit verwirrten Insassen wirkt.

»Islamkritik«, schreibt Bahners, »ist ein System von Sätzen, aber nicht bloß ein logisches Gebilde, sondern zugleich eine Ballung von Stimmungen, ein Syndrom des Ressenti-

Metzlersche Buchhandlung
Büchergilde
Karlstr. 13 - 76133 Karlsruhe
Tel.: 0721-919510
mail: info@metzlerbuch.de

Bon 39555 Stat.14   16.07.2019 17:10:37
Antiquariat Buch
  1 2560010001056   4,00=   4,00 EUR

                           4,00 EUR

Netto 7,00% =   3,74 EUR
Mwst   7,00% =   0,26 EUR

Summe   4,00 EUR

Bar   4,00 EUR

*** Vielen Dank für Ihren Einkauf ***
    StNr. DE 230 996 863
       www.metzlerbuch.de

ments«. Da man Glauben und dessen Praxis nicht diskutieren kann und soll, müssen nach dieser Logik der Versuch, Kritik am Islam zu üben, pathologisch sein und die Kritiker nicht bei Sinnen. Bahners spricht von Angst, Angst vor der Angst, von Panik und Panikmacherei, alles Begriffe der Psychologie. Das Ziel der »Islamkritik« sei die Abschaffung des Islam, die Methode die des »Tugendterrors«, der Angst verbreitet und Panik macht. Nach Bahners' durch Comics (er ist bekennender Donaldist) geschulter Vorstellung sitzen die Islamkritikerinnen Ayaan Hirsi Ali und Necla Kelek auf der Agora und verkünden, von Henryk Broder auf der Panflöte begleitet, die »frohe Botschaft der Freiheit« als ihr Evangelium. Und die Schafherde der Leser und Politiker flüchtet deshalb in Panik vor dem Islam.

Angela Merkel hat seiner Meinung nach richtig getan, als sie in der »Staatsaffäre« (Kapitel 1) das Buch von Thilo Sarrazin als »nicht hilfreich« abtat. Genauso stellt sich dieser Machiavelli des Feuilletons die Debatte vor. Er entscheidet, was zum Thema wird und wer versenkt wird. Bundespräsident Wulff ist okay, weil er festgestellt habe, dass »der Islam zu Deutschland gehört«, der Philosoph Sloterdijk nicht, weil der dem rechtsradikalen »Tugendterrorismus« Sarrazins die »starphilosophischen Weihen« verliehen habe. Und die Diskussion über Leitkultur und das »jüdisch-christliche Erbe« erscheint Bahners »monströs«. Weg damit. Her mit der Deutungsmacht.

Um das Kleingeistige der Islamkritik zu belegen, setzt er sich im zweiten Kapitel über Dutzende Seiten mit den Veröffentlichungen des *Wetzlarer Kuriers* und seinem Herausgeber auseinander, besser: Er versucht ihn vorzuführen. Und weil auch das nicht reicht, um das unterstellte provinzielle Niveau zu beschreiben, hält der in Paderborn geborene Bahners ernsthaft Amazon.de-Lesermeinungen und

Eintragungen im Forum von »hart aber fair« für zitierfähig. All das, um den schändlichen, misanthropischen und substanzlosen Charakter der Islamkritik zu belegen.

Außer Recherchen im *FAZ*-Archiv und im Internet hat Bahners nichts an sozialer Wirklichkeit zu bieten. Doch, einmal berichtet er von seinem Besuch einer Veranstaltung der Friedrich-Naumann-Stiftung in Freiburg, auf der ich mitdiskutiert habe. Aber weder dort noch sonst einmal in den letzten fast sechs Jahren, in denen ich regelmäßig für diese Zeitung schreibe, hat er das Gespräch mit mir gesucht. Dafür führt er mich als »Zeugin der Anklage« (Kapitel 4) an. Auf über 40 Seiten erzählt er mit dem Eifer eines Küchenpsychologen meine Lebensgeschichte aus »Die fremde Braut« nach und versucht das Motiv meines Handelns zu ergründen. Er kommt dabei, angebliche Widersprüche zwischen meiner Dissertation und späteren Veröffentlichungen aufdeckend, zu dem Schluss, dass meine Kritik am Islam nicht aus wissenschaftlicher Erkenntnis, nicht aus der Sache heraus begründet ist, nicht dem politischem Verantwortungsbewusstsein oder einfach nur dem Umstand geschuldet ist, dass ich glaube, etwas erkannt zu haben und verändern zu müssen. Er stellt als mein Motiv die verspätete Rache an meinem Vater dar, der nach einem Streit mit mir die Familie verlassen hat. »Sie hat es ihr Glück genannt, dass ihr Vater eines Tages fort war und die Familie ihrem Leben überließ. So soll auch der Islam aus der Welt verschwinden.« Der Autor sagt damit doch, diesem armen Ding gehört unser Mitleid, und seht, mit dem Islam hat all das, was sie sagt und schreibt, nichts zu tun. Das die reflexive Betrachtung der eigenen Biografie eine soziologische Methode ist und nichts mit Betroffenheitsliteratur zu tun hat, sollte unter Lesenden seit Richard Sennett geklärt sein.

Was ich geforscht habe, interessiert ihn nicht. Weder die

Berichte über Importbräute, Zwangsverheiratung, die erschreckende Suizidrate bei jungen muslimischen Frauen noch meine Untersuchungen über die Gewalt an und von muslimischen Männern, weder meine Berichte aus der Türkei noch über die Geschichte des Islam in Deutschland noch die Auseinandersetzung mit den Islamverbänden nimmt er wahr, wenn es nicht in sein Beuteschema passt. Er will mich psychologisieren, delegitimieren und entpolitisieren.

Die »Islamkritik« will Bahners zufolge eine Welt ohne Islam, sie behaupte eine Korrelation von »religiöser Bindung und sozialer Entfremdung«, je frömmer, desto schlechter integriert. Aber bevor er zu Schlussfolgerungen über die Gefährlichkeit der »Islamkritik« kommt, versucht er noch mit rechtspolitischen Ausführungen zu belegen, dass sie selbst ein »Streit ohne Gegenstand« sei. Wenn er über das Kopftuch schreibt (Kapitel 3), werden sein Frauenbild und seine Haltung zu Frauenrechten plastisch: »In Tücher gehüllt wird normalerweise das Kostbare. Die Verschleierung ist ein Indiz der Vornehmheit. Es widerspricht also unserer Intuition, dass der Zweck des Kopftuches, wie von seinen feministischen Gegnerinnen behauptet, die demonstrative Herabsetzung der Frau sein will.« Die Frau als kostbarer Besitz des Mannes: bei uns eine Männerfantasie, in der islamischen Kultur die Realität.

Bahners schildert den Streit um den Einbürgerungstest in Baden-Württemberg als Vater-Sohn-Konflikt zwischen einem übereifrigen Islamgegner in der Bürokratie und dessen Minister (Kapitel 5); erörtert, warum Ehrenmorde »Fantasiegebilde« seien und die Scharia nur eine andere Art Recht (Kapitel 6). Er ist für das religiöse Leben, für die Freiheit der Religion vom Staat, und er glaubt belegen zu können, warum die Islamkritiker und deren Freunde, zu denen er sowohl Joachim Gauck als auch Helmut Schmidt zählt, Unsinn reden. Viele, die sich im letzten Jahrzehnt kritisch zum Islam geäußert haben, dürfen sich eines Bahners-Bashings erfreuen.

Da fragt man sich, was treibt den Autor an? Hat er vielleicht selbst Angst? Bahners redet vom Krieg, von dem angeblich die Islamkritiker reden. Allerdings ist er selbst nicht mutig, weder beim Karikaturenstreit noch in seiner Art zu formulieren. Er ist ein Künstler in Sachen Subtext, zitiert und schreibt dann ohne Anführungszeichen weiter, was er dem Zitierten unterstellt. Und so legt er nahe, warum Sarrazin nur ein Fälscher und der Neuköllner Bürgermeister Heinz Buschkowsky ein Provokateur, Alice Schwarzer eine Jakobinerin sein kann. Das hat Methode und zeigt, wie gern der Meinungsjournalist Bahners austeilt und gleichzeitig fürchtet, wegen übler Nachrede zur Verantwortung gezogen zu werden.

Und da er sich nicht aus der Deckung seines Wortgestrüpps traut, überlässt er die letzten Fragen seinem Kollegen Thomas Steinfeld. Der fragte in der *Süddeutschen Zeitung,* was die Islamkritiker denn mit den Muslimen vorhätten, wenn sie nicht wie gewünscht vom Glauben abfallen. »Was dann?« Bahners stellt einige Möglichkeiten in Frageform vor, alle so unsinnig wie die Frage selbst. Die Antwort legt er dem Leser, dem er vorher ob der dunklen Ziele der »Islamkritik« Angst gemacht hat, nahe.

Bahners will, weil er von einer versiegelten Religion ausgeht, sich eben nicht vorstellen, dass sich der Islam durch die Muslime selbst reformieren und modernisieren kann. Er kann sich auch nicht vorstellen, dass Kritik dazu beiträgt, Missstände zu benennen, damit sie abgestellt werden. Er muss deshalb in seinem intellektuellen Schützengraben ausharren, er raunt von finsteren Absichten, unterstellt, es gehe den Kritikern um den »Endkampf zwischen Aufklärung und Finsternis«. Er nutzt sein demagogisches Talent für die Mission, die »Islamkritik« mundtot zu machen. Dass dabei der freie Meinungsstreit auf der Strecke, die Probleme ungelöst bleiben, dass durch die Weigerung, über die Struktur des Systems Islam nachzudenken, wir auch den Aufständischen in der arabischen Welt keine kritischen Partner sein können, all das scheint der von tiefer Angst geprägte Feuilletonist in Kauf zu nehmen.

Wir müssen uns Patrick Bahners als einen panischen Menschen vorstellen.

Ein Befreiungsschlag

Gekürzte Fassung der Rede
zur Vorstellung von Thilo Sarrazins Buch
»Deutschland schafft sich ab«,
August 2010
im Haus der Bundespressekonferenz

Wenn ein Ökonom, Finanzexperte und erfahrener Politiker wie Thilo Sarrazin sich um Deutschlands Zukunft Gedanken macht, kann man erwarten, dass er mit dem Blick des Controllers Zusammenhänge analysiert, eine qualitative wie quantitative Bewertung von Zahlen und Zusammenhängen vornimmt und als Politiker Vorschläge macht, wie die Probleme gelöst werden könnten. Diese Erwartung enttäuscht er mit seinem Buch nicht. Sarrazin führt auf 460 Seiten Daten und Fakten zusammen, die alle für sich mehr oder weniger bekannt sind, aber in ihrer Gesamtschau und Bewertung doch überraschende Zusammenhänge und Folgerungen ergeben.

Ausgangspunkt ist die These, dass sich das »Goldene Zeitalter«, das die Bundesrepublik seit den Fünfzigerjahren des vorigen Jahrhundert erlebt hat, sich dem Ende zuneigt, weil sich die Voraussetzungen des Wohlstands, d. h. demografische und gesellschaftliche Formationen dramatisch verändern, während die Politik dies ignoriert oder falsche Schlüsse daraus zieht.

Sarrazin referiert pointiert die wirtschaftshistorische Entwicklung, nimmt ökonomische und demografische Trends unter die Lupe, stellt fest, dass der autochthone Teil der Gesellschaft in den nächsten Jahren schrumpfen und die Zahl der Einwanderer durch weiteren Zuzug und höhere Geburtenraten steigen wird. Letztere werden seiner Meinung nach allerdings aufgrund kultureller Hindernisse nicht in der Lage sein, die Folgen der demografischen Schrumpfung auszugleichen. Die Leistungsfähigkeit des produktiven Teils der Erwerbsbevölkerung wird abnehmen, weil Deutschland statistisch gesehen weniger technisch-wissenschaftliche Intelligenz reproduzieren wird. Als eine Ursache entdeckt Sarrazin unterschiedliche intellektuelle Voraussetzungen, die ein Sinken des Bildungsniveaus bewirken werden. Anhand der Ergebnisse der Pisa-Studie weist er nach, dass nicht die finanzielle Ausstattung der Schulen oder die wirtschaftliche Situation der Schüler entscheidend sind, sondern qualitative und kulturelle Faktoren, nämlich die Qualität des Unterrichts und die Voraussetzungen der Schüler. Denn obwohl zum Beispiel die Berliner Schulen ein sehr viel günstigeres Lehrer-Schüler-Verhältnis haben und mehr Geld pro Schüler ausgegeben wird als z. B. in Bayern, rangiert Bayern bei der Pisa-Studie vorn und Berlin hinten. Für den Autor sind die Unterrichtsqualität und die Leistungserwartungen – unabhängig von deutscher oder migrantischer Herkunft – entscheidend.

An sich eine Steilvorlage für die Gestaltungsräume von Bildungspolitikern, die gerne beklagen, Bildung sei nur ein verlängerter Arm der Finanzpolitik. Sarrazin widerspricht der These »Viel hilft viel«.

Ein ebensolcher Befreiungsschlag könnten für Sozialpolitiker das 4. und das 5. Kapitel über Armut und Ungleichheit und Arbeit und Politik sein. Bisher geht man in allen politischen Parteien davon aus, dass soziale Besserstellung, Gesundheit, Ernährung und letztlich Glück nur durch materielle Zuwendung befördert werden können. Thilo Sarrazin stellt fest, dass im bisherigen Politikverständnis »das Individuum, sein Verhalten und seine Verantwortung« gar nicht vorkommen. Das will er ändern.

Ausführlich diskutiert Sarrazin die unterschiedlichen Ansätze, Gerechtigkeit und Leistungsbereitschaft im Arbeitsleben zu gewährleisten. Er rechnet die Idee des voraussetzungslosen Grundeinkommens nach und kommt zu dem Schluss, dass es sich bei diesem Konzept eher um eine mythische denn ökonomische Alternative handelt, und diskutiert den Einfluss von Innovation und Globalisierung. Migranten kommen bei diesen Betrachtungen eher nur am Rande vor.

Voraussetzungen für erfolgreiches Lernen sind für Sarrazin im Kapitel über Bildung – neben dem Unterrichtskonzept – Disziplin und Übung. Auch Denken kann man üben, und homogene Lerngruppen und bildungsorientierte Eltern sind förderlich, soziale und materielle Nachteile auszugleichen. Hier ist Sarrazin ganz Sozialdemokrat, der das Bildungssystem als Möglichkeit für den sozialen und gesellschaftlichen Fortschritt nicht aufgeben will, der weiß, dass Gerechtigkeit und Gleichheit einander bedingen.

Aber auch hier muss er feststellen, dass die Statistik eindeutig ist und dass Kinder aus muslimischen Herkunftsländern, selbst wenn die Eltern subjektiv bildungsorientierter sind, objektiv ein Defizit haben.

Und erst hier, im 7. Kapitel – wir befinden uns bereits auf Seite 255 –, widmet sich Sarrazin den Themen Zuwanderung und Integration. Er verortet die Integrationsprobleme europaweit überwiegend bei den Muslimen. Er stellt mit Paul Scheffer fest, dass die Muslime weniger integriert, überdurchschnittlich oft Empfänger von Sozialtransferleistungen, unterdurchschnittlich gebildet, fruchtbarer, öfter kriminell und religiöser als die Mehrheitsbevölkerung und auch andere Migrantengruppen sind. Er beschreibt die Unmöglichkeit, zwischen Islam und Islamismus zu unterscheiden und den Islam selbst als konsistentes System zu beschreiben.

Meine Damen und Herren, Sie wissen, dass ich den Islam nicht nur als Glaube, sondern als eine politische Ideologie und ein gesellschaftliches System definiere. Ein System, das die Trennung von Religion und Staat, also die Säkularität und die Aufklärung verleugnet, das die Trennung von Männern und Frauen praktiziert, d. h. Frauen diskriminiert.

Durch den Versuch, das System der Scharia, die religiöse Normsetzung, neben oder über das säkulare Recht zu stellen, ergeben sich ein anderes Welt- und Menschenbild, andere Werte und Normen, die zu einer generellen Integrationsunwilligkeit dieses Teils der muslimischen Gesellschaft geführt haben. Die Ergebnisse dieser Entwicklung zur kollektivorientierten Gegengesellschaft werden wiederum vom Autor statistisch nachgewiesen; er zitiert ausführlich die von Seyran Ates, Güner Balci und mir angestoßene Debatte um die Verantwortung der Muslime. Sarrazin schildert die Situation der muslimischen Migranten am Beispiel des Berliner Bezirks Neukölln und stellt ernüchtert fest:

»Bei uns muss sich niemand integrieren. Es reicht, wenn er jemanden findet, der ihm den Antrag auf Grundsicherung ausfüllt und bei der Wohnungssuche behilflich ist. Die Integration, die in klassischen Einwanderungsländern durch die Teilnahme am Arbeitsleben erzwungen wird, wird für muslimische Migranten in Deutschland zum Luxus, den man sich leisten kann, aber nicht muss.«

Die Aufregung über diese Feststellungen erscheint mir aufgesetzt. Und nebenbei bemerkt ist der Islam keine Rasse, sondern ein kulturelles System. In diesem Zusammenhang von Rassismus zu reden ist absurd. Sarrazin trifft hier den Kern einer Politik, die seit Jahren von falschen Voraussetzungen ausgeht.

Und wenn der Ökonom Sarrazin errechnet, dass seinen Zahlen zufolge aus 750 000 Arbeitsmigranten, die aus der Türkei kamen, fast drei Millionen Menschen geworden sind, deren erwerbsfähiger Teil zu 40 Prozent von Sozialleistungen lebt, und sagt, das sei volkswirtschaftlich eine miese Bilanz, dann ist das kein Grund, sich über den Autor zu empören, sondern kritische Fragen an die Politiker zu stellen, die diese Situation zu verantworten haben.

Sarrazin macht Vorschläge zur Einwanderungspolitik, die sich zum Teil in den Parteiprogrammen der bürgerlichen Parteien finden, die aber, wie z. B. das Gesetz gegen Zwangsheirat, seit Jahren vor sich hergeschoben werden. Er spricht von Sprachförderung, Kindergartenpflicht, Ganztagsschulen und Verantwortung der Migranten für ihr eigenes Schicksal und gegenüber der Gesellschaft und stellt Überlegungen an, wie die autochthone deutsche Gesellschaft sich aus sich selbst heraus aus dem Dilemma von niedrigen Geburtenraten und Vergreisung retten kann. Die Eindämmung des ungehinderten Familiennachzugs ist eine Maßnahme.

Mein Fazit: Hier hat ein verantwortungsvoller Bürger bittere Wahrheiten drastisch ausgesprochen und sich um Deutschland, wie es so schön heißt, einen Kopf gemacht. Dass er gelegentlich pointierter und bildhafter formulieren kann als manche Kommentatoren, kommt vielleicht hinzu.

Und um diesen Kopf soll Thilo Sarrazin jetzt offensichtlich kürzer gemacht werden. Wenn man das Medienecho der letzten Tage verfolgt hat, findet sich die politische Klasse in einem schrillen Chor wieder. Die Kanzlerin und ihre Integrationsbeauftragte lassen ihrer Empörung freien Lauf. Der SPD-Vorsitzende bangt um seine türkischen Wähler. Die Sozialarbeiter im Parteivorstand der Grünen reden von Stammeskriegern,[73] die FDP-Justizministerin spricht von wirren Thesen. Die türkischen Verbandslobbyisten jammern, die Integrationssachverständigen beschweren sich. Also alle, die entweder den Zustand der Integration mitzuverantworten haben oder daran verdienen, rufen »Haltet den Dieb!« und »Nicht in diesem Ton!«

Geht es nicht ein wenig kleiner? Ich würde gern lieber eine inhaltliche als eine moralische Debatte über Sarrazins Thesen führen. Denn keiner seiner Kritiker hat bisher inhaltlich auf die Vorschläge reagiert, geschweige denn seine Thesen widerlegt. Der Eindruck drängt sich auf, hier soll eine notwendige und überfällige Debatte mit den bewährten Begriffen Rassismus und Populismus kontaminiert werden.

Meine Damen und Herren von der Presse, Sie sind hier und haben die Gelegenheit, über die Analysen und Vorschläge mit dem Autor zu diskutieren. Denn was Thilo Sarrazin zum Thema gemacht hat, die Frage, wie wollen wir in diesem Land leben und was behindert die Integration und die Zukunft, ist ein Thema, dass die Menschen in diesem Land bewegt und das nicht in falsche Hände geraten sollte.

Manchmal habe ich den Eindruck, hier wird ein neuer Haider oder Geert Wilders oder das Erstarken der NPD herbeigeredet. Damit endlich das Feindbild wieder stimmt und man sich nicht inhaltlich auseinandersetzen muss. Der Sozialdemokrat Thilo Sarrazin und sein Buch taugen zu diesem Feindbild nicht, auch wenn einige es gerne so hätten.

Ich weiß nicht, ob Ihnen aufgefallen ist, dass seit dem Bundestagswahlkampf 2009 alle Parteien das Thema Integration und Islam wieder von der Tagesordnung gestrichen haben. Der zuerst so gefeierte Integrationsgipfel fand zuletzt im November 2008 statt und wurde stillschweigend beerdigt, die Islamkonferenz wurde entpolitisiert.

Ich vermute einen einfachen Grund. Es gibt den politischen Lehrsatz, der da lautet: »Politik ist die Kunst des Machbaren.« Und da sich in den letzten Jahren immer deutlicher herausstellt, dass die bisherigen politischen Ansätze nicht geeignet sind, das Integrationsproblem nachhaltig zu lösen – und da es an einsichtigen und reformbereiten Ansprechpartnern auf muslimischer Seite fehlt –, vermeidet man das Thema lieber ganz. Da stören solche Querköpfe wie Thilo Sarrazin natürlich.

Als Soziologin und Migrantin, als gebürtige Türkin und Muslimin habe ich das Privileg, die deutsche wie die türkische Gesellschaft von innen wie von außen betrachten zu können. Ich habe die deutsche Diskurs- und Diskussionskultur immer sehr bewundert und viel daraus gelernt.

Die deutsche Gesellschaft hat ihre Geschichte in einem langen und zum Teil schmerzhaften Prozess aufgearbeitet, es wurde über die geschichtliche Schuld reflektiert. Dadurch ist eine besondere Art der Verantwortung für das Miteinander entstanden, haben sich hohe moralische Standards entwickelt. Diese Moral, man könnte auch sagen, dieser gesellschaftliche Common Sense trägt viel zu dem Ansehen bei, das die deutsche Nation weltweit genießt. Schonungslose Offenheit, unverblümte Kritik und zum Teil schon fast pedantische Korrektheit scheinen aber nur gegenüber den eigenen Leuten und den eigenen Fehlern zu gelten. Wenn es um Fremde, also auch um die Migranten geht, beobachte ich diese kritische Reflexion nicht. Man fühlt sich schuldig, die Gastarbeiter und ihre Familien ins Land geholt zu haben. Sämtliche gesellschaftlichen Institutionen von Schulen über Jugendämter, Verwaltungen bis hin zu den Gefängnissen bemühen sich, die Fremden angemessen zu betreuen. Politiker werden zu Sozialarbeitern, und von allen wird erwartet, dass man den anderen mit Liebe und Respekt begegnet. Die Mündel aber danken es nicht und nehmen die Angebote des deutschen Sozialstaats wie freie Bildung, Gesundheitsversorgung, Grundsicherung, Rente als Selbstverständlichkeiten, für die sie nichts weiter tun müssen, als da zu sein.

Teilhabe ohne Leistung, das ist eine Haltung, die die deutsche Politik seit Jahrzehnten reproduziert.

Ich wundere mich manchmal doch sehr, wie gleichgültig Politiker wie Bürger den Anmaßungen und dem Chauvinismus von türkischen Nationalisten oder Islamisten gegenüberstehen. Lässt man Kinder in dieser Art gewähren, werden sie zu Tyrannen.

Das arrogante und anmaßende Auftreten der Türkenlobby und einiger Islamverbände, die Kultivierung eines angeblichen Opferstatus, die Anmaßungen des türkischen Ministerpräsidenten Erdogan bei seinen Auftritten in Deutschland, all das wird von der deutschen Politik und Öffentlichkeit mit der Demut eines Sünders hingenommen.

Es ist Allgemeingut, dass der Staat, die Gesellschaft für Versäumnisse verantwortlich sind. Auch für die Desintegration. Migranten und Muslime werden wie Mündel be-

handelt, ihre Sorgen und Probleme von Politikern und Lobbyisten stellvertretend gelöst. Ein Volk von Sozialarbeitern
kümmert sich um eine Gruppe von ewig Pubertierenden.

Damit müssen wir aufhören. Das Buch von Thilo Sarrazin ist eine Chance, die Integrationspolitik und damit
auch die Zukunft des Landes in wichtigen Bereichen neu
zu denken. Auch wir Muslime müssen über unsere eigene
Geschichte, auch die Geschichte der Migration, reflektieren lernen. Die Muslime in Deutschland müssen sich entscheiden, ob sie mit aller Konsequenz Teil dieser Gesellschaft werden wollen oder als erste Gruppe von Migranten
in die Geschichte eingehen wollen, die das Land, das sie
aufgenommen hat, ablehnt.

Sarrazin – ein Jahr danach (2011)[74]

Als ich vor einem Jahr Thilo Sarrazins Buch »Deutschland
schafft sich ab« las, hatte ich die Hoffnung, dass der Sozialdemokrat und Bundesbanker mit seiner mit statistischem
Material gestützten Analyse der bundesdeutschen Sozial-,
Bildungs- und Integrationspolitik den von allen Parteien,
Medien und Lobbyisten im Laufe der Jahre geknüpften gor-
dischen Knoten durchschlagen könnte. Nahm er sich doch
Problemen an, die offensichtlich und reichlich diskutiert
worden waren, aber ungelöst blieben. Neu war sein in vielen Teilen alternatives Konzept, das auf Eigenverantwortung der Bürger, auch der Migranten, setzte. Vielleicht, so
dachte ich mir, muss man, wie der Neuköllner SPD-Bürger-
meister Heinz Buschkowsky anmerkte, »grenzwertig« for-

mulieren wie Sarrazin, um einen Paradigmenwechsel einzuleiten. Ich vertraute auf die Debatten in diesem Land und darauf, dass letztlich sich alle Sorgen um es machten und nicht wollten, dass eintritt, was der Titel des Buches suggeriert.

Die Kanzlerin hielt das Buch aber schon vorab für »nicht hilfreich«, der Bundespräsident und die Bundesbank distanzierten sich von dem Spitzenbeamten, die SPD wollte ihren Genossen ausschließen. Der Erfolg des Buches wurde als Menetekel gewertet, dass die schweigende und kaufende Mehrheit wieder mal nichts aus der Geschichte gelernt habe. Dass der Auflagenerfolg des Buches vielleicht ein Zeichen dafür war, dass die Menschen die Probleme sahen und sich von der Politik nicht mehr verstanden fühlten, wurde als Grund verworfen, zerredet. Von der Regierung wurde Hals über Kopf der Integrationsgipfel wieder aufgelegt und faktisch ergebnislos abgewickelt. Das, was ich mir erhofft hatte, fand nicht statt.

Das Gegenteil trat ein. Es wurde nicht weiter über die besten Konzepte der Integration, über Bildungspolitik, Grundeinkommen und Bildungschancen gestritten, sondern über die mangelnde Empathie Sarrazins gegenüber Muslimen, vorgeblichen Rassismus, ethnische Diskriminierung und eine Debatte über Genetik, bei der einige froh schienen, diesen vom Autor selbst geschnitzten Knüppel gefunden zu haben, um sich nicht mit den anderen Thesen des Buches beschäftigen zu müssen. Man war entweder für oder gegen Sarrazin.

Die Leser und Befürworter fühlten sich in ihrer düsteren Weltsicht bestätigt, der Umgang mit dem Autor bestätigte sie. Die angesprochenen Politiker verhielten sich, als hätte Sarrazin die Themen kontaminiert, kaum jemand wagte ihm öffentlich zuzustimmen. Thilo Sarrazin wurde zum Störfall der deutschen Integrationspolitik. Wer sich heute in seine Nähe begibt oder seine Thesen aufgreift, gilt als politisch verstrahlt. Das ist für seine Gegner bequem, denn so können Integrationsbeauftragte und Bildungspolitiker weitermachen wie bisher und sich auf der richtigen Seite wähnen.

Die Folge davon ist das faktische Ende der Integrationsdebatte. Der Begriff »Multikulti« gilt nun als passé, der Ersatzbegriff lautet in Integrationspolitikerkreisen deshalb jetzt »Diversität«. Vielfalt ist schön; eine Diskussion um Werte oder um europäische Leitkultur wird selbst vom FDP-Außenminister mit einem »weg von der Überlegenheitskultur« bedacht. Alles, der Islam, die Migranten, die soziale Lage ist nach dem neuesten Wissenschaftssprech »ambig«, vielschichtig, nicht zu fassen. Die Betroffenen sind für nichts verantwortlich zu machen, schon gar nicht für ihre Lage. Der Türke wird – so die Neudefinition – nur von den Deutschen zum Türken gemacht. Allein die Frage »Woher kommst du?« wird in diesen Kreisen bereits als potenziell diskriminierend empfunden. Man ist kein Türke, kein Migrant, kein Muslim, sondern einer von vielen.

Und für die ist Partizipation, Teilhabe angesagt, Integration gehört abgeschafft, denn alle sind plötzlich das neue Ganze. Der Einwanderer selbst fühlt sich postmigrantisch, meinen die intellektuellen Interkulturbeauftragten. Nur haben das die meisten Migranten und vor allem die Muslime noch nicht mitbekommen. Sie verhalten sich weiterhin »realdominant«, verstecken und bewachen weiter ihre Töchter, verteidigen ihre Kieze und Einflusssphären vor »Bio-Deutschen«, wie die Dorfwächter ihr Kaza in Anatolien. »Bio-deutsch« ist ein Begriff, den der grüne »Bio-Türke« Cem Özdemir für zutreffend hält und gern gebraucht. (...)

Diese angebliche Vielfalt der vielen ist nur das Plagiat der heimischen identitätslosen Elite. Auch die deutschen Intellektuellen wollen selbst keine Elite mehr sein, sie wollen auch nicht deutsch oder außer mit sich mit sonst was identisch sein. Und das, obwohl sie Stellung, Amt und Privilegien nur deshalb übertragen bekommen haben, weil sie mit diesen Möglichkeiten und ihrer intellektuellen Qualität der Gesellschaft auch eine kulturelle Identität nahebringen sollen. Aber wo nichts ist, hat der Kaiser sein Recht verloren, lautet ein deutsches Sprichwort. Die vielen sind zu bedauern. Sie haben nur noch ihren Bauchnabel als Identifikationspunkt. Man sollte für das Manifest der vielen den geistigen Insolvenzverwalter rufen.

Aber warum soll es in Integrationsdingen besser laufen als bei Energiefragen oder Finanzproblemen? Wer aufgehört hat, sich darüber Gedanken zu machen, was Europa im Kern ausmacht, wer Freiheit nur noch pragmatisch interpretiert, wer Europa nicht mehr als kulturelle Union, sondern nur noch als Zweck- und Interessengemeinschaft für eigene politische und wirtschaftliche Ziele definiert, wer demokratische Prozesse aussetzt, wenn es opportun erscheint – der hat tatsächlich ein Problem zu erklären, warum die Menschen für Deutschland, für Europa und für die Integration im eigenen Land sein sollen.

Da erklärt man besser die Probleme für inexistent und die Mahner zu Panikmachern. Und dann wird der Erfolg der rechten Populisten und die »Renationalisierung« in den Niederlanden, Dänemark, Österreich etc. beklagt, ohne zu reflektieren, wer dieses Identitätschaos zu verantworten hat und ob es vielleicht eine Reaktion auf die Ignoranz der Politik ist? Ein Jahr nach Sarrazins Buch ist die Verwirrung größer denn je.

Islam
und
Freiheit

Über die Freiheit im Islam (2010)[75]

Ich bin 1991 nach dem Fall der Mauer in die neuen Bundes-
länder gegangen, wo ich in Greifswald, Neubrandenburg
und Wolgast ehemalige Verwaltungskräfte »auf Demokratie« geschult habe. Für mich war das ein großes Glück und
die Chance, in Lohn und Brot zu kommen. Und dabei zu
sein, wenn Deutschland sich wieder vereint. Wie für viele
andere »Wessis«, die zwar ein Lehrerdiplom in der Tasche,
aber keine Anstellung im Westen fanden, ergriff auch ich
die Gelegenheit beim Schopfe. Mit viel Geduld ertrugen die
neuen Bundesbürger ihre Situation, sie waren meist neu-
gierig und offen für die viele Themen, die von ihnen nun
neu bedacht und bearbeitet werden mussten.

Ich unterrichtete Arbeits-, Sozial- und Staatsrecht. Meine
»Schüler« waren ehemalige Mitarbeiter der Stadt- und Be-
zirksverwaltungen, die in zweijährigen Kursen auf ein
neues Gesellschaftssystem »umgeschult« werden sollten. In
einem Kurs hatten die Teilnehmer die bisherigen Dozenten
abgelehnt; sie wollten sich von den »Besserwessis« nichts erzählen lassen. Ich wurde zu den »Rebellen« geschickt und
sollte einen letzten Versuch wagen, die störrische Klasse zu
gewinnen. Als gebürtige Türkin war ich nach Ansicht der
Schulleitung »politisch unbelastet«.

Ich erinnere mich noch genau an den 11. November
1992: Als ich in die zum Unterricht vorgesehene Aula kam,
waren die ersten Reihen leer. Die etwa 35 Teilnehmer, vornehmlich Männer mittleren Alters in Strickjacken und An-

zügen, hatten sich in die letzten Reihen gesetzt, die Stühle umgedreht und wandten mir den Rücken zu. Was tun? Ich begann, ohne mich um den Affront zu kümmern, mit dem Unterricht. Mein Thema: »Was ist ein Staat?« Ich zeichnete Schaubilder an die Tafel und redete und redete. Wie damals in Istanbul, als ich den Kindern Kino vorspielte oder als 14-Jährige für mich allein Konzerte auf dem Küchentisch gab. Ich war in meinem Element. Auch ohne Publikum hatte ich Lust an der Darstellung – darin kannte ich mich schließlich aus. Und ich konnte nachvollziehen, wie fremd die vor mir sitzenden neuen Bundesbürger sich fühlten, als sie von Freiheit, Demokratie und Persönlichkeitsrechten hörten. Aber ich war stolz darauf, gerade dieses Fach zu unterrichten.

Für die ehemaligen Bürger der DDR war »Freiheit« nicht unbedingt das, was in der westlichen Gesellschaft darunter verstanden wurde. Freiheit war im DDR-Sprachgebrauch nach Friedrich Engels »die Einsicht in die Notwendigkeit«, also in das, was wissenschaftlich angeblich bewiesen war, konkret, was die Partei beschlossen hatte. Freiheit war ein kollektives Gut, denn »erst in der Gemeinschaft [mit anderen] hat jedes Individuum die Mittel, seine Anlagen nach allen Seiten hin auszubilden; erst in der Gemeinschaft wird also die persönliche Freiheit möglich«, so Marx und Engels. Mit dieser Freiheit war die politische Freiheit des *Kollektivs* gemeint, nicht die individuelle Freiheit. Diese wurde im Sozialismus eher als »Problem«, als bürgerlicher Individualismus, gesehen. Das Kollektiv bildete eine Ordnung, »in der Gesellschaft, Staat und Wirtschaft … verschmolzen waren und Glaube, Wahrheit, Politik und Moral eine Einheit bildeten«. Der Lohn für die Preisgabe des Individualismus war der Wohlfahrtsstaat, der fortan für alle Lebensrisiken haftbar gemacht wurde und den Bürger entmündigte, wie Ulrike Ackermann in ihrem Buch »Eros der Freiheit« festhielt. Die Folge sei das Schwinden von Selbstständigkeit, Selbstbestimmung und der Fähigkeit, das Leben in die eigenen Hände zu nehmen, die individuelle Freiheit im Sinne persönlicher Autonomie auszukosten. Bereits vor dem Fall der Mauer hatte der Bürgerrechtler Rolf Henrich in seinem Buch »Der vormundschaftliche Staat« analysiert, wie der DDR-Staat seine Bürger zu Mündeln und damit zu Opfern der Politik gemacht hatte.

Erst als ich meinen Schülern in Neubrandenburg nach einiger Zeit die Frage stellte: »Wer ist denn nun das Volk?«, und dabei ein großes Fragezeichen hinter das Wort »Volk« malte, fühlten sich die ehemaligen Mitglieder des »Kollektivs« angesprochen, und die Ersten drehten sich um und lachten. Sie waren das Volk, das nun frei war, aber auch lernen musste, sich »aus seiner selbst verschuldeten Unmündigkeit« (Kant) zu befreien. Und auch lernen musste, dass politische und individuelle Freiheit sich unterscheiden; dass Freiheit gelernt sein will und dass dies auch bedeutet, Verantwortung zu übernehmen, für sich und die Gemeinschaft.

Ich konnte die Vorbehalte gegen das, was da auf sie zukam, sehr gut nachvollziehen. War doch mein Weg aus der muslimisch-türkischen Community in die individuelle Freiheit von ähnlichen Ängsten begleitet gewesen. Auch wenn in Sachen Frauenrechten, Selbstständigkeit und vielen anderen Dingen nicht vergleichbar, gibt es Gemeinsamkeiten von Kollektivgesellschaften. Auch die islamische Umma, die Gemeinschaft der Gläubigen, stellt den Einzelnen in den Schutz des Kollektivs, definiert den Menschen als Sozialwesen und nicht als Individuum. Im Koran findet sich eine Reihe von Versen über die Gemeinschaft, der folgende beschreibt die islamische Botschaft am deutlichsten: »Ihr Gläubigen seid die beste Gemeinschaft, die unter den Menschen entstanden ist. Ihr gebietet, was recht ist, verbietet, was verwerflich ist, und glaubt an Gott« (Koran Sure 3, Vers 110).

Eine Religion, die den Menschen nicht nur spirituell den Weg weist, sondern beansprucht, politische und lebensprägende Autorität zu sein, eine Religion, die ausdrücklich die *Einheit* von Glaube und Politik, Privatem und Politischem beschwört, bildet eine politische, kulturelle und religiöse Identität heraus, bei der sich Religion, Kultur und Politik nicht mehr voneinander trennen lassen. Der Spruch der 68er-Bewegung »Das Private ist politisch« findet hier seine Entsprechung. Das Private wird religiös bestimmt und die Tradition religiös legitimiert. Die Religion geht mit den jeweiligen ethnischen und tribalen Traditionen eine Verbindung ein, schafft eine geistige Übereinstimmung, die das Spirituelle, den Glauben, zu seiner Reproduktion gar nicht mehr braucht.

Eben weil Muslime individuell immer wieder einen ganz eigenen Islam beschwören und sagen, dies oder jenes habe nichts mit dem Islam zu tun, weil sie betonen, dass es »den Islam« gar nicht gebe, weil er überall anders sei, weil sie den Koran und die Traditionen mal so und mal so interpretieren – ebendeshalb müssen wir uns an die Fakten halten, an den Islam, wie er sich uns sozial, politisch und religiös darbietet. Der Islam ist das, was in seinem Namen *gelebt* wird. Bevor ich dies erläutere, möchte ich einen kleinen Exkurs in die Geschichte der Freiheit in der westlich-europäischen Gesellschaft unternehmen, damit klar wird, über welche Dinge und Werte wir sprechen.

Die Polis, der Stadtstaat der griechischen Antike, war die erste staatliche Organisation, die die Gleichheit der Bürger, allerdings nur der freien Männer, vor dem Gesetz gewährleistete. Aristoteles (384–322 v. Chr.) propagierte die Herrschaft des Gesetzes, also die Rechtsstaatlichkeit vor allen Despoten und Göttern. Ein Regime, in dem das Volk und nicht das Gesetz regiert, sei deshalb keine Herrschaft der Freiheit, schrieb er. Und so verdanken wir den Griechen nicht nur die Demokratie, sondern auch das Rechtssystem. Dies wurde von Cicero (106–43 v. Chr.) in Rom erweitert. Er verfolgte nicht nur das Konzept der *humanitas,* sondern auch das Streben nach *studia humanitatis,* Bildung, und schuf die Grundlagen des Personenstands- und des Eigentumsrechts. Eine der Voraussetzungen, dass sich die *persona,* das unabhängige Individuum, entwickeln und vom Kollektiv des Stamms (oder sogar der Familie) lösen konnte. Judentum wie Christentum folgten der Idee der Gleichheit vor Gott, und mit Jesus Christus wird die individuelle Verantwortung eine Kategorie des Handelns.

Das sind Werte, die im Weltbild des im 7./8. Jahrhundert sich herausbildenden Islam in den autoritativen Texten so keine Rolle spielten. Die »gleiche Freiheit« der Antike wurde dort zur »gleichen Hingabe oder Unterwerfung unter den Willen Allahs«. Der Theologe Thomas von Aquin (1225–1274), den der islamische Gelehrte Averroes mit seinen Übersetzungen der Schriften des Aristoteles inspirierte, definierte den Menschen als Subjekt, als Handelnden der Geschichte, und attestierte ihm Willensfreiheit auch in den Beziehungen zu Gott.

Gleichzeitig fielen im islamischen Kulturkreis die auch unter den ersten muslimischen Herrschern bis dahin hochentwickelten Wissenschaften der Mathematik, der Medizin und der Philosophie durch die »Versiegelung« des Korans durch die Hanbaliten und Al-Ghazali im Laufe der Zeit in die Bedeutungslosigkeit. Die Imame und Rechtsgelehrten hatten kein Interesse an den Wissenschaften, die sich aus den griechischen, persischen und indischen Kulturen speisten und im Bagdad des 8. bis 10. Jahrhunderts, dem sogenannten Goldenen Zeitalter, ihre Blüte erlebt hatten.

Für sie war im Koran alles gesagt und gedacht – ein für alle Mal. Die kulturelle Erinnerung an die Antike in der westeuropäischen Renaissance des 14. Jahrhunderts, der aufkommende Buchdruck und die Reformation Luthers führten in Europa zu einer Weiterentwicklung auch des Individualismus. Mit der Herausarbeitung der Autonomie des Subjekts kam es zu enormen Wissensfortschritten. Doch diese Entwicklungen fanden in der islamischen Welt keinen Widerhall, weil diese sich zu diesem Zeitpunkt wissenschaftlich aufgegeben und den Zweifel aus dem Denken verbannt hatte.

Mit Reformation und Renaissance, mit der »Zwei-Reiche«-Theorie Luthers, mit der Trennung von weltlicher und geistlicher Macht und gleichzeitig der Herausbildung des persönlichen Gewissens als Maßstab menschlichen Handelns nahm die Säkularisierung ihren Anfang. Das Reich Gottes ist für die christliche Lehre seitdem »nicht von dieser Welt« und damit auch nicht mit menschlichen Maßstäben zu beurteilen. Eine überprüfbare Ordnung muss folglich anderswo gesucht werden. Entscheidungen im »Diesseits« wurden einerseits in das Innere der Person, das Gewissen, verlegt und andererseits nach außen delegiert, das heißt, weltliche Gesetze übernahmen die Funktionen des Schutzes und der Bestrafung.

Eine Trennung von Diesseits und Jenseits gibt es im Islam nicht. Politik ist für Muslime nur eine andere Form für die Erfüllung des von Allah gegebenen Auftrags. Im Islam gibt es die Kategorie des Gewissens nicht, denn es liegt nicht in der Entscheidung des Menschen zu beurteilen, was gut oder böse ist; vielmehr gibt Allah vor, was »recht und was verwerflich« ist. Der Gläubige hat seine Pflichten zu erfüllen, indem er sich an diese Vorgaben hält. Im Zweifelsfall vergibt Allah dem Sünder oder bestraft ihn, spätestens beim Jüngsten Gericht. Aber er allein entscheidet.

Im europäischen Denken nahm die Entwicklung des Freiheits- und Verantwortungsgedankens eine andere Entwicklung. In seinem Essay »Über die Freiheit« formulierte der englische Protestant John Stuart Mill (1806–1873) die »Freiheit des Gewissens«. Nichts war ihm verhasster als der »Terror der Gesellschaft«. Er stellte Prinzipien auf, die später in die bürgerlichen Verfassungen aufgenommen wurden, unter anderem, dass das Individuum der Gesellschaft nicht rechenschaftspflichtig ist für Handlungen, die nur seine eigenen Interessen betreffen, während das Individuum hingegen für alle Handlungen rechenschaftspflichtig ist, die den Interessen anderer schädlich sind.

Was ins Innere des Individuums aufgenommen und was nach außen hin entlassen wird, diese Entscheidung beschrieb Montesquieu (1689–1755) als ständigen Prozess der Verhandlung und Neuverhandlung. Dieser Prozess findet ihm zufolge sowohl auf individueller wie auf kollektiver Ebene statt, sowohl in der intellektuellen wie der alltagspraktischen Aneignung der Lebenswelten. Der denkende – »Ich denke, also bin ich« – und damit der zweifelnde Mensch wurde bei den Rationalisten wie René Descartes (1596–1650) zum Ideal; das Wissen trat in Konkurrenz zum Glauben. Und mit ihm wurden auch der Zweifel und die Neugier salonfähig und zur Triebfeder gesellschaftlicher

Entwicklung. Dies mündete in der Aufklärung, die laut Immanuel Kant (1724–1804) »den Ausgang des Menschen aus seiner selbstverschuldeten Unmündigkeit« darstellt: »Habe Mut, dich deines eigenen Verstandes zu bedienen.«

Die revolutionären Bewegungen in Amerika, Frankreich und England hatten nicht nur die Abschaffung des königlichen Absolutismus zum Ziel, sie forderten auch einen Gesellschaftsvertrag, der die Rechte der Individuen unter den Schutz des von ihnen gewählten Souveräns stellen sollte. John Locke (1632–1704) und Thomas Hobbes (1588–1679) fochten für die politische und die individuelle Freiheit, auch für die Religionsfreiheit, und Voltaire (1694–1778) stritt unter anderem für die Freiheit *von* Religion. Die Französische Revolution von 1789 mit ihrer Parole »Freiheit, Gleichheit, Brüderlichkeit« kämpfte mit der Guillotine gegen die »Feinde der Freiheit«, doch im Namen der politischen Freiheit wurde die individuelle Freiheit gemordet. »Die Grundlage der Republik ist die vollständige Vernichtung dessen, was gegen sie ist«, verkündete der Jakobiner Antoine de Saint-Just (1767–1794) und fiel schließlich selbst dem Terrorregime zum Opfer. Diese revolutionäre Attitüde war dann auch Vorbild für die späteren kommunistischen Revolutionäre und Regimes, die die individuelle Freiheit verabscheuten, was bei den Adepten von Marx und Engels dann in die Unterscheidung von »formeller« bürgerlicher und »reeller« Freiheit des befreiten Kollektivmenschen mündete.

Die individuellen Rechte des Menschen, seit der Antike ein politisch-philosophisches Thema, fanden über die englische Magna Charta (1215), den Habeas Corpus Act (1679) und die Bill of Rights (1689) – als unveräußerliche Rechte auf Leben, Freiheit und das Streben nach Glück – Eingang in die Unabhängigkeitserklärung der Vereinigten Staaten von Amerika (1776) wie auch 1789 in die Erklärung der

Menschenrechte der Französischen Revolution. Die Würde des Menschen, die Gleichberechtigung von Mann und Frau (1791 in Frankreich gesondert in der Erklärung der Rechte der Frau und Bürgerin festgeschrieben), Meinungsfreiheit, Gewissens- und Religionsfreiheit, Versammlungs- und Koalitionsfreiheit sowie die Trennung von Staat und Religion waren fortan – wenn auch für längere Zeit umkämpfte – Prinzipien der europäischen Gesellschaft. Gleichheit und Freiheit schlugen sich nach und nach in den Verfassungen und Gesetzen nieder und prägten die Wertorientierung der bürgerlichen Gesellschaft. Sie machen die Identität Europas bis heute aus.

Die Französische Revolution führte aber auch zum Terror von 1793/94, mit der die individuelle Freiheit der politischen geopfert wurde. Das löste gleichzeitig einen Diskurs über absolute Freiheit und deren Grenzen aus. Der deutsche Philosoph Gottlieb Fichte (1762–1814) argumentierte, die höchsten Prinzipien aller Philosophie seien das reine, absolute Ich und die individuelle Freiheit. Während die Romantiker im 19. Jahrhundert Transzendenz und Sinnlichkeit gegen Rationalität und Vernunft setzten und Individualität propagierten, versuchten die utopischen Sozialisten dem »Weltgeist der Vernunft« (Hegel) zum Sieg zu verhelfen und stellten die Klassenfrage und das Kollektiv in den Fokus. Sie forderten einen »neuen Menschen« für ihre perfekte, nach »wissenschaftlichen« Kriterien entworfene Welt. Während die kommunistische Idee des Kollektivismus eine der prägenden Ideen des 19. und 20. Jahrhunderts wurde und bis heute die Vorstellung einer gerechteren Welt prägt, verlor sich die Aufklärung in der westlichen Welt in einer Art »Wirlosigkeit«, wie der Soziologe Norbert Elias feststellte: Es fehle der Moderne die Herzenswärme, und die Angst vor der Freiheit führe zur Wiederkehr der Religion, die in den vorangegangenen Jahrhunderten immer mehr an Boden und institutionellem Einfluss verloren hatte. »Entfremdung« war das Stichwort, das von Industrialisierung und Arbeitsteilung hervorgebracht wurde. Nicht mehr die Großfamilie in der Manufaktur oder dem Bauernhof, sondern der Arbeiter oder die Kleinfamilie in der anonymen Mietskaserne prägten nun die Gesellschaft. Diese Entwicklung ließ den Preis der Freiheit für viele Menschen hoch erscheinen.

Die industrielle Revolution und die Entwicklung einer »protestantischen Ethik« (Max Weber) führten bei aller Säkularisierung auch dazu, dass Religion nicht negiert wurde, sondern sich den Anforderungen von Aufklärung und Moderne anverwandelte. »Nicht die Religion als solche behindert Moderne«, stellte der Historiker Dan Diner fest, sondern »eine [in] verinnerlichten Glauben verwandelte Religion vermag ihrerseits eine an Ethik gemahnende Bindekraft zu entwickeln und die ihr affine Moderne entsprechend zu imprägnieren.«

Der Ökonom Friedrich von Hayek, der Ideengeschichtler Isaiah Berlin oder der Soziologe Ralf Dahrendorf beschrieben in der Tradition Kants die »negative Freiheit«, die Freiheit von Zwängen, etwas zu tun, und die »positive Freiheit« als die Möglichkeit, individuell etwas zu tun. »Die Freiheit von Zwang«, die Autonomie des Individuums ist, so die Schlussfolgerung der langen Geschichte, der Kern der Freiheit: *Libertas*.

Islam und Freiheit

Freiheit heißt auf türkisch »Hürriyet«. Dieses Wort stammt von dem arabischen Begriff *hurriya* ab, der in seiner ursprünglichen Bedeutung das Gegenteil von Sklaverei meint, und nicht das, was in der westlichen Tradition mit »libertas« verbunden wird, nämlich die Befreiung des Einzelnen von jedweder, auch religiöser Bevormundung. *Hurriya* bedeutet, ein Sklave wird »frei«, um Allah zu dienen. Das Wort Freiheit kommt im Koran selbst gar nicht vor, in den Übersetzungen auch nur in diesem Zusammenhang. In der deutschen Koranübersetzung von Rudi Paret nur einmal: »Die Sühne besteht darin, dass man … einen Sklaven in Freiheit setzt.« In englischen Koranübersetzungen findet man das Wort »freedom« immer in anderer Bedeutung, als »Aufkündigung« (9:11) oder »Freibrief« (24:33), oder es wird für »loskaufen« (2:229) verwendet. Für gläubige Muslime besteht in diesem Sinne Freiheit in der bewussten Entscheidung, »den Vorschriften des Islam zu gehorchen«.

Als ich meine in der türkisch-muslimischen Tradition verhaftete Mutter fragte – ich war 16 oder 17 Jahre alt –, wann ich denn frei sein würde, in dem Sinne, wann ich für mich entscheiden könne, sagte sie mir: »Die Freiheit ist nicht für uns gemacht.« Also nicht für uns Frauen. Sie verstand meine Frage nicht. Für sie war »frei sein« gleichbedeutend mit »vogelfrei« sein, das heißt ohne Schutz sein.

»Frei sein« bedeutet demnach schutzlos, verlassen sein. Verlassen von der Familie, dem Clan, dem Schutz der Gemeinschaft. Der Preis dieses Schutzes ist die Macht der Männer über die Frauen. Die Frau ist im Zweifelsfall der Gewalt der Männer ausgeliefert, denn die Männer der Familie schützen die Frauen vor fremden Männern. Ist der eigene Mann gewalttätig, so ist das *kismet,* Schicksal. Männer sind in der Lebenswelt vieler muslimischer Frauen ihre Beschützer und Bewacher. Für viele muslimische Frauen ist die Freiheit »von etwas« gleichbedeutend mit dem Schutz vor Fremden, aber auch Schutz vor Verantwortung für sich selbst, Schutz vor einem eigenen Willen.

»Gott ist es, der allein das Leben gibt und es wieder nimmt« (Koran, 40:68). Der Koran ist nicht eindeutig, ob er dem Menschen einen freien Willen zugesteht. Einerseits wird die Vorherbestimmung betont, beispielsweise »Sprich: Uns wird nichts treffen, was nicht Allah uns vorher bestimmt hat.« (9:51). Andererseits überträgt der Koran Verantwortung an die Menschen: »Wer nun will, möge glauben, und wer will, möge nicht glauben.« (18:29). Allerdings folgt die Androhung der Strafe dafür auf dem Fuß: »Für die Frevler haben wir im Jenseits ein Feuer bereit …« In der Anfangszeit des Islam im 8. Jahrhundert stritten muslimische Vertreter der menschlichen Willensfreiheit (Qadariten) mit jenen, die an eine absolute Vorbestimmtheit glaubten (Djabariten). Im 9. Jahrhundert gewannen dann die Muʿtaziliten an Einfluss. Sie argumentierten in der Tradition der Antike und wohl in Kenntnis der Schriften der Hellenen rational: Die Allmacht Gottes schenke den Menschen Entscheidungsfreiheit, denn wenn der Mensch nicht frei wäre, könnte er auch nicht Verantwortung für seine Taten übernehmen, und dann wären die Gebote Allahs sinnlos. Aber diese philosophische Schule, die sich ebenfalls auf den Koran als alles bestimmende Quelle berief und über drei Kalifengenerationen versuchte, ihre Vernunftauffassung zum Dogma zu machen, wurde von einer noch radikaleren sunnitischen Rechtsschule unter Ibn Hanbal (780–855) verdrängt.

In der Folge gab es nur noch wenige Ansätze, die aristotelischen Lehren mit der muslimischen Überlieferung zu versöhnen, besonders seien hier der Perser Avicenna (980–1037) und dessen geistiger Lehrer al-Farabi (870–950) genannt, die den Islam als vereinfachende Metapher für eine umfassendere Wahrheit begriffen. Auch Ibn Rushd/ Averroes (1126–1198) versuchte die rationale Vernunft mit dem Glauben an die Offenbarung zu verbinden, aber die Dogmatiker waren schon auf dem Vormarsch, ächteten diese Ansätze und setzten ihre Denkschule durch.

Nur die Nachahmung, *taqlid,* oder Analogieschlüsse, *ightihad,* waren im religiösen Kontext noch zugelassen, selbstständiges Denken war untersagt. Geschult an griechischen Philosophen wie Aristoteles versuchte der persische Theologe Al-Ghazali (1058–1111) zweifelsfreie Gewissheit in Gott zu erlangen, verfiel aber zunehmend der Skepsis und verlor sein Vertrauen in die Vernunft. In der Mitte seines Lebens zog er sich ganz in die Mystik der Sufis zurück, die er als »gänzliches Versinken des Herzens in der Anrufung Gottes« empfand. Hier, nur hier, werde man den Gottesbeweis finden. Er hoffte, als wandernder Derwisch spirituelle Freiheit im Rückzug von der materiellen Welt zu finden, die damals von der mörderischen Fürstendynastie der Seldschuken bestimmt wurde. Schließlich verwarf er die Philosophie als eigenen Weg zur Wahrheit und verteidigte die koranische Offenbarung und die darin verbürgte Erschaffung der Welt durch Allah. Al-Ghazali war es letztlich, der den Islam mit seiner »Widerlegung der Philosophen« gegenüber jedwedem Zweifel versiegelte und die koranische Religion damit in jenes Gehäuse verbannte, das ihr jede Möglichkeit zu Innovation, Weiterentwicklung und Modernisierung raubte.

In seiner Schrift »Wiederbelebung der Wissenschaft von der Religion« stellte Al-Ghazali Laster und Tugenden einander gegenüber und entwickelte einen Leitfaden für eine an der Scharia orientierte wahrhaft muslimische Lebensführung. Nicht zu seinen Lebzeiten, erst später wurden seine Schriften zu einer Art Katechismus eines gottgefälligen Lebens. Die Sprüche und Empfehlungen, die er beispielsweise in seinem »Buch der Ehe« versammelte, lieferten all die Argumente und Begründungen, die die patriarchalische, diskriminierende Haltung des Islam zu den Frauen bis heute bestimmt. »Eine Matte im Winkel des Hauses ist besser als eine Frau, die nicht gebiert«, soll der Prophet Mohammed Al-Ghazali zufolge über eine kinderlose Frau geurteilt haben.

Das von Al-Ghazali aufgestellte Dogma der Überzeitlichkeit des Korans wurde zur Fessel für eine Gesellschaft, die bis dahin in Mathematik, Medizin, Astronomie und Philosophie außergewöhnliche Leistungen hervorgebracht hatte. Nicht in der Zukunft, sondern in einer weit zurückliegenden Vergangenheit wurde fortan das islamische Ideal gesucht: Mit dem im Jahr 622 erfolgten Auszug Mohammeds aus Mekka nach Medina, der Verkündung des Islam und der Einigung der arabischen Stämme unter einer Religion sei die »Zeit der Unwissenheit« beendet worden. Faktisch begann aber fast 400 Jahre später eine weitere »Zeit der Unwissenheit«. Aus den islamischen Gesellschaften verschwand jede Innovationsfähigkeit. Noch heute gibt es im muslimischen Einflussbereich keine Volkswirtschaft, die der Welt irgendeinen technischen Fortschritt beschert hätte. Die Bildungsstudien der OECD weisen deprimierende Werte bei der Lese- und Schreibfähigkeit muslimischer Bevölkerungen aus. Ins Arabische werden fünfmal weniger Bücher übersetzt als im viel kleineren Sprachraum des Griechischen. Die Versiegelung des Denkens führte zur Verkümmerung der Neugier.

Seither sind die Imame und Hodschas, die Vorbeter, die eigentlichen Herrscher im Islam geworden. Hodscha oder Imam kann jeder werden, der über ausreichende Kenntnis der geforderten Gebetsrituale verfügt. Eine Priesterausbildung im christlichen Sinne gibt es nicht, weil der Islam das Amt eines Seelsorgers gar nicht kennt. In vielen Moscheen in Deutschland predigen Hodschas, häufig nebenberuflich, die ohne jede theologische Bildung sind. Und selbst die 800 von der türkischen Regierung nach Deutschland entsandten Imame verfügen – gemessen an einer hiesigen theologischen Ausbildung – meist nur über unzureichende Kenntnisse. Sie haben den Koran auf Arabisch gelesen, die Hadithe studiert und miteinander verglichen.

Sie beziehen ihre Meinungen aus den »vier Rechtsquellen«, erstens aus dem Koran, zweitens aus der Sunna, das heißt durch die in den Hadithen überlieferten Gewohnheiten Mohammeds, drittens aus dem Konsens, also der übereinstimmenden Meinung der Rechtsgelehrten, und viertens aus dem Analogieschluss, das heißt der analogen Anwendung bereits getroffener Urteile auf aktuelle Probleme.

Sie bewegen sich in einem immer schon vorgegebenen Wissensbestand – geforscht oder hinterfragt wird nicht. Und so kann auch jeder Hodscha den Koran interpretieren, wie er will. Der Würdenträger unterscheidet sich vom einzelnen Gläubigen eigentlich nur durch den Respekt, der ihm aufgrund seiner Stellung und seines Einflusses entgegengebracht wird – eine durch besondere Bildung und Ausbildung erarbeitete Autorität ist es jedenfalls nicht.

Dass keine Organisation, keine Hierarchie, keine Priesterkaste, keine Kirche zwischen dem Gläubigen und Gott steht, hat nicht zu einer größeren geistigen Unabhängigkeit oder zu einer Individualisierung des Glaubensbekenntnisses geführt, sondern zur sozialen Kontrolle durch das Kollektiv, dem als oberste Autorität der jeweilige Imam vorsteht. Der Primat der Gefolgschaft hat zu Machtkämpfen und zur Spaltung der Muslime in Glaubensrichtungen und Sekten geführt.

Die islamischen Gelehrten konzedieren heute Willensfreiheit und moralische Verantwortung des Individuums, ha-

ben aber keinen Weg gefunden, um die göttliche Vorherbestimmung, die sie als gegeben hinnehmen, mit dieser
Konzession zu vereinbaren. Der Islamwissenschaftler Hamed Abdel-Samad beschrieb in einem Interview, was aus
diesem Dilemma resultiert: »Du akzeptierst die Regeln,
aber auch die Zwänge der Kollektivgesellschaft und stellst
sie nicht infrage und kannst dafür mit der Solidarität und
Anerkennung aller rechnen. Bei jeder Entscheidung steht
dir entweder der Vater, der Lehrer, der Imam oder ein Vers
aus dem Koran zur Seite. Man ist nie alleine, im positiven
wie im negativen Sinne. Die Individualität wird für die Geborgenheit aufgegeben.« Freiheit definiert sich deshalb
auch nicht über den Einzelnen, sondern über »die beste der
Gemeinschaften«, die Umma.

Die Umma ist gleichsam die höchste Instanz der Recht-
sprechung, denn, so ein Hadith: »Meine Gemeinde wird
sich niemals auf einen Irrtum einigen.« Was so viel bedeutet wie: Was Konsens ist, ist Recht. Sure 3, Vers 110 – »Ihr gebietet, was recht ist, verbietet, was verwerflich ist« – hat in
der islamischen Gesellschaft zur Entmündigung des Einzelnen beigetragen. Mohammed benutzt oft den Zorn Gottes
und droht mit der Hölle bei Nichterfüllung der Pflichten.
Es ist ein ethisches System, das ganz auf Angst beruht, mit
Strafe droht und die Macht der Männer über die Frauen legitimiert. Nicht die Liebe ist Handlungsmotiv, sondern die
Furcht vor Vergeltung. Es trifft auf den Islam zu, was der
Philosoph Bertrand Russell über Religion sagt: »Angst ist
die Basis der ganzen Angelegenheit – Angst vor dem Mys-
teriösen, Angst vor dem Versagen, Angst vor dem Tode.
Angst ist die Mutter der Grausamkeit, und daher ist es kein
Wunder, wenn Grausamkeit und Religion Hand in Hand
gehen.«

Im Selbstverständnis der islamischen Lehre wird von einem völlig anderen Menschenbild, aber auch Glaubensverständnis ausgegangen, als es sich in der europäisch-abendländischen Gesellschaft herausgebildet hat. Nicht die Person ist Angelpunkt der Betrachtung, sondern die Gemeinschaft. Der Mensch ist nicht als Individuum angesprochen, sondern als Sozialwesen. Dieses Sozialwesen hat Pflichten gegenüber der Familie, der Gruppe, dem Clan, der Nation und eben Allah, der den Rahmen setzt. Dieser Rahmen ist in der Scharia, dem aus dem geoffenbarten Koran und den Prophetentraditionen abgeleiteten System der Rechtleitung, formuliert. Der Begriff Religion beschreibt den Gehorsam, die Urverpflichtung des Menschen gegenüber dem Willen Allahs, das Wort »Islam« die Hingabe oder Unterwerfung unter seinen Willen. Alles, was ein Muslim tut, hat innerhalb dieses Systems seinen Platz und findet dort seine Bewertung. Der Einzelne ist also nicht frei, etwas zu tun, sondern nur frei, den Vorgaben auf die eine oder andere Art zu entsprechen.

Die Differenz zwischen Islam und Christentum – und damit die Bedeutung des Individuums – wird auch in den Glaubensbekenntnissen deutlich. Die *Fatiha*, die das Gebet eröffnende Sure und zugleich Sure 1, Vers 1 des Korans, lautet:

Im Namen Allahs, des Erbarmers, des Barmherzigen,
Lob sei Allah, dem Weltenherrn,
dem Erbarmer der Barmherzigen,
Dem König am Tag des Gerichts!
Dir dienen wir, und zu dir rufen wir um Hilfe;
Leite uns den rechten Pfad,
den Pfad derer, denen du gnädig bist,
Nicht derer, denen du zürnst, und nicht der Irrenden.

Die eröffnende Sure wendet sich eindeutig – *»dir dienen wir, und zu dir rufen wir um Hilfe«* – in Form eines Gebets an Gott. Es sind Mohammeds und vom Gläubigen zu wiederholende Worte, gerichtet an Allah, schwerlich Gottes Worte selbst. Aber dieser Widerspruch ist hier nicht das Thema, sondern das Verständnis, wonach Glauben ein entpersönlichtes Dienen ist. Nach christlichem Verständnis ist das ganz anders. Jeder Mensch ist ein Ebenbild Gottes. Das christliche Glaubensbekenntnis beginnt mit dem Wort »Ich«: »Ich glaube an Gott, den Vater, den Allmächtigen …«. Hier spricht das Individuum, das über seinen Glauben Auskunft zu geben vermag. Sein Glaubensbekenntnis ist ein Akt des freiwilligen Einstimmens durch das Wort.

Die Verantwortung des gläubigen Muslims hingegen bezieht sich auf die Erfüllung der Pflichten des Einzelnen als Teil der Umma gegenüber Allah. Man trägt einen Teil der Daseinsschuld ab und ist nicht verantwortlich gegenüber Menschen und für die eigenen Handlungen.

Der Gläubige soll fünf Mal am Tag beten. Dieses Gebet ist bis in jede Bewegung hinein ritualisiert und zielt auf Wiederholung und Gemeinschaft. Während im Christentum das Gebet eine individuelle Zwiesprache mit Gott darstellt und es jedem Gläubigen überlassen ist, wie er diesen Dialog gestaltet, steht im islamischen Gebet die Gemeinschaft im Mittelpunkt. Fünf Mal am Tag, immer zur gleichen vom Lauf der Sonne bestimmten Zeit, wendet sich die Umma von jedem Ort der Welt aus gen Mekka und spricht dieselben Verse. Wer als Gläubiger diese Gebete versäumt, macht sich schuldig gegenüber Allah. Im Arabischen bedeutet das Wort *Din* Religion und ist verwandt mit dem Wort *Dain,* Schuld. Der Mensch schuldet Allah alles. Barmherzigkeit und Gnade sind nach dem islamischen Verständnis Allah überlassen, nicht den Menschen. Am »Tag des Gerichts« werden die Schulden gegen die guten Taten aufgerechnet, und es wird ermittelt, ob ein Platz im Paradies oder in der Hölle resultiert.

Ein Ausscheren oder Austreten aus der Glaubensgemeinschaft ist nicht vorgesehen, sondern ist nach traditioneller Lehrmeinung mit dem Tode zu bestrafen. Aus Ländern, wo die Scharia Gesetz ist, hört man immer wieder von drastischen Strafen für Abweichler. Diese Praxis wird von den in Deutschland tätigen Islamverbänden nicht gebilligt. Die meisten von ihnen lehnen eine Bestrafung wegen Apostasie (Abfall vom Glauben) ab – mit gutem Grund, denn das deutsche Grundgesetz sieht neben dem Grundrecht *auf* Religion auch das Recht auf Freiheit *von* Religion vor.

Dennoch: Im Islam gibt es keine Religionsfreiheit, also die Freiheit, einen anderen Glauben zu wählen. Dafür hat sich im Islam eine Vielzahl von Glaubensrichtungen entwickelt. Gemäß Sure 2:256 gibt es »keinen Zwang im Glauben«. Der Islamwissenschaftler Tilman Nagel übersetzt diesen Vers so: »In der Glaubenspraxis (ad-din) gibt es keinen Zwang.« Das bedeutet, dass der Gläubige seinen religiösen Pflichten freiwillig nachkommen soll, er beispielsweise die Freiheit hat, selbst zu entscheiden, wie oft er betet.

Die Freiheit in der Glaubenspraxis ist auch eine Erklärung dafür, warum es so viele Sekten und Strömungen im Islam gibt, warum jeder Muslim von »seinem« Islam sprechen kann, obwohl Koran und Sunna als verbindlich angesehen werden. Alle sind frei zu glauben, wie sie wollen, wie sie die Religion leben, wenn sie nur grundsätzlich nicht in Abrede stellen, dass sie an die koranische Offenbarung glauben. Allerdings ist diese Interpretationsfreiheit auch der Grund, warum sich die Muslime mitunter so vehement bekämpfen und sich gegenseitig die Legitimität absprechen, überhaupt Muslim zu sein. Der Kampf der Schiiten gegen die Sunniten, der Rigorismus der Salafiten und Wahabiten, die Ablehnung der Baha'i, der Aleviten oder der Liberalen durch die Konservativen zeigen dann auch schnell die Grenzen der innerislamischen Toleranz.

Mit der Formel »Al-Islam din wa daula« – Der Islam ist Religion und politische Macht – beschreiben die Muslimbrüder das islamische Staatsverständnis. Es unterscheidet nicht zwischen der realen Welt und dem »Staat Gottes«, es geht von der Einheit von Religion und Staat, also auch von der Einheit der Gläubigen als dem Staatsvolk aus. Eine Säkularisierung wie in der westlichen Welt hat im Islam nicht stattgefunden. Es stellt sich somit die Frage, wer in einer islamischen Gesellschaft herrschen darf und nach welchen Gesetzen und Werten sich diese Herrschaft ausrichtet. Die Frage der Legitimität von Herrschaft wurde in der Geschichte des Islam unterschiedlich beantwortet. Die Sunniten übertrugen sie einem Kalifen, der dafür sorgte, dass das islamische Recht angewandt wurde, und der gleichzeitig Anspruch darauf hatte, dass seine Untertanen ihm gehorchten, weil er mit Allahs Willen herrschte. Die Schiiten akzeptieren nur eine Person, die sich auf die Nachfolge aus der Familie Mohammeds berufen kann, und verfolgen – etwa im Iran – das Konzept der »Herrschaft der Rechtsgelehrten«, deren zentrales Kriterium die Anwendung der Scharia, des islamischen Rechts, ist. Allenfalls wird von konservativer Seite eine Repräsentation des Volkes in der Schura, einer beratenden Versammlung, akzeptiert.

So weit die Lehre, wenn es sich um Gesellschaften im »Haus des Islam« (Dar al-Islam) handelt, die sich also unter legitimer islamischer Herrschaft befinden. Nun leben aber die Muslime in Europa je nach eigener Einschätzung entweder im »Haus des Krieges« (Dar al-Harb), das heißt im feindlichen Lager, oder im »Haus des Vertrages« (Dar al-

Ahd), wo die Muslime die Verhältnisse akzeptieren, solange sie sie nicht verändern können. In solcher Anpassung ist die Scharia das zentrale Konfliktthema, da sie nach Auffassung der Muslime alle den »Daseinsvollzug des Menschen beurteilenden Bestimmungen« verbindlich regelt. »Das weite Verständnis der Scharia umfasst die Gesamtheit aller religiösen und rechtlichen Normen, Mechanismen zur Normfindung des Islam, also etwa der Vorschriften über Gebete, Fasten, das Verbot bestimmter Speisen und Getränke wie Schweinefleisch und Alkoholisches und die Pilgerfahrt nach Mekka ebenso wie Vertrags-, Familien- und Eherecht«, definiert der Jurist Mathias Rohe.

Die Scharia findet im Koran nur in einem einzigen Vers Erwähnung; sie hat sich erst vom 8. bis zum 10. Jahrhundert entwickelt. Diese neue Rechtsordnung war letztlich dadurch erfolgreich, dass bestehende Rechtsgewohnheiten in den neu gewonnenen Territorien in erheblichem Umfang beibehalten und als rechtskonform (Gewohnheitsrecht, Sitte) anerkannt wurden. Dies spielt auch heute noch eine maßgebliche Rolle, weil archaische Traditionen wie Blutrache, Ehrenmord, Zwang zur Heirat, Steinigung und anderes, die oft vorislamische Ursprünge haben, durch die Scharia perpetuiert und legitimiert wurden. Für gläubige Muslime steht »Allahs Gesetz« über den von Menschen gemachten Gesetzen. Damit befindet sich die Scharia im Konflikt mit dem demokratischen Rechtsstaat westlicher Prägung. Die Scharia ist ein »Sanktionssystem« (Rohe) und widerspricht in vielerlei Hinsicht den Rechtsordnungen Europas.

In der Diskussion um Ehrenmorde und Blutrachetötungen in Deutschland wird unter anderem argumentiert: Wir leben in einer liberalen Gesellschaft, in der traditionelle kulturell-ethische Wertvorstellungen kaum mehr relevant seien; unsere Gesellschaft zeichne sich vielmehr durch Wertepluralität aus. Wenn eine Gesellschaft sich anderen Kulturkreisen öffne, müsse man auch deren ethnische und rechtliche Wertvorstellungen berücksichtigen, sagen jene, die alle Kulturen für gleichwertig, also »relativ« halten. Das hört sich zunächst liberal an, weil jeder die »Freiheit« hat, so zu leben, wie er es für richtig hält, bedeutet aber im Konkreten auch die Anerkennung von individuellen Wertkriterien zum Beispiel bei Straftaten. Dies geht aber zu Lasten der Betroffenen und der westlichen Rechtsordnungen selbst. Folgte man dieser Auffassung, hätte man es mit einer unerträglichen Beliebigkeit zu tun.

Was dies bedeutet, kann man an alltäglichen, aber auch an extremen Beispielen erörtern. Alltäglich ist zum Beispiel die Frage, ob religiöse Regeln wie das Verbot von Schweinefleisch Auswirkungen auf das Angebot von Schulkantinen haben sollen. Allein der Umgang mit Schweinefleisch gilt strenggläubigen Muslimen als »unrein«. Ich habe erlebt, dass sich eine muslimische Frauengruppe weigerte, zum Adventskaffee in die christliche Nachbargemeinde zu gehen, weil sie dort etwas essen müssten, das in der »unreinen« Küche zubereitet wurde. Es gibt Schulkantinen, in denen nur noch »halal«-Speisen, also koschere Speisen angeboten werden (und die im Fastenmonat Ramadan den Betrieb einstellen). Die »religiösen Regeln« werden nicht individuell gelebt, sondern als kollektives Recht im Rahmen der Religionsfreiheit beansprucht.

Im Extrem wurde dieser Anspruch auf diese Art von Religionsfreiheit und kulturelle Autonomie im April 2010 vom Sprecher des »Islamischen Zentralrats der Schweiz« (IZRS), Nicolas Blancho, formuliert. Er sagte, Steinigungen seien »ein Bestandteil, ein Wert meiner Religion«. Und bedauerte zugleich, dass Steinigungen »bei den gegebenen Umständen in der Welt und in der Schweiz nicht umsetzbar« seien. Was nichts anderes bedeutet, dass, wenn sich die »gegebenen Umstände« ändern, er dies »umsetzen« würde.

Mit anderen Worten: Wir müssen eine klare Grenze ziehen, inwieweit eine andere Kultur ihre Wertvorstellungen ausleben kann und inwieweit eine Zivilgesellschaft darauf Rücksicht nehmen muss oder kann.

Gegengesellschaften

Muslime werden auf Dauer in Europa leben, sie werden allen demografischen Prognosen zufolge keine Minderheit bleiben. Der Islamwissenschaftler und Politologe Bassam Tibi hat vor mehr als zehn Jahren die These aufgestellt, dass eine Integration der Muslime ohne eine europäische Leitkultur unmöglich sein werde. Europa kann nur als Wertegemeinschaft bestehen. Staatliche und gesellschaftliche Gemeinsamkeit orientiert sich nicht mehr an ethnischen Zuordnungen, sondern an den Werten der Aufklärung. Die Trennung von Religion und Politik muss deshalb konsequent eingehalten werden. Menschenrechte – und hier vor allem die Gleichberechtigung der Geschlechter – sind nicht verhandelbar. Diese Wertedebatte wird von den Medien regelmäßig verspottet; und bis heute werden Bürgerrechtler, zu denen ich mich zähle, die auf den Grundwerten von Verfassung und Säkularität bestehen, als »Fundamentalisten der Aufklärung« karikiert.

Die nicht zu übersehende Segregation von muslimisch dominierten Gemeinschaften in manchen deutschen Großstädten und Ballungsgebieten folgt den gleichen Gesetzen wie die tribalen Strukturen in den Heimatländern. Sobald diese Communities in bestimmten Stadtteilen die Mehrheit haben, kommt es zur systematischen sozialen Verdrängung. In bestimmten Vierteln in Berlin-Neukölln finden sich Geschäftsstraßen, in denen es kein einziges von Deutschen geführtes Geschäft mehr gibt. Möglich wird dies nicht, weil Kurden, Türken oder Libanesen die besseren Geschäftsleute sind, sondern weil sie auf einer ganz anderen ökonomischen Basis agieren. Das Geschäftsmodell ist jenes des Clans, des Wirtschaftskollektivs. Jedes Mitglied der Familie, ob Frauen, Kinder, Verwandte, hat im Geschäft der Familie mitzuhelfen. Meist unentgeltlich oder gegen Kost und Logis. Alle Einnahmen, sei es Kindergeld, seien es staatliche Unterstützungen, gehen in diese Gemeinschaftsunternehmen.

Es entstehen oft geschlossene, autarke Kreisläufe, in denen die Herkunftsländer die Rolle der menschlichen Ressource und des Rückzugsraums spielen. Familien holen ihren Nachwuchs aus den Heimatdörfern, die Älteren gehen im Alter in die Heimat zurück, und wenn jemand in Deutschland nicht mehr sicher ist, findet er dort immer einen Platz.

In Stadtteilen, die sich so zu Parallel- oder Gegengesellschaften entwickelt haben, ist in den Schulen selbst die Vermittlung von Bildung schwierig, von europäischen Wertvorstellungen gar nicht zu reden. Wenn immer wieder Importbräute, die nicht Deutsch sprechen können, die Mütter der nächsten Generation werden, wenn Kinder ohne ausreichende Kenntnis der deutschen Sprache nur noch mit Kindern derselben sozialen und ethnischen Gruppe zusammenleben, scheitert die Integration bereits in der Schule. Die Bildungspolitik will nicht eingestehen, dass ihre pädagogischen Konzepte auch aus kulturellen (und nicht nur aus sozialen oder ökonomischen) Gründen scheitern; man sucht vielmehr den Weg in die Anpassung.

Die Politik ist bisher an diesem Problem gescheitert,

weil dessen Ursachen geleugnet werden. Integrationspolitik ist immer noch fast ausschließlich Sozialarbeit. Es wird versucht, soziale Benachteiligung mit Geld auszugleichen. Der Immigrant wird dabei zum unmündigen Empfänger von Fürsorge. Ich halte das für grundfalsch. Wer in Europa leben will, wer die sozialen Errungenschaften, die Rechtssicherheit, Freiheitsrechte und Bildungsmöglichkeiten für sich in Anspruch nimmt, muss für sich und seine Kinder Verantwortung übernehmen und der Gemeinschaft etwas zurückgeben. Und er schuldet ihr vor allem Respekt vor dem, was diese Gesellschaft ausmacht.

Wer seine Frau einsperrt oder seine Tochter nicht zur Schule schickt, sich nicht darum kümmert, dass sie die Sprache lernt, Schularbeiten macht, und sie mit 14 Jahren mit dem Sohn seines Bruders verheiratet, verstößt gegen Gesetze, hat keinen Respekt vor den Normen der Gesellschaft, in der er lebt. Und wenn die europäische Gesellschaft diesen Respekt vor den eigenen Werten und Traditionen nicht einfordert, verliert sie in den Wertmaßstäben dieser Migranten zudem auch ihr Gesicht. Eben ihre Ehre.

Die Kultur der Beliebigkeit

Thomas Bauer, Professor für Arabistik und Islamwissenschaft, hat als Fellow des Wissenschaftskollegs in Berlin einen großen Essay über »Die Kultur der Ambiguität. Eine andere Geschichte des Islam« geschrieben und im Verlag der Weltreligionen veröffentlicht.[76] Er stellt die Kultur des Islam als eine Kultur der Viel- und Mehrdeutigkeit dar. Dafür entlehnt er aus Philosophie und Literaturwissenschaft den Begriff der »Ambiguität« und setzt ihn in Gegensatz zu den Definitionen der Aufklärung, die sich einer radikal klaren Sprache bediene, mit deren Hilfe eine vermeintlich eindeutige Wahrheit erkannt und beschrieben werden könne. Die islamische Kultur lebte nach Bauer bis vor 150 Jahren in einer Phase der »Ambiguitätstoleranz«, der tolerierten Vielfalt. Diese Mehrdeutigkeit macht für ihn das Wesen des Islam aus, und er sucht dies sowohl in islamischen Texten wie Koran und Hadithen als auch in der Dichtkunst nachzuweisen. Beendet wurde dieses Zeitalter seiner Meinung nach durch den Kolonialismus, der vor 150 Jahren die islamische Kultur zerstört habe.

Anders ist Bauers Geschichte des Islam auf den ersten Blick schon einmal dadurch, dass im Gegensatz zu allen anderen Monografien über den Islam Mohammed, der Stifter dieser Religion, gar nicht vorkommt. Auch auf eine Auseinandersetzung mit den Arbeiten Tilman Nagels zur Kultur des Islam, darunter seiner 2008 erschienenen monumentalen Mohammed-Biografie[77], lässt er sich nicht ein, ja, er hat sie ausweislich seines mehrere Hundert Titel umfassenden Literaturverzeichnisses nicht einmal wahrgenommen.

Bauer stellt den Islam als im Wortsinn unfassbar dar: »Der ambige Text schlechthin ist der Koran.«[78] Die unterschiedlichen »Lesarten« des Korans, was Inhalt und Bedeutung der Verse angeht, sind nicht mangelnder Kenntnis, fehlerhafter Interpretation oder Übersetzung geschuldet, sondern machen sein Wesen aus. Der Koran ist offen für jede Lesart; sieben verschiedene seien zurzeit von den Rechtsschulen anerkannt. Der uns schriftlich vorliegende Text des Korans stellt dennoch nur so etwas wie eine »Sicherheitskopie« dar. Eigentlich lebt die Offenbarung von der mündlichen Überlieferung.

Nach dieser »Sowohl-als-auch«-Methode handelt Bauer die mit dem Islam verbundenen und strittigen Themen ab. Gibt es eine Trennung von Staat und Religion? Nach Bauer ist Säkularität im Islam kein Thema, sie wurde gelebt. Er führt dafür das Beispiel des syrischen Hofdichters Ibn Nubata (1287–1366) an, in dessen Gedichten für den Fürsten die Religion nicht vorkomme. Die Vorstellung, dass der Islam in islamischen Herrschaftsgebieten absolut geherrscht habe, sei eine Vorstellung westlicher Ideologen.

Gibt es die Scharia als Gesetz? Die Zuschreibung der Scharia als religiöse Doktrin ist für Bauer ein vom Westen erzeugtes Zerrbild eines eigentlich religiösen, aber auch weitgehend säkularen Rechtssystems. Gibt es Steinigungen von Frauen? Laut Bauer gab es in den 1400 Jahren islamischer Aufzeichnung vielleicht eine Quelle, in der geschildert wird, dass sie vollzogen wurde. Und aus diesem Bericht gehe auch noch hervor, dass der Kadi wegen dieses Urteils anschließend abgesetzt wurde. Gibt es Schwulenfeindlichkeit im Islam? Ach was, die orientalische Dichtkunst ist nach Bauer geradezu ein Kompendium schwuler Lyrik, und die Betrachtung der Sexualität als Sünde sei nur dem verklemmten westlichen Blick geschuldet. Auch die heutige Homophobie sei ein Reflex auf die Sexualmoral des Kolonialismus.

Für das Schicksal der Frauen in der islamischen Kultur interessiert sich der Autor nicht. Sie kommen in dieser »anderen Geschichte« des Islam nicht vor. Nachdem er Lustfeindlichkeit und »Sexualität als westliches Konzept des 19. Jahrhunderts«[79] entlarvt und die Unbekümmertheit sexueller Gepflogenheiten im Orient geschildert hat, macht er dann doch eine kurze Bemerkung zu Frauenthemen. Ich zitiere: »Heute jedenfalls ist der Diskurs der unterdrückten muslimischen Frau zum wichtigsten hegemonialen Diskurs des Westens gegenüber der muslimischen Welt geworden. Erfahrungsberichte unterdrückter islamischer Frauen bilden heute ein eigenes, reich bestücktes pseudopornografisches Genre, in dem der Westen seine voyeuristischen Gelüste ebenso genüsslich befriedigt wie einst an den schwülstigen Haremsbildern der Maler des *orientalisme*.«[80]

Hierbei wird nicht nur Bauers Haltung Frauen gegenüber deutlich, sondern auch sein Argumentationsmuster. Er muss erklären, warum den Muslimen selbst die Bauer'sche Sicht ihrer Kultur so ganz fremd ist, sie sich ganz anders verhalten und im »Westen« der Islam ein so schlechtes Image hat. Der Autor diagnostiziert eine Verschwörung, und die geht so: Nach dem Zusammenbruch des Ostblocks brauchte der Westen einen »Ersatzfeind«.[81] Und das war der Islam, und der musste so zugerichtet werden, dass er in das Feindbild passte. Die »Islamisierung des Islam« heißt ein Kapitel, in dem der Autor zu belegen sucht, dass der Westen auch schon zuvor alles daran gesetzt hat, ein falsches Bild vom Islam zu zeichnen. Zitat: »Im Laufe des 20. Jahrhunderts findet ein Prozess statt, der oft fälschlich als ›Re-Islamisierung‹ bezeichnet worden ist, in Wahrheit aber die Neuschaffung des Islam als einer Ideologie ist, die die Strukturen westlicher Ideologien aufnimmt und nach dem Scheitern der westlichen Ideologien in der islamischen Welt als ›eigene‹ Alternative verstanden wird.«[82] Auch die islamische Revolution im Iran stellt sich für Bauer als antikoloniale Aktion dar: »1978 befreite sich dieses islamische Land aus eigener Kraft von einem der übelsten nahöstlichen Diktatoren – und wurde prompt zum Erzfeind des Westens.«[83] Vom Terror der Ayatollahs gegen die eigene Bevölkerung kein Wort.

Auch die westliche Forderung, dass der Islam sich eindeutig zu Fragen der Menschenrechte verhalten möge, führte Bauer zufolge letztlich zu missglückten Versuchen der »Modernisierung« und »Theologisierung« des Islam. Die entstandene Eindimensionalität heutiger islamischer Bekenntnisse ist laut Bauer demnach nichts weiter als »eine Reaktion auf die westlich-moderne Forderung nach ideologischer Eindeutigkeit«.[84] Der Hass der Fundamentalisten auf den Westen sei zudem eigentlich der Hass auf die eigene Geschichte der islamischen Vielfalt. Bauer ist der Meinung, dass das im Westen vorherrschende Bild des Islam eine Projektion sei und mit seinem Wesen nichts zu tun habe. Der »Westen« ist für ihn im Gegensatz zum Orient dabei ein monolithischer Block, der offenbar keine »ambige« Kultur besitzt.

Die islamische Kultur ist nach Bauer ein Opfer des Kolonialismus. Dies rühre von einer Hegemonie des westlichen Diskurses und des »Universalisierungsehrgeizes« der Aufklärung her. Bauer benutzt den Begriff »Universalisierungsehrgeiz«, meint aber (Kultur-)Imperialismus oder Kolonialismus. »Die vorkoloniale islamische Welt«, behauptet er, »kannte dagegen während der längsten Zeit ihrer Geschichte einen dem Westen vergleichbaren Universalisierungsehrgeiz nicht.«[85] Wirklich nicht? Von Beginn der Geschichte des Islam an waren die Muslime auf Eroberung aus. Mohammed überfiel andere Stämme und eroberte Mekka, die folgenden Kalifen eroberten den Orient bis Indien, »befreiten«, wie Bauer es sieht, Jerusalem, besetzten für Jahrhunderte den Maghreb und Andalusien, die Osmanen eroberten Anatolien, den Balkan und Konstantinopel.

Israel hingegen ist für Bauer eine Kolonie des Westens,[86] ein Produkt des Antisemitismus. Eines Antisemitismus, den es ihm zufolge in der vorkolonialen islamischen Welt gar nicht gab. Erst der Kolonialismus in seinem Bemühen, die Gewissheiten der Aufklärung für universell und absolut zu erklären, habe der vielfältigen und toleranten Welt des Islam den Garaus gemacht. Was heute an Fundamentalismus oder Islamismus oder Antisemitismus im Orient auftritt, ist nur der Reflex, dem Überlegenheitsanspruch des Westens etwas entgegenzusetzen.

»Demokratie« ist nach Auffassung des Autors »nur ein Verfahren, das sich im Westen gerade deshalb durchgesetzt hat, weil dieser lange Zeit mit seiner Wahrheitsobsession über nicht genügend Ambiguitätstoleranz verfügte, um ein friedliches Zusammenleben der Menschen zu gewährleisten«.[87] Das soll wohl heißen, die Muslime brauchen keine Demokratie, weil sie durch ihre Religion per se tolerant sind. Ein Muslim akzeptiert mehrere Wahrheiten. Die Europäer dagegen sind elende Rechthaber, die sich auf die eine Wahrheit nur per Abstimmung verständigen können und deshalb Parlamente brauchen.

Über Jahrhunderte herrschten die Osmanen über den Orient und Teile Europas im Namen des Islam. Aber die Osmanen sind für den in Erlangen ausgebildeten Arabisten nicht der Rede wert, sie kommen in Bauers Geschichte des Islam auch nur am Rande vor. Geradezu rührend ist, wie er die Selbstlosigkeit arabischer Seefahrer beschreibt, die womöglich vor Kolumbus Amerika entdeckt haben, aber nichts daraus machten, und die im Indischen Ozean friedlich Handel mit den Indern trieben, bis die bösen Portugiesen kamen. Dass die islamischen Korsaren über Jahrhunderte den Mittelmeerraum terrorisiert, dass sie Millionen bis hinauf nach Island versklavt haben, dass arabische Händler Abermillionen Afrikaner verkauft, in ihre Armeen gezwungen und bei ihren Eroberungszügen als Kanonenfutter verheizt haben; dass die Osmanische Armee über Jahrhunderte christliche Kinder in die Truppe der Janitscharen gepresst hat und sich heute christliche Frauen im islamischen Pakistan nicht auf die Straße trauen, dass Christen verfolgt werden – all das sind Hirnge-spinste der westlichen Ideologie und Folgen des Kolonialis-mus? Für Professor Bauer fällt das wohl auch unter Ambi-guitätstoleranz und kommt in seiner »anderen« Geschichte nicht vor.

Der Westen hat laut Bauer nach dem Zusammenbruch des Ostblocks einen »Ersatzfeind« gesucht und im Islam gefunden. Bauer hat nach dem Marxismus einen »Ersatz-freund« gefunden: die angeblich islamische Denkungsart der verschiedenen »Lesarten« von Kultur.

Für ihn »ist die unheilvolle westliche Verkettung *von Am-biguitätsfurcht, Wahrheitsobsession und Universalisierungsehr-geiz*«[88] das Grundübel der Welt. Die Aufklärung, der Wille, die Welt zu begreifen und zu gestalten, das Leben durch Medizin und Technik einfacher und angenehmer zu ma-chen, den Hunger zu bekämpfen, Wissen zu erlangen, ge-recht zu sein, all das wird von Bauer mit der Trias seiner Begriffsmonster denunziert. Und er verschweigt, dass es der von ihm so geschmähte »Westen« war, der sich vom Warschauer Toleranzedikt im 16. Jahrhundert bis hin zur Garantie der Religionsfreiheit und der heute in der Verfas-sung garantierten Freiheit der Wissenschaften die Toleranz in Freiheit und Verantwortung als Grundwert erschuf. Dies als »Wahrheitsobsession« zu schmähen ist unverant-wortlich.

Um seine imaginäre Weltsicht zu belegen, hat Bauer sich aus Anekdoten eine alternative Geschichte des Islam zu-sammengestellt, die mit der tatsächlichen Historie nichts zu tun hat. Und damit ist er im Marx'schen Sinne ein Ideo-loge. Mir erscheint die von ihm beschriebene islamische Kultur nicht »ambig«, vieldeutig, sondern bestenfalls »be-liebig«. Beliebig weil sie den Menschen außer den religiö-sen Riten keine Struktur und außer dem Paradies kein Ziel geben konnte und keine Verantwortung für das Hier und Jetzt abverlangte.

Vielleicht ist deshalb, weil die Neugier fehlte, der Orient über Jahrhunderte in eine wissenschaftliche Agonie verfallen. Vielleicht hat er nicht vermocht, aus eigener Kraft und mit eigenen Ideen ein funktionierendes Staatswesen mit Verfassung und Rechtssicherheit, eine eigene wissenschaftlich-technische Moderne zu entwickeln, weil der Glauben versiegelt, der Zweifel verbannt war. Vielleicht fehlt der antiquierten Beliebigkeit der arabischen Sprache zudem eine für moderne Kommunikation nötige Genauigkeit. Vielleicht war den Osmanen alles egal, weil die Armenier, Griechen und Juden die Arbeit machten und den Handel betrieben. Vielleicht reichten den Stämmen die Kopfsteuern der Ungläubigen, den Sultanen die jährlichen Raubzüge. Vielleicht fanden sie ihre Haremsdamen oder Lustknaben und Liebesgedichte interessanter als den Bau von Wasserleitungen oder Schulen. Denn warum hat das große Osmanische Reich in seiner fünfhundertjährigen Geschichte kaum große Denker oder Dichter, keine großen Wissenschaftler hervorgebracht, warum sah die Infrastruktur in Anatolien um 1900 noch genauso aus wie vierhundert Jahre zuvor? Und warum brach das Weltreich wie eine morsche Hütte zusammen, als die militärische Option nicht mehr half?

Thomas Bauer hat keine »andere Geschichte« des Islam geschrieben, sondern einer »Kultur der Beliebigkeit« das Wort geredet. Ich bin auf seine Arbeit so ausführlich eingegangen, weil der Münsteraner Professor Thomas Bauer einen der wenigen Lehrstühle für Islamwissenschaft in Deutschland besetzt und weil er mit seinem Denken nicht allein ist. Die Ablösung der kritisch-rationalen Methode der Wissenschaft durch die neue Form der Beliebigkeit von Methoden und Ansätzen hat ja seine Entsprechung in den

Denkansätzen der Feuilletonredakteure, die die Aufklärung ebenfalls für überholt halten und einer neuen religiösen Wahrheit das Wort reden, oder im »Manifest der Vielen«, das viele verschiedene Wirklichkeiten für sich reklamiert, und bei Integrationspolitikern, die sich durch »Diversitäts«- und »Inklusions«-Programme selbst ad absurdum führen. Das Zeitalter der Aufklärung wollen diese Postmigranten durch eine Kultur der Beliebigkeit ablösen.

Literaturverzeichnis

Ulrike Ackermann, »Eros der Freiheit. Plädoyer für eine radikale Aufklärung«, Stuttgart 2008

Patrick Bahners, »Die Panikmacher«, München 2011

Thomas Bauer, »Die Kultur der Ambiguität. Eine andere Geschichte des Islam«, Berlin 2011

Bärbel Beinhauer-Köhler / Claus Leggewie, »Moscheen in Deutschland«, München 2009

Wolfdieter Bihl, »Die Armenische Frage im Ersten Weltkrieg«, in: Artem Ohandjanian (Hg.), »1915–1985: Gedanken über einen Völkermord«, Wien 1985

Vakahn Dadrian, »The History of the Armenien Genocide«, New York-Oxford 1995

Dan Diner, »Versiegelte Zeit. Über den Stillstand in der islamischen Welt«, Berlin 2005

Johannes Dörmann, »Die eine Wahrheit und die vielen Religionen«, Respondeo 8, Abensberg 1996

Kerim Edipoglu, »Islamisierung der Soziologie oder Soziologisierung des Islam? Indigenisierungsansätze in Malaysia, Iran und der arabischen Welt«, Tübingen 2006

Clifford Geertz, »Dichte Beschreibung. Beiträge zum Verstehen kultureller Systeme«, Frankfurt a. M. 1997

Wolfgang Gust, »Der Völkermord an den Armeniern. Die Tragödie des ältesten Christenvolks der Welt«, München 1993

ders., (Hg.), »Der Völkermord an den Armeniern 1915/16. Dokumente aus dem Politischen Archiv des deutschen Auswärtigen Amts«, Springe 2005

Corry Guttstadt, »Türkische Juden im besetzten Europa und die Haltung der Türkei«, Hamburg 2008

Friedrich August von Hayek, »Die verhängnisvolle Anmaßung. Die Irrtümer des Sozialismus«, Tübingen 1996

ders., »Recht, Gesetz und Freiheit. Eine Neufassung der liberalen Grundsätze der Gerechtigkeit und der politischen Ökonomie«, Tübingen 2003

Thomas Höft, »Dialoge mit einem Perser«, ohne Datum, ohne Jahr

Rolf Hosfeld, »Operation Nemesis. Die Türkei, Deutschland und der Völkermord an den Armeniern«, Köln 2005

Ibn Ishaq, »Das Leben des Propheten«, aus dem Arabischen übertragen und bearbeitet von Gernot Rotter, Klandern im Schwarzwald 1999

Hans Jansen, »Mohammed. Eine Biographie«, München 2008

Immanuel Kant, »Metaphysik der Sitten. Rechtslehre«, Bd. 7

ders., »Metaphysik der Sitten«, Akademie-Ausgabe, Werke IV, S. 421, Berlin 1971

Necla Kelek, »Die fremde Braut. Ein Bericht aus dem Inneren des türkischen Lebens in Deutschland«, Köln 2005

dies., »Die verlorenen Söhne, Plädoyer für die Befreiung des türkisch-muslimischen Mannes«, Köln 2006

dies., »Bittersüße Heimat. Bericht aus dem Inneren der Türkei«, Köln 2008

dies., »Die Himmelsreise. Mein Streit mit den Wächtern des Islam«, Köln 2010

Jin Al Khalili, »Im Haus der Weisheit. Die arabischen Wissenschaften als Fundament unserer Kultur«, Frankfurt a. M. 2011

György Konrád, »Zukunft braucht Erinnerung«, in: Kafka, Zeitschrift für Mitteleuropa Nr. 1, 2001

Stefan Luft, »Abschied von Multikulti. Wege aus der Integrationskrise«, Gräfelfing 2006

Alexander und Margarete Mitscherlich, »Die Unfähigkeit zu trauern. Grundlagen kollektiven Verhaltens«, München 1967

Tilman Nagel, »Mohammed. Leben und Legende«, München 2008

ders., »Allahs Liebling. Ursprung und Erscheinungsformen des Mohammedglaubens«, München 2008

Orhan Pamuk, »Herr Cevdet und seine Söhne«, München 2011

Tariq Ramadan, »Radikale Reform. Die Botschaft des Islam für die moderne Gesellschaft«, München 2009

John C. G. Röhl, »Wilhelm II. Der Weg in den Abgrund 1900–1941«, München 2008

Salman Rushdie, »Überschreiten Sie diese Grenze«, Reinbek 2004

Thilo Sarrazin, »Deutschland schafft sich ab«, München 2010

Herbert Schnädelbach, »Religion in der modernen Welt«, Frankfurt a. M. 2009

Thorsten Gerald Schreiners (Hg.), »Islamfeindlichkeit – Wenn die Grenzen der Kritik verschwimmen«, Wiesbaden 2009

Richard Sennett, »Respekt im Zeitalter der Ungleichheit«, Berlin 2002

Michael Wildt, »Volksgemeinschaft als Selbstermächtigung. Gewalt gegen Juden in der deutschen Provinz 1919 bis 1939«, Hamburg 2007

Anmerkungen

1 Sachverständigenrat deutscher Stiftungen für Integration und Migration, Migrationsland 2011, Berlin S. 122

2 Rede zur Verleihung des Geschwister-Scholl-Preises des Börsenvereins des Deutschen Buchhandels und der Stadt München 2005

3 Salman Rushdie, »Überschreiten Sie diese Grenze«, Reinbek 2004, S. 411

4 Vortrag bei der Konrad-Adenauer-Stiftung am 17. März 2011 in Bremen. Überarbeitete Fassung

5 Selke, Welf, Die Ausländerwanderung als Problem der Raumordnungspolitik, Bonn 1977, S. 37, zitiert nach: Luft, Stefan, »Abschied von Multikulti. Wege aus der Integrationskrise«, Gräfelfing 2006, S. 42

6 Statistisches Bundesamt, zitiert nach: ebenda, S. 64

7 Bundesanstalt für Arbeit, Ausländische Arbeitnehmer 1972/73, Nürnberg 1974, S.11

8 Auskunft der Deutschen Bundesbank vom November 2011

9 Der Spiegel 30/1973, S. 50

10 Faruk Sen, »Türkische Arbeitnehmergesellschaften«, Frankfurt/Main 1980

11 Der Spiegel, 30.7.1973, »Die Türken kommen – rette sich, wer kann«

12 Die Geschichte der Integrationskrise wird ausführlich und mit vielen Daten von Stefan Luft in »Abschied von Multikulti«, a. a. O., aufgearbeitet.

13 Karen Schober, »Ausländische Jugendliche: Ausbildungssituation und Arbeitsmarktlage«, in: Anke Peters (Hg.), »Materialien zur Ausländerbeschäftigung«, Nürnberg 1982, S. 63, zitiert nach: Stefan Luft: »Abschied von Multikulti«, a. a. O., S. 69

14 Anmerkungen zum Integrations- und Diversitätskonzept »Vielfalt bewegt Frankfurt«, Vortrag im Römer beim Neujahrsempfang der FDP Frankfurt a. M. 2011

15 Thilo Sarrazin, »Deutschland schafft sich ab«, München 2010

16 Clifford Geertz, »Dichte Beschreibung. Beiträge zum Verstehen kultureller Systeme«, Frankfurt a. M. 1997, S. 46

17 Geertz, a. a. O., S. 98

18 Erschienen in der *Frankfurter Allgemeinen Zeitung*, 3. Februar 2009

19 Erschienen in der *tageszeitung*, 16. März 2009

20 Erschienen in der *Frankfurter Allgemeinen Zeitung*, 5. Juni 2007

21 Erschienen in der *Frankfurter Rundschau*, 14. Mai 2009

22 Erschienen in *Christ und Welt* Nr. 35, August 2011

23 Siehe: Johannes Dörmann, »Die eine Wahrheit und die vielen Religionen«, Respondeo 8, Abensberg 1996, S. 39

24 Zitiert nach: Thomas Höft, »Dialoge mit einem Perser«, unveröffentlichtes Manuskript

25 vom 19. September 2005

26 vom 6. Oktober 2005

27 Erschienen in der *Frankfurter Allgemeinen Zeitung*, 24. April 2006

28 Erschienen in der *Frankfurter Allgemeinen Zeitung*, 30. August 2007

29 Istersek Biter, Kamer »Namus«, Adina Islenen Cinayetler 2006 Raporu, Istanbul 2006, S. 175

30 Erschienen in: *Emma*, 7. Juli 2010

31 Die Zahlen sind allerdings mit Vorsicht zu beurteilen, weil die Kenntnis, was Diabetes ist und dass man sie behandeln kann, weder in Migrantenkreisen noch in Anatolien besonders verbreitet ist; auch sind die Gesundheitssysteme und statistischen Erhebungsmethoden beider Länder nur schwer miteinander vergleichbar.

32 Siehe hierzu u. a.: Ante Schmelcher, »Darüber spricht (und forscht) man nicht«, *Frankfurter Allgemeine Sonntagszeitung*, 5. Juni 2011

33 Yasemin Üsküdar, »Vitamin-D-Rezeptor-Gen-Polymorphismen und Knochenstoffwechsel bei türkischen Migranten in Deutschland im Vergleich zu einer gesunden deutschen Kontrollgruppe«, Dissertation, Gießen 2009. Üsküdar zitiert in ihrer Dissertation zehn Untersuchungen zum Thema. Die erste erschien 1962 in England. Hier die Untersuchungen im Einzelnen: Clark F, Simpson W, Young JR (1972), »Osteomalacia in immigrants from the Indian subcontinent in Newcastle upon Tyne«, Proc R Soc Med, 65(5):478-480. Dunningan MG, Paton JPJ, Haase S, McNicol GW, Gardner MD, Smith CM (1962), »Late rickets and osteomalacia in the Pakistani Community in Glasgow«, Scott Med J, 7:159-167. El-Sonbaty MR & Abdul-Ghaffar NU (1996), »Vitamin D deficiency in veiled Kuwaiti women«, Eur J Clin Nutr 50(5):315-318. Erkal MZ, Wilde J, Bilgin Y, Akinci A, Demir E, Bödeker RH, Mann M, Bretzel RG, Stracke H, Holick MF (2006), »High prevalance of vitamin D deficiency, secondary hyperparathyroidism and generalized bone pain in Turkish immigrants in Germany: Identification of risk factors«, Osteoporos Int, 17(8):1133-1140. Güler T, Sivas F, Baskan BM, Günesen O, Alemdaroglu E, Ozoran K (2007), »The effect of outfitting style on

bone mineral density«, Rheumatol Int, 27(8):723-727. Güzel R, Koz-anoglu E, Guler-Uysal F, Soyupak S, Sarpel T (2001), »Vitamin D status and bone mineral density of veiled and unveiled Turkish women«, J Womens Health Gend Based Med, 10(8):765-770. McKenna MJ (1992), »Differences of vitamin D status between various countries in young adults and the elderly«, Amer J Med, 93(1):69-77. Mensink G (2007), »Die aktuelle Nährstoffversorgung von Kindern und Jugendlichen in Deutschland. Ergebnisse aus EsKiMo«, Ernährungsumschau, 11:636-646. Offermann G (1978), »Osteomalacia of immigrants in Germany«, Deutsche Medizinische Wochenschrift 103(36):1387-1388. Swan CHJ & Cooke WT (1971), »Nutritional osteomalacia in immigrants in an urban community«, Lancet, 28(7722):356-359.

34 Dirk Wüstenburg, »Keine Anzeige, keine Ermittlung, kein Urteil«, *Frankfurter Allgemeine Zeitung*, 20. September 2011

35 Michael Wildt, »Volksgemeinschaft als Selbstermächtigung. Gewalt gegen Juden in der deutschen Provinz 1919 bis 1939«, Hamburg 2007

36 Alexander und Margarete Mitscherlich, »Die Unfähigkeit zu trauern. Grundlagen kollektiven Verhaltens«, München 1967, S. 24f.

37 Die dominierende Religion der Armenier ist das orientalische ortho-doxe Christentum, das in Armenien die Armenische Apostolische Kir-che repräsentiert. Ihr gehören etwa 94 Prozent der Bevölkerung an. Sie spielt eine zentrale Rolle für die armenische Identität. Das Chris-tentum ist tief verwurzelt, immerhin erhob Armenien im Jahre 301 als erstes Land der Welt das Christentum zur Staatsreligion.

38 Ismail Enver, bekannt als Enver Paşa (Pascha), geboren am 22. Novem-ber 1881 in Istanbul; gestorben am 4. August 1922 bei Baldschuan in Tadschikistan, war Politiker, General und Kriegsminister des Osma-nischen Reichs und einer der führenden Jungtürken. Kurz nach der Machtübernahme Anfang 1913 wurde Ismail Enver zusammen mit der Ernennung zum General auch der Ehrentitel »Pascha« verliehen, unter dem er bis heute als »Enver Pascha« bekannt ist.

39 Kaiser Wilhelm II. Rand- und Schlussbemerkungen von Ende August 1908 zum Bericht Metternichs vom 14. August 1908 zitiert nach John C. G. Röhl, Wilhelm II. Der Weg in den Abgrund 1900–1941, Mün-chen 2008, S. 743

40 Wolfgang Gust, »Der Völkermord an den Armeniern. Die Tragödie des ältesten Christenvolks der Welt«, München 1993

41 Manche Quellen sprechen gar von der »Vertilgung« der Armenier »auf deutschen Befehl«. Siehe: Vakahn Dadrian, »The History of the Arme-nien Genocide«, New York–Oxford 1995. Bericht von Otto Günther Wesendonck (Politische Abteilung des Auswärtigen Amtes), 4. 5. 1916

42 Hierzu ausführlich: Rolf Hosfeld, »Operation Nemesis. Die Türkei, Deutschland und der Völkermord an den Armeniern«, Köln 2005, S. 41 ff.

43 Wolfdieter Bihl, »Die Armenische Frage im Ersten Weltkrieg«, in: Artem Ohandjanian (Hg.), »1915–1985: Gedanken über einen Völkermord«, Wien 1985, S. 14 f.

44 Wolfgang Gust (Hg.), »Der Völkermord an den Armeniern 1915/16. Dokumente aus dem Politischen Archiv des deutschen Auswärtigen Amts«, Springe 2005, S. 17–109 (89 f.)

45 Rolf Hosfeld, »Operation Nemesis«, a. a. O., S. 82

46 Von Papen soll, so die Aussage eines Zeugen bei den Kriegsverbrecherprozessen in Nürnberg, in Berlin gegen die Deportation von 10 000 türkischen Juden protestiert haben. Tatsächlich aber antwortete er auf ein Telegramm des Auswärtigen Amtes wegen einer bevorstehenden Deportation von 2400 Juden türkischer Herkunft aus Frankreich, dass von diesen nur 631 als türkische Staatsbürger anerkannt seien, die übrigen aber nicht. Sofern »die erwähnten 631 ausgenommen würden«, sei mit der Internierung der anderen einverstanden. »Türkische Regierung erklärte, nur an solchen Juden Interesse zu nehmen, bei denen türkische Staatsangehörigkeit durch türkisches Innenministerium einwandfrei festgestellt«, schrieb von Papen (zit. nach Haymatloz – Exil in der Türkei 1933–1945. Katalog zur Ausstellung, erschienen in der Schriftenreihe des »Vereins aktives Museum«, Band 8, Berlin 2000, S. 160). Dazu merkt Mirjam Schmidt in ihrem Aufsatz »Türkinnen und Türken im Holocaust« (zit. nach Haymatloz, a. a. O., S. 157) an, dass viele von diesen Migranten als staatenlos galten, weil sie sich nicht in regelmäßigen Abständen bei den türkischen Konsulaten registrieren ließen, ihre Pässe damit ungültig wurden oder sie inzwischen französische Staatsbürger geworden waren, was später aber von den Nazis nicht anerkannt wurde.

47 Alexander und Margarete Mitscherlich, »Die Unfähigkeit zu trauern. Grundlagen kollektiven Verhaltens«, München 1967, S. 24 f.

48 Younes Nourbakhsh, stellvertretender Leiter des Islamischen Zentrums Hamburg, Freitagsansprache vom 2. Dezember 2005

49 Der Titel »Eines Dichters Basar« bezieht sich auf die Reiseberichte des dänischen Dichters Hans Christian Andersen, der auf einer Reise im Jahr 1841 auch die Basare Konstantinopels besuchte und darüber schrieb.

50 Erschienen in der *Welt der Literatur* vom 4. Oktober 2008

51 Dan Diner, »Versiegelte Zeit. Über den Stillstand in der islamischen Welt«, Berlin 2005, S. 122

52 ebenda, S. 125

53 Siehe zu den verschiedenen Versionen seiner Lebensgeschichte auch: www.literaturca.de/html/muteferrika.html

54 Bei einer Bevölkerungszahl von über 71 Millionen und einer Analphabetenquote von mehr als 15 Prozent.

55 Rezension zu: Orhan Pamuk, »Herr Cevdet und seine Söhne«, München 2011, erschienen in der *Frankfurter Allgemeinen Zeitung*, 29. April 2011

56 Erschienen in der *Zeit* vom 2. Februar 2006. Dieser Artikel war eine Antwort auf einen Offenen Brief, der ein Jahr nach dem Erscheinen meines Buches »Die fremde Braut« in der *Zeit* erschienen war.

57 Dieser Brief ist meine Antwort auf einen Brief, den die Schüler der Willy-Brandt-Gesamtschule in Marl mir nach einem Unterrichtsprojekt schrieben, in dem sie sich mit meinen Texten beschäftigt hatten.

58 Norbert Joa im Gespräch mit Hamed Abdel-Samad, am 16.11.2011 gesendet auf Bayern 2. Abschrift auf www.zoelibat.blogspot.com

59 MEW, Band 26.1

60 Ich benutze die Koranübersetzung von Rudi Paret, »Der Koran«, Stuttgart[9] 2004

61 Ibn Ishaq, »Das Leben des Propheten«, aus dem Arabischen übertragen und bearbeitet von Gernot Rotter, Klandern im Schwarzwald 1999. Dieses Werk, das etwa 130 Jahre nach dem Tod des Propheten verfasst worden sein soll, ist neben den Hadithen die Referenzquelle für alle späteren Legenden über das Leben Mohammeds. Legenden deshalb, weil es keine außerislamischen Quellen, archäologischen Artefakte oder Schilderungen von anderer Seite gibt, anhand derer diese Schilderungen verifiziert werden könnten. Genauer, es gibt keinen wissenschaftlichen Beweis, dass Mohammed in der vermuteten Zeit in Mekka und Medina gelebt hat. Es gibt keinen Beweis, dass die geschilderten Dinge historische Ereignisse sind. Aber das ist hier nicht Gegenstand der Betrachtung, sondern nur der Umstand, dass an diese Legenden und Geschichten von den Muslimen geglaubt wird und sie die »Taten und Worte des Propheten« für vorbildlich halten. Zu diesen Sachverhalten gibt es innerhalb der Islamwissenschaft einen großen Streit. Die kritische Position nimmt hierbei die Forschergemeinschaft Inarah, Institut zur Erforschung der frühen Islamgeschichte und des Korans ein, als dessen bekanntestes Mitglied Christoph Luxenberg zu nennen ist.

62 Tilman Nagel, »Mohammed. Leben und Legende«, München 2008

63 Hans Jansen, »Mohammed. Eine Biographie«, aus dem Niederländischen von Marlene Müller-Haas, München 2008. Hans Jansen ist

Professor für islamisches Denken der Gegenwart an der Universität Utrecht.

64 Nagel, a. a. O., S. 1001

65 Ishaq, a. a. O., S. 116. (Natürlich weiß Mohammed laut Ishaq, wo sein Kamel sich befindet, es handelt sich also um üble Nachrede.)

66 Nagel, a. a. O., S. 348

67 Jansen, a. a. O., S. 434

68 Nagel, a. a. O.

69 Jansen, a. a. O., S. 435

70 Nagel, a. a. O.

71 *Die Zeit,* Literaturbeilage vom 18. März 2010, S. 80 f.

72 Patrick Bahners, »Die Panikmacher. Die deutsche Angst vor dem Islam«, München 2011

73 »Thilo Sarrazin ist ein Stammeskrieger, wie ihn sich ein Bin Laden nur wünschen kann«, sagte Özdemir zu *Spiegel Online;* http://www.spiegel.de/politik/deutschland/0,1518,713730,00.html.

74 Erschienen in der *Frankfurter Allgemeinen Zeitung,* 31. August 2011

75 Überarbeitete und ergänzte Auszüge aus einem Essay, der unter dem Titel »Über die Freiheit im Islam« in der Schriftenreihe der Vontobel-Stiftung, Zürich, im August 2010 erschienen ist

76 Rezension zu Thomas Bauer, »Die Kultur der Ambiguität. Eine andere Geschichte des Islam«, Berlin 2011

77 Tilman Nagel, »Mohammed«, a. a. O.; ders., »Allahs Liebling. Ursprung und Erscheinungsformen des Mohammedglaubens«, München 2008

78 Bauer, »Die Kultur der Ambiguität«, a. a. O., S. 46

79 ebenda, S. 273

80 ebenda, S. 310

81 ebenda, S. 19

82 ebenda, S. 52

83 ebenda, S. 401

84 ebenda, S. 191

85 ebenda, S.313

86 ebenda, S. 309

87 ebenda, S. 404

88 ebenda, S. 403